Norbert & Christa Machelett / Nordmarokko

Band 45 der Reihe „Selbst entdecken"

Norbert Machelett hielt es nach dem Studium 12 Jahre in seinem Beruf als Datenverarbeitungskaufmann. Anfang der 80er Jahre begann er seine Reisen als Globetrotter durch Nordafrika, Süd-, Nordamerika, Kanada, Südsee, Australien, Neuseeland, Papua Neuguinea und Asien. Seine Reiseberichte wurden teilweise in Rundfunk und Zeitungen veröffentlicht.

Auch Christa Machelett verließ ihren Job, um mit ihrem Mann die lange Weltreise zu unternehmen. Ihre Bilder stellte sie einigen Ausstellungen zur Verfügung. Sie recherchierte mit ihm zusammen für dieses Nordmarokko-Buch.

Norbert & Christa Machelett

Nordmarokko

selbst entdecken

Mit 8 Karten und Stadtplänen

Regenbogen-Verlag

Wir, die Redaktion des Reiseführers „Nordmarokko", sind darum besorgt, die in diesem Buch enthaltenen Informationen aktuell zu halten. Alle Angaben im Buch sind ohne Gewähr, das gilt insbesondere auch für die Preise. Denn nach dem Recherchieren vor Ort dauert es einige Zeit, bis ein Reiseführer produziert ist und erscheinen kann. Hinzu kommt die Inflation, deren Entwicklung nicht voraussehbar ist. Wenn man auf die in diesem Buch angegebenen Preise einen Erfahrungswert schlägt, kommt man in den folgenden Jahren auch noch auf die gültigen Preise.

CIP-Kurztitelaufnahme der Deutschen Bibliothek

Machelett, Norbert; Machelett, Christa
Nordmarokko selbst entdecken/Norbert Machelett, Christa Machelett
Zürich, Regenbogen-Verlag 1990
ISBN 3-85862-059-9
NE:GT

MAR892E1

Reihenkonzept: Klaus Stromer
Reihengestaltung:
Graphic Design Peter Zimmermann

Redaktion: Christoph Schwager
Lektorat: André Werner
© Fotos siehe Bildnachweis
Satz: OptiPage
Druck: Fuldaer Verlagsanstalt, Fulda

Inhalt

Lesertips

Zuschriften in Sachen Preiskorrekturen, Adreßänderungen, Ergänzungsvorschläge werden nach Möglichkeit in der nächsten überarbeiteten Ausgabe dieses Reisehandbuches (als Lesertip) publiziert. Die Autoren, Norbert und Christa Machelett, sowie der Verlag und das Lektorat freuen sich über jede Zuschrift! Der Verlag honoriert jeden veröffentlichten Lesertip mit einem Freiexemplar. Einsendungen bitte an folgende Adresse:

Regenbogen-Verlag
Stichwort „Nordmarokko"
Postfach 472
CH-8027 Zürich.

Vorwort

Marokko, das Land der Märchen und Geschichtenerzähler, zog Generationen von Abenteurern und Aussteigern in seinen Bann, und nicht weniger inspirierte es immer wieder die Künstler und Poeten der westlichen Welt. Nach wie vor birgt das Land für den Reisenden tausendundein Geheimnis.

Das vorliegende Reisehandbuch ist Begleiter mit einer Fülle von praktischen Informationen: Tips für budgetgerecht Reisende oder Leute, die das Außergewöhnliche lieben. Es hilft bei der Planung einer Marokkoreise und vermittelt Hintergrundwissen über Mensch und Natur, über Geschichte und Gegenwart. Nach dem Motto dieser Buchreihe werden den Reisenden Orientierungshilfen zum „selbst Entdecken" mit auf den Weg gegeben.

Das Königreich im äußersten Westen der drei Maghreb-Staaten Tunesien, Algerien und Marokko liegt zwar auf dem afrikanischen Kontinent, doch nur einen „Katzensprung" von Europa entfernt. Als Folge dieser besonderen Lage und der vermittelnden Stellung zwischen Europa und Afrika fiel es den Marokkanern schwer, Traditionelles zu bewahren. Kolonialisierung und Entkolonialisierung haben überall im Land Spuren hinterlassen. Und doch hat sich in Marokko Althergebrachtes besser bewahrt als bei seinen Nachbarn. Durch den doppelten Wall des Hohen und Mittleren Atlas geschützt, führt es bis heute eine Art nordafrikanischen

Sonderdaseins. Selbst in den großen, modernen Städten gibt es stets eine Altstadt, in der sich der Alltag noch nahezu wie im Mittelalter abzuspielen scheint. Männer und Frauen tragen nach wie vor die Trachten des Landes. Die Djellabah, der lange Umhang der Männer, ist noch fast in allen Landesteilen zu finden. Ein Spaziergang aus der Neustadt in die *Medina*, die Altstadt, ist wie ein Schritt in die Vergangenheit. Dicke Wallmauern, reichverzierte Monumentaltore, mosaikglitzernde Minarette, orientalisch gestaltete Moscheen und ein Warenangebot von unglaublicher Vielfalt verleihen der Medina ein Gepräge, das an orientalische Märchenwelt erinnert.

So vielfältig wie die Bevölkerung, so reichhaltig sind Natur und Bodengestaltung. Im Norden beherrscht das bis zu 2456 m hohe *Rifgebirge* die Landschaft. Tief eingeschnittene Bergtäler, an deren Hängen sich die Ortschaften der Rifbauern oft wie Schwalbennester ausnehmen, spektakuläre Gebirgsformationen, aber auch liebliche Mittelmeerbuchten, die gen Westen ausgedehnter und flacher werden, veranlaßten hier viele Reiseunternehmen zum Bau von Touristenhotels.

Die gewaltigen Gebirge des bis zu 3340 m hohen Mittleren und des zu ihm fast parallel verlaufenden, bis zu 4167 m aufragenden Hohen Atlas ziehen sich von Osten nach Südwesten durchs Land. Zwischen den Gebirgen strömen die großen Flüsse und schenken den Einheimischen bei geschickter Nutzung des Wassers eine fruchtbare

Ebene. Wie kann es anders sein, als daß Marokkos vier prachtvolle Königsstädte Rabat, Fès, Mèknes und Marrakech in dieser Zentralebene liegen.

Der Anti-Atlas, die südlichste Gebirgslandschaft, fungiert als Barriere gegen die Sahara, die sich immer weiterausbreitende größte Wüste der Welt. Dem Reiz der unendlichen Weiten und der großen und kleinen Oasen, durchsetzt mit Tausenden von Dattelpalmen und Hunderten von Kasbahs wird sich kaum ein Besucher entziehen können und wollen.

Vor der Reise

Ein- und Ausreise

■ **Reisedokumente:** Für die Einreise nach Marokko benötigen Bürger der Bundesrepublik Deutschland, der Schweiz und Österreichs einen Reisepaß, der über das Ausreisedatum hinaus gültig sein muß. Für Kinder bis zu 16 Jahren reicht ein Eintrag im Paß der Eltern oder ein Kinderausweis mit Lichtbild. Der Paß sollte keinen Eintrag von Südafrika enthalten, da sonst die Einreise verweigert wird. Man bekommt für solche Fälle einen zweiten Paß beim Paßamt, er gilt in der Regel ein Jahr. Die maximale Aufenthaltsdauer beträgt drei Monate. Eine Verlängerung kann bei der Fremdenpolizei in Rabat beantragt werden. Die gebührenpflichtige Genehmigung wird nur ausgestellt, wenn man pro Verlängerungsmonat einen Betrag von etwa 1000 Dh auf ein Konto bei einer marokkanischen Bank einzahlt oder einen Unterkunftsnachweis erbringt. Impfungen sind nicht vorgeschrieben.

Wer mit dem eigenen Fahrzeug unterwegs ist, benötigt für die Einreise den nationalen Führerschein, die Fahrzeugpapiere sowie eine internationale grüne Versicherungskarte. Wohnwagen- und Wohnmobilfahrer sollten eine Inventarliste bereithalten. Es sind keine weiteren Papiere erforderlich.

■ **Einreise mit Tieren:** Für Haustiere werden ein amtstierärztliches Gesundheitszeugnis und eine Bescheinigung der Tollwut- und Staupeimpfung verlangt, die mindestens einen Monat zurückliegen muß, aber nicht älter als 8 Monate sein darf. Es ist ratsam, sich vorher beim Tierarzt über den Schutz vor möglichen Infektionen zu informieren. Auch Mittel gegen Arsenvergiftungen sollte man mitnehmen, da mit Gift präparierte Köder für herumstreunende Tiere, teilweise auch auf Campingplätzen, ausgelegt werden. Bei einem Vergiftungsfall helfen evtl. bittere Oliven, um das Tier zum Brechen zu bringen. Weitere Auskünfte erteilt: Deutscher Tierschutzbund, Baumschulallee 15, 5300 Bonn 1, Tel. 0228/63 12 64.

■ **Zoll:** Neben dem üblichen Reisebedarf dürfen zollfrei eingeführt werden: 1 Fotoapparat mit 10 Filmen, 1 Tonbandgerät, 1 Schmalfilmkamera mit 10 Filmen, 1 Kofferradio, 1 Plattenspieler, 1 Kofferschreibmaschine, 1 Fernglas, 1 Tonbandgerät, 1 Kassettenrecorder, Sport- und Campingausrüstung (Jagdwaffen und Funkgeräte nur mit besonderer Erlaubnis des Innenministeriums oder der Sûreté Nationale Police) und Schmuck bis zu 500 g. Wertvolle Gegenstände (Videogeräte, Boote, Fahrräder, Surfbretter etc.) werden im Paß registriert, um die Wiederausfuhr zu garantieren. Ferner können pro Person (über 16 Jahre) ein- oder ausgeführt werden: 200 Zigaretten oder 100 Zigarren oder 200 g Tabak, 1 l Alkohol über 25 Prozent und 2 l unter 25 Prozent, 250 ml Parfüm und 1 l Kölnisch Wasser. Devisen können in unbegrenzter Höhe eingeführt werden, marokkanisches Geld hingegen darf weder ein- noch ausgeführt werden. Außerdem darf man keine Artikel, die eine Gefahr für die öffentliche Sicherheit, für die Gesundheit und die Moral darstellen, einführen (Waffen, Sprechfunkgeräte, Drogen, pornographisches Material etc.).

■ Die **Ausfuhr** von Souvenirs, Geschenkartikeln, Kunstgegenständen etc. unterliegt keinen Grenzen, wobei die Einfuhrbestimmungen des eigenen Landes zu beachten sind. Die Wertgrenze liegt für Deutsche bei 100 DM, für Schweizer bei 200 Sfr. und für Österreicher bei 650 öS. Darüber hinaus müssen insbesondere Teppiche und Kunsthandwerk verzollt werden (für die BRD z.B. 25% des Einkaufspreises). Im übrigen gelten für Alkoholika, Tabak usw. die üblichen europäischen Zollvereinbarungen.

Diplomatische Vertretungen

Für besondere Fragen, Visumsanträge für Langzeitaufenthalte etc. wendet man sich an folgende Adressen:

■ **Deutschland:** Marokkanische Botschaft, Gotenstr. 7, 5300 Bonn-Bad Godesberg, Tel. 0228/35 50 44−47. Marokkanisches Generalkonsulat, Wiesenhüttenplatz 28, 6000 Frankfurt am Main, Tel. 069/23 17 37/38; Cecilienallee 14, 4000 Düsseldorf 30, Tel. 0211/43 43 59. Honorarkonsulat, Kajen 10, 2000 Hamburg 11, Tel.

040/36 25 41; Prinzregentenstr. 89, 8000 München, Tel. 089/47 60 31.

■ **Schweiz:** Marokkanische Botschaft, Helvetiastr. 42, 3005 Bern, Tel. 031/43 03 62.

■ **Österreich:** Marokkanische Botschaft, Untere Donaustr. 13−15, 1020 Wien, Tel. 0222/24 23 93.

Fremdenverkehrsämter

Hilfreiche Reisebroschüren, Stadtpläne und Adreßmaterial bekommt man bei folgenden marokkanischen Fremdenverkehrsämtern:

■ **Deutschland:** Graf-Adolfstr. 59, 4000 Düsseldorf, Tel. 0211/37 05 51/52;

■ **Schweiz:** Schifflände 5, 8001 Zürich, Tel. 01/252 77 52.

■ **Österreich:** Aegidigasse 20, 1060 Wien, Tel. 0222/56 83 56.

Geld

Es empfiehlt sich in der Hauptsache die Mitnahme von Reiseschecks. Eurocheques können in den größeren Banken eingetauscht werden und sind ein diebstahlsicheres Zahlungsmittel. Daneben sind auch Traveller Cheques (1 Prozent Versicherungsgebühr vom Wert) in DM, Sfr., US-Dollars oder Schillingen geeignet. Marokko orientiert sich am US-Dollar; steigt er, bekommt man für seine Dollarschecks mehr, sinkt er, bekommt man für die anderen Schecks mehr. Für alle Scheckkarten wird eine geringe Bearbeitungsgebühr erhoben. Kreditkarten von American Express, Visa, Eurocard und Diners Club werden von allen Banken und von vielen Hotels, Restaurants und großen Geschäften akzeptiert. Der Wechselkurs wird von der Zentralbank festgelegt und ist überall gleich, auch im Hotel.

Der Dirham (Dh) ist in 100 *centimes* unterteilt. Es gibt Münzen zu 1, 5, 10, 20, und 50 Centimes sowie zu 1 und 5 Dirham. Scheine sind zu 5, 10, 50 und 100 Dirham im Umlauf. (Alte Leute nennen manchmal hundertfach höhere Preise, meinen aber damit Francs: 100 Francs = 1 Dh oder Rial: 1 Dh gleich 20 Rial, in der spanischen Zone manchmal 1 Peseta für 10 Centimes).

■ **Wechselkurse** für Bargeld und Reiseschecks (Stand April 1990):

1 DM: 4,63 Dh
1 Sfr.: 5,26 Dh
1 öS: 0,65 Dh
1 US$: 7,85 Dh

In Deutschland kann man mittlerweile Dirham eintauschen bzw. erstehen. Doch ist die Einfuhr illegal, und der Tausch lohnt sich nur in Marokko.

Budgetreisende müssen (ohne Anreise) in einem 1–2-Stern-Hotel rund 120 Dh, Mittelklassereisende 200–250 Dh pro Tag rechnen. Je nach Ansprüchen (Leihwagen, exklusive Hotels usw.) können die täglichen Auslagen leicht auf ein Vielfaches steigen.

Gesundheit

Impfungen sind nicht vorgeschrieben, doch besteht je nach Lebensweise die Gefahr einer Infektion. Als Vorsorge in Betracht kommen Tetanus-Auffrischungen, Typhus-Prophylaxe und evtl. eine Gammaglobulin-Spritze zur Verminderung der Gelbsuchtgefahr. Man sollte bereits mehrere Monate vor Reisebeginn beim Arzt oder Gesundheitsamt vorsprechen, damit auch für mehrfache Impfvorgänge genügend Zeit bleibt.

In die **Reiseapotheke** gehören insbesondere Mittel gegen Magen- und Darmverstimmung. Dieses Übel überfällt fast jeden Touristen. Dafür gibt es viele Ursachen: Nahrungsumstellung (Olivenöl), verseuchtes Leitungswasser, ungewaschenes Obst, Eis (auch in Getränken). Viel Ruhe und Kamillentee ist sehr hilfreich. Starken Duchfall bekämpft man mit Imodium-Tabletten und die Schmerzen mit Grippemitteln. Ferner sollte man Jodtinktur und antibiotische Wundsalbe, Halstabletten, ein Antiallergikum (gegen Insektenstiche, Sonnenbrand und Hautausschläge), reichlich Sonnenschutzmittel sowie Verbandsmaterial dabei haben. Gegen Sonnenallergie hilft u.a. das Mittel Primalan. Leitungswasser muß vor dem Trinken entweder abgekocht oder mit Micropur oder Clorina entkeimt werden.

Klima/Reisezeit

Das **Klima** ist in den einzelnen Landesteilen recht unterschiedlich. Der Norden und die Region Tanger haben typisches Mittelmeerklima mit milden Wintern (10 °C) und oft starken Niederschlägen im Gebirge. Dagegen sind die warmen Sommermonate (25 °C) sehr trocken. Die Wetterscheide bestimmt vor allem der Gebirgskranz des Hohen Atlas. An der Westküste regnet es seltener. Hier überwiegen frühlingshafte Temperaturen mit Nebelbänken im Gebiet um Agadir, besonders im Frühjahr und Sommer, hervorgerufen durch den kalten Kanarenstrom, der hier die Küste streift und kein ideales Badeklima zuläßt. Das südliche Binnenland ist außerordentlich trocken und im Sommer sehr heiß (40 °C). Manchmal weht aus östlicher Richtung der *Chergui*, ein heißer Wüstenwind, der die Temperaturen auf unerträgliche 50 °C und mehr klettern läßt. Nur im Gebirge gibt es kalte Winter mit Tiefsttemperaturen von −20 °C, wobei die hochgelegenen Orte nicht selten für mehrere Wochen durch Schneefall von der Außenwelt abgeschnitten sind. In den Wintermonaten fallen die Temperaturen nachts selbst in der Wüste und in den Hochebenen auf den Gefrierpunkt. Die Zahl der Regentage und die Werte der Niederschlagsmengen nehmen fast kontinuierlich von Norden nach Süden ab. Die Hauptregenzeiten liegen zwischen November und April. Allerdings zeichnen sich die Niederschläge vor allem durch ihre Unregelmäßigkeit aus. An den Westhängen der Atlasgebirge und den Nordhängen des Rifgebirges kann es auch im regenarmen Sommer zu heftigen Schauern kommen.

Die **Reisezeit** entlang der Atlantikküste unterliegt keinen Einschränkungen. Das Land ist durch die günstigen Klimaverhältnisse ganzjährig bereisbar, nur auf den hohen Pässen der Atlasgebirge kann es im Winter zu starken Behinderungen kommen. Badeaufenthalte an der bevorzugten Atlantikküste sind von April bis Oktober empfehlenswert, wobei es allerdings in der Hauptsaison (Juli−August) sehr eng wird. Die Wassertemperaturen an der gesamten Atlantikküste liegen ganzjährig bei 16−20 °C, nur im tiefen Süden, südlich von Agadir, um einige Grade höher. Wer mit dem Auto durchs Land reist, sollte die Monate März bis Mai oder September/Oktober wählen. Im Sommer wird es im Binnenland unerträglich heiß. Für längere Aufenthalte in der Wüste kommen eigentlich nur die Wintermonate und das sehr attraktive Frühjahr in Frage, wenn Blumen und Bäume in voller Blüte stehen. Die Badesaison am Mittelmeer dauert von Mai bis September bei Wassertemperaturen von 20−25 °C. Auch im Oktober werden noch um die 20 °C gemessen.

Kleidung/Ausrüstung

Im Sommer ist nur leichte Kleidung erforderlich, gegen die abendliche Abkühlung schützt ein Pullover. Im Winter und in den Übergangszeiten sind Wintersachen vonnöten, besonders wenn man längere Zeit im Gebirge verbringt. Die Hotels werden meist nur von Anfang Dezember bis Ende März beheizt. Im Winter gegen den Regen und im Sommer in der Wüste gegen die Sonnenhitze leistet ein Regenschirm gute Dienste. In die Stadt geht man nicht in Badehose oder Shorts, denn das verstößt gegen die Landessitten. Am Strand sollte man sich mit einer Kopfbedeckung gegen die intensive Sonnenstrahlung schützen. Im Winter darf neben warmer Kleidung die Regenjacke nicht fehlen. Für Saharatouren und Wanderungen eignen sich Lauf- und Wanderschuhe und leichte Baumwollkleidung inklusive Kopfbedeckung. Die Kameraausrüstung gehört in einen festen Plastikbeutel, denn der allgegenwärtige feine Sandstaub kann in die Mechanik und Elektronik der Geräte eindringen. Eine feste Reisetasche ist vernünftiger als ein sperriger Rucksack, wenn man mit öffentlichen Verkehrsmitteln durchs Land reist. Will man im Freien übernachten, sind Schlafsäcke auch im Sommer erforderlich. Ein Leinenschlafsack sei allen empfohlen, die Jugendherbergen bevorzugen, denn Bettwäsche ist rar und nicht immer sauber. Geld und Wertsachen gehören grundsätzlich in eine diebstahlsichere Tasche, die man am Körper trägt.

Autofahrer benötigen nur für lange Wüstenfahrten einen größeren Reservekanister, denn Tankstellen gibt es – wie auch Autowerkstätten – genug. Reserverad und evtl. eine Luftpumpe sowie Kleinersatzteile (Zündkerzen, Kontakte, Filter, Keilriemen) sind immer von Nutzen. Natürlich darf das erforderliche Werkzeug ebensowenig fehlen wie ein vernünftiges Abschleppseil. Ein 10 l-Wasser fassender Plastikkanister ist in den südlichen Landesteilen wichtig. Für den Wüstenfahrer sind ferner Sandbleche und eine Schaufel ratsam. Motorradfahrer sollten Reifenflicksets mitführen.

■ **Karten:** Populärste Karte ist zur Zeit die große Länderkarte Marokko vom RV Reise- und Verkehrsverlag, Maßstab 1:800 000, mit Westsahara im Maßstab 1:2,5 Millionen. Sie beinhaltet Stadtpläne von Tanger, Rabat, Fès, Meknes und Marrakech (DM 12,80). Hauptsehenswürdigkeiten und schöne Landschaftsrouten sind durch gelbe und grüne Markierungen hervorgehoben. Allerdings ist sie in der Straßensymbolik nicht mehr auf dem Laufenden. Die Michelin-Karte 119, Maßstab 1:600 000 ist präziser. Sie ist aber nur noch in Frankreich erhältlich. In Marokko wurde die ganze Auflage eingezogen, weil die Westsahara nicht als marokkanisches Gebiet eingezeichnet war. Touristen wird die Karte von der Polizei abgenommen, deshalb muß sie bei Kontrollen gut versteckt sein. Da man in Marokko keinen guten Ersatz bekommt, sollte man vorsichtshalber eine Ersatzkarte mit eingezeichneter Westsahara mitführen.

Sprache

Viele Marokkaner sprechen Französisch, Mutter- und Staatssprache aber ist Arabisch. Die Sprache der Berber, die etwa 40% der Landesbevölkerung ausmachen, läßt sich in drei Hauptgruppen unterteilen: das *Tarifi* der Rifkabylen, das *Tachelhait* der Chleuh in den westlichen Atlasgebieten sowie in der Sous-Ebene und das *Tamazirht* der Berber-Araber aus den östlichen Atlasgebieten. Die von rechts nach links verlaufende arabische Schrift ist schwer erlernbar. Geschrieben werden nur die 28 Konsonanten, die Vokale fallen weg oder werden durch Auslassungszeichen angedeutet. Durch ihren Formenreichtum nimmt die arabische Schrift einen hohen Stellenwert in der Ornamentalkunst ein.

Die marokkanische Umgangssprache weicht stark vom Hocharabischen ab. Dialektunterschiede innerhalb des Landes hingegen bestehen kaum, außer zwischen den Städtern im Norden und den Nomaden im tiefen Süden. Die Marokkaner sind sehr sprachbegabt: Nicht selten sprechen „guides" bis zu fünf verschiedene Sprachen. In den Hotels spricht man meist die Sprache der dominierenden ausländischen Urlaubsgesellschaft. Mit Französischkenntnissen kommt man überall in Marokko zurecht, im Norden des Landes außerdem oft noch mit Spanisch. Wer weder französische noch spanische Sprachkenntnisse besitzt, sollte sich einige arabische Worte einprägen. Hier ein paar oft gebrauchte Worte und Zahlen in deutscher Umschreibung. In Marokko sind arabische Ausdrücke französisch umschrieben, also etwa „marabout" für deutsch „Marabu" usw.

■ **Aussracheregeln:**

„ch" entspricht dem deutschen „sch"; „eu" dem „ö"; „ou" dem „u"; und „y" dem „i".

„dh" entspricht dem englischen „th"; und „w" dem „w";

„e" am Ende bleibt stumm.

„gue" wird „ge"; „gui" wird „gi"; „j" wird „dj"; „kh" wird „ch"; „gh" wird „rh"; „z" wird „s" gesprochen.

Stimmlos wird „s" gesprochen; „h" wird stark gehaucht; und „q" wird wie „k" tief aus der Kehle gekratzt.

■ **Grußformeln:**

Im Namen Allah's: *bismi'llah*

Gelobt sei Allah: *al hamdu li'llah*

So Allah will: *insch'Allah*

Allah sei Dank: *hamdullah*

normaler Gruß: *salam*

förmlicher Gruß: *assalam eleikum*

Grüß Gott: *asslema*

Gute Nacht: *lila mebruka*

Auf Wiedersehen: *beslema*

■ **Alltag:**

Achtung: *balek*

bitte (Wunsch): *min fadlek*

bitte (Aufforderung): *afak*

danke: *schukran*

Deutscher: *Almani*

Frau: *lalla*

Geld: *flus*

genug (vorhanden): *jissi*

genug (Befehl): *barka*

Geh weg: *sir*

gut (anerkennend): *behi*

gut (abgemacht): *uakha*

Herr: *sidi*

heute: *el jum*

ich: *änä*

ja: *na-am*

Komm her: *aji*

morgen: *chudua*

nein: *lä*

nein (grob): *makash*

nicht schlecht: *lä bäss*

Österreicher: *nimsewi*

Pack dich: *barra*

Schweizer: *Swissri*

schlecht: *duni*

schön: *mezian*

Verzeihung: *samachni*

viel: *ktir*

Was ist? *schnuä?*
wenig: *djuia*
Wie geht's? *kifénnek?*
wieviel? *ggädesch?*
wieviel? (gebräuchlicher) *ash-hal*
Willkommen: *marhaba*
wo: *uin*
zu teuer: *chali jässer*
zuviel: *bessaid*

■ **Zahlen:**
eins: *uahed*
zwei: *thnin*
drei: *thletha*
vier: *arba*
fünf: *chamsa*
sechs: *setta*
sieben: *saba*
acht: *thmania*
neun: *tessa*
zehn: *aschra*
zwanzig: *aschrien*
hundert: *miä*
tausend: *elf*

■ **Zeitangaben:**
abend: *achiya*
gestern abend: *yamess*
gestern am Tag: *elbarah*
heute: *el yum*
morgen: *ghedda*
morgens: *sebah*
Nacht: *lil*
jetzt: *daba*
Stunde: *sa'a*

■ **Wochentage:**
Viele Wochenmärkte beinhalten im Namen den Wochentag: z.B. *Souk el arba* (Mittwochsmarkt), und als An-

hängsel noch die Ortschaft oder den Veranstalter.

Montag: *et tnin*
Dienstag: *el tlata*
Mittwoch: *el arba*
Donnerstag: *el khemis*
Freitag: *el djemaa*
Samstag: *es sebt*
Sonntag: *el had*

■ **Glossar von a – z** *(französische oder arabische Umschreibung)*
agadir: Speicherburg
agdal: Obstgarten
adar: Gebirge
aguelmane: Bergsee
aid: Fest
ain: Quelle
ait: Söhne von... (Berberstamm)
al muhit: Ozean
al atlassi: Atlantik
al bahral: Meer
al mutawassit: Mediterranée (Mittelmeer)
artisan: Kunsthandwerk(er)
bab: Tor, Eingang
babouches: spitze Pantoffel
ben: Sohn von...
beni: Söhne von... (vor arab. Stammesnamen)
bir: Brunnen
bled: Ort, Land
bordj: Burg, Festung
bu: Vater
burnus: kostbares Gewand
caid: oberster Verwalter
cercel: Landkreis
dar: Haus
diffa: Festessen
djellabah: Kapuzenmantel

djebel: Berg, Gebirge
djemel: Kamel
djemaa: Moschee, Versammlung
douar: Berberdorf, Zeltlager
erg: Sandwüste
fantasia: Reiterspiel
fondouk: Karawanserei, Warenlager
hadj: Pilgerfahrt nach Mekka
hadji: Pilger, der in Mekka war
hamma: warme Quelle
hammam: öffentliches Bad
hammada: Steinwüste
haratin: Nachkommen der Sklaven
harem: Frauengemächer
imam: Vorbeter, Gemeindevorsteher
imouzzer: Wasserfälle
kaftan: wertvolles Gewand
kasbah: Stadtfestung
khaima: Nomadenzelt
khamsa: Hand der Fatima (fünf)
koubba: Grabstätte
koumiat: Krummdolch
ksar: befestigtes Dorf
maghreb: westliche arabische Welt
(Tunesien, Algerien, Marokko)
maghreb al aksa: äußerster Westen in
der arabischen Welt (Marokko)
maa: Wasser
marabout: Heiligengrab
marsa: Hafen
medersa: islamische Hochschule
medina: Altstadtviertel
mellah: Judenviertel
mihrab: Gebetsnische, nach Mekka gerichtet
minarett: Moscheeturm
minbar: Gebetskanzel
moulay: hoher Titel
moussem: Wallfahrtsfest
Muezzim: Gebetsausrufer

oued: Fluß
um: Mutter
ras: Kap, Spitze
riad: Innenhof
ribat: befestigtes Kloster
sebkha: salzhaltiges Gebiet
sahel: Küste, Uferzone
seguia: Bewässerungskanal
sidi: Herr, Meister
souk: Markt
sitouna: Olive, Ölbaum
takia: Baumwollkäppchen
tighremt: südmarokkanische Speichergebäude aus Stampflehm mit vier Befe-
stigungstürmen an den Ecken
tizi: Bergpaß
zaouia: Koranschule, religiöser Orden

Anreise

Die Wahl des Transportmittels hängt von der Art und Weise der Urlaubsgestaltung ab und natürlich bei vielen Urlaubern auch vom Geldbeutel. Als Entscheidungshilfe hier einige Möglichkeiten des Transports und deren Kosten.

Das Trampen lohnt nur, wenn man auf Flüge verzichten will und angesichts der hohen Fährkosten von Frankreich bis nach Südspanien trampt. In Marokko selbst erfordert es ein hohes Maß an Ausdauer und Zeit, und man muß meistens den Buspreis bezahlen, wenn man beispielsweise auf der Ladefläche eines Lastwagens in die Berg- und Wüstenregionen fährt. Wo Busse fahren, und das ist nahezu überall der Fall, wird man auf der Straße sitzengelassen.

Mit dem Flugzeug

Der Flug von Zürich, Frankfurt oder Wien dauert zwischen ca. 3½ und 4 Std., wahlweise nach Tanger, Casablanca oder Agadir. Flüge nach Marrakech, Fès und Oujda sind meist mit Umsteigen verbunden. Die internationale Fluggesellschaft *Royal Air Maroc* (RAM) fliegt z.B. von Casablanca nach Dakar, Rio, New York, Montreal, auf die Kanaren, in den arabischen Raum und in viele Länder Europas. National stehen weitere Flüge nach Rabat, Meknès, Quarzazate, Tetouan, Laayoune, Tan-Tan, Dakhla, Errachidia und Al Hoceima zur Verfügung. Der Flugplatz von Casablanca wird außerdem von Linien aus aller Welt angeflogen.

■ **Linienflüge:** Täglich fliegen unter anderem Flugzeuge der Royal Air Maroc, Lufthansa, Swissair, KLM und Sabena im Direktflug von Frankfurt, Düsseldorf, München, Amsterdam, Brüssel, Zürich, Genf, Basel und Wien nach Casablanca, Tanger oder Agadir. Die regulären Preise für Hin- und Rückflug sind: Frankfurt–Casablanca ca. 1900 DM, von Zürich ca. 1600 Sfr., von Wien ca. 17 000 öS.

■ **Spartarife:** Hierbei liegen die Preise in der Regel um ca. 1000 DM niedriger. Lufthansa bietet bei 30tägiger Vorausbuchung ein Ticket für ca. 1100 DM an. Es hat 3 Monate Gültigkeit. Royal Air Maroc bietet ab Frankfurt ein Jahresticket für um die 750 DM an. Ehepartner und Studenten sollten sich unbedingt nach Flugpreisermäßigungen erkundigen.

■ **Charterflüge:** Sie sind mit Abstand am billigsten, zumal man dann gleich einen günstigen Hoteltarif bekommt. Doch schwanken die Preise sehr stark, weil sie von den Reisezeiten abhängig sind. Man erkundige sich rechtzeitig bei den verschiedenen Reisebüros. ITS, TUI und Neckermann sind in Marokko stark vertreten. Oft lohnt eine Buchung aus einem Bundesland, das noch keine Ferien hat, um die Hochsaisonpreise zu umgehen. In der Nebensaison werden von einigen Reisegesellschaften die überaus günstigen *Sparreisen 3 = 2* (3 Wochen reisen, 2 Wochen zahlen) angeboten.

■ **Billigflüge:** Billigflüge kommen für Leute in Frage, die entweder längere Zeit in Afrika verbringen wollen oder ohne Hotelbuchung das Land bereisen möchten. Es liegen bei vielen Spezialbüros Angebote vor. Auch Amsterdam oder Brüssel sollte man für den Abflug in Betracht ziehen. Das Ticket hat normalerweise eine Gültigkeit von 180 oder 360 Tagen.

■ **Agenturen der Royal Air Maroc:**
Deutschland: 6000 Frankfurt am Main, Friedensstraße 9, Tel. 069/23 62 28, Telex 413 689; 4000 Düsseldorf, Benratherstr. 10, Tel. 0211/13 23 36, Telex 8 587 687; 8000 München, Tel. 089/260 36 70 und 260 88 41, Telex 5 213 304.
Österreich: 1010 Wien, Opernring 4−10, Tel. 222/52 31 51 und 52 99 12, Telex 116 580.
Schweiz: 8001 Zürich, Bahnhofplatz 1, Tel. 01/211 00 10; 1201 Genf, 4 Rue Chantepoulet, Tel. 022/31 59 71 und 31 77 53.

Mit Auto/Schiff

Die preisgünstigsten Fährrouten nach Marokko sind von Algeciras nach Ceuta oder Tanger. Allerdings steht dagegen eine lange Anfahrt, die Geld und Zeit kostet. Ohne Abstecher muß man ab Frankfurt über Straßbourg, Lyon, Nîmes und an der Küste hinunter mit 2−3 Tagen Anfahrt und etwa 2600 km

rechnen. Die Alternativstrecke führt über Metz, Paris, Bordeaux, Madrid, Cordoba nach Algeciras. In Frankreich und Spanien erhebt man außerhalb der Stadtautobahnen hohe Autobahngebühren (insgesamt ca. 300 DM). Hinzu kommen Übernachtungen, so daß man evtl. von Sète in Frankreich billiger hinüberkommt. Autofahrer müssen unbedingt darauf achten, daß die grüne Versicherungskarte auch für Marokko gültig ist.

Achtung: Clevere Ticketverkäufer treiben in Algeciras und Ceuta ihr Unwesen mit ahnungslosen Reisenden. Wer sein Ticket nicht selbst kauft (dazu gibt es auf dem Weg nach Algeciras genügend Möglichkeiten; sonst im Trasmediterranea-Gebäude am Hafen), wird einen ansehnlichen Betrag zahlen. Ein weiterer Trick besteht im Vorzeigen einer falschen Tarifliste; unbedingt auf das richtige Datum dieses Tarifplanes achten. Seriöse Reisebüros nehmen auch Eurocheques an, auf denen man den genauen *Pesetenpreis* einträgt, und nicht etwa die umgerechnete Währung. Am Hafeneingang von Algeciras steht rechts ein Tickethäuschen für den Parkplatz. Hier stehen die Kommissionsjäger und verlangen dreist die Fahrzeugpapiere. Der ahnungslose Automobilist glaubt zunächst, am Ticketschalter zu sein, und ist schon hereingefallen. Fazit: Man sollte sich von niemandem aufhalten und beeinflussen lassen, auch nicht vom Hafenposten, den man zu Fuß passieren muß, um ins Ticket-Büro zu gelangen. Erst wenn man sein Ticket hat, darf man mit dem

Besonders in der wasserreichen Meseta gehören sie zum alltäglichen Bild: ▶ *nistende Störche.*

Auto ins Hafengelände. Links vor dem Hafengelände befinden sich freie Parkplätze (Achtung: *Autodiebe!*). Das beste ist, man kauft sein Ticket weit vor Algeciras in einem der Verkaufsbüros entlang der Straße, kann dann nach dem Fahrplan seine Zeit einteilen und sofort ins Hafengelände fahren.

Verbindungen

■ **Algeciras – Ceuta**: Die spanischen Gesellschaften *Trasmediterranea* und *Isnasa* kreuzen mehrmals täglich mit ihren Schiffen die Straße von Gibraltar. Die Fahrzeit beträgt ca. 1¼ Std. Normale Abfahrzeiten um 8, 10.30, 13, 16, 18.30 und 21 Uhr in beide Richtungen. Sonntags um 10, 13 und 21 Uhr. In der Hauptsaison, ab 25. Juni, fahren die Fähren von 7 bis 21 Uhr fast stündlich. Eine Reservierung ist somit nicht erforderlich. Die Grenze und Zollabfertigung ist etwa 2 km außerhalb von Ceuta. Bei der Rückkehr nach Algeciras muß man mit einer zusätzlichen Kontrolle rechnen.

■ **Algeciras – Tanger**: Die spanischen Gesellschaften *Trasmediterranea* und *Isnasa* sowie die marokkanischen Gesellschaften *Limadet* und *Comarit* verbinden die zwei Länder bis zu sechsmal täglich von Juli bis September, viermal in der Nebensaison und zweimal im Winter. Die Fahrzeit beträgt ca. 2¼ Std. Normale Abfahrzeiten von Algeciras um 9, 12.30, 17 und 20 Uhr, von Tanger um 8, 12.30, 15.30 und 20 Uhr. Die Grenz- und Zollabfertigung findet jeweils im Hafengelände statt.

■ **Malaga – Melilla**: Die spanische Gesellschaft *Trasmediterranea* verkehrt täglich. Die Fahrzeit beträgt ca. 8 Std. Abfahrzeiten ab Malaga: montags und freitags um 13 Uhr; dienstags, donnerstags und samstags um 11 Uhr; mittwochs und sonntags um 17 Uhr. Abfahrzeiten ab Melilla: montags um 1 und 22 Uhr; dienstags und freitags um 22 Uhr; mittwochs um 8.30 und 22 Uhr; donnerstags um 23.30 Uhr; sonntags um 8.30 Uhr. Eine Reservierung ist zweckmäßig. Die Grenze und Zollabfertigung ist etwa 3 km außerhalb von Melilla. Bei der Rückkehr nach Malaga muß man mit einer zusätzlichen Kontrolle rechnen.

■ **Almeria – Melilla**: Die spanische Gesellschaft *Trasmediterranea* verkehrt täglich. Die Fahrzeit beträgt ca. 8 Std. Abfahrzeiten ab Almeria: montags, mittwochs und freitags um 12 Uhr; samstags um 9 und 23.55 Uhr; donnerstags um 14 Uhr; dienstags um 23.55 Uhr; sonntags keine Fähre. Abfahrzeiten ab Melilla: donnerstags um 1 und 23.45 Uhr; montags und freitags um 23.30 Uhr; samstags um 16.30 und 23.45 Uhr; dienstags um 23.45 Uhr; sonntags keine Fähre. Eine Reservierung ist zweckmäßig. Die Entfernung nach Malaga beträgt ca. 220 km, nach Algeciras ca. 350 km. Es gibt keine Autobahn, das Verkehrsaufkommen ist hoch, die Landschaft übel verbaut und deshalb keine Reise mehr wert.

■ **Sète – Tanger**: Die französischen Gesellschaften *Comanav* und *M/ Marrakech* verkehren bis zu achtmal monatlich. Die Fahrzeit beträgt ca. 38 Std. Abfahrzeiten um 19 Uhr. Nähere Auskunft bekommt man in den Reisebüros. Prospekte mit Fahrzeiten und Preisen liegen beim ADAC auf, wo man für die Hauptreisezeit rechtzeitig vorbuchen muß. Ferner kann man die Passage über die Generalagentur buchen: Karl Geuther GmbH & Co., Heinrichstr. 9, 6000 Frankfurt 1, Tel. 069/73 04 71.

■ **Personenfähren:** *Transtour-Hydrofoil* fährt einmal täglich von Algeciras und Tarifa nach Tanger. Die Passage auf dem Tragflügelboot kostet umgerechnet ca. 40 DM.

Mit Bus/Schiff

Einige Veranstalter bieten eine von Omnibusunternehmen durchgeführte kombinierte Bus-/Schiffsreise nach Marokko an. Auskünfte erteilen die marokkanischen Fremdenverkehrsämter und diverse Reisebüros.

Rotel-Tours und einige Konkurrenzunternehmen bieten eine mehrwöchige Camping-Tour an unter dem Motto „Das rollende Hotel". Jeder Gast bekommt für die Nacht eine winzige Unterkunft im Bus. Wer keine Platzangst kennt und auch sonst strapazierfähig ist, dem wird dieses gesellige kleine Abenteuer bestimmt gefallen. Abends werden Campingplätze angefahren und alle müssen Hand anlegen bei Auf- und Abbau oder in der Küche.

Mit Zug/Schiff

Die besten Verbindungen bestehen von Paris aus. Es gibt von dort eine Möglichkeit, bis Casablanca oder Marrakech zu fahren. Ein Autoreisezug steht ebenfalls zur Verfügung. Die Eisenbahn fährt über Madrid nach Algeciras. Dort werden die Autos in die Fähre nach Tanger verladen. Die Fahrt dauert etwa 40 Stunden. Personen bekommen einen Transfer zur Fähre. Von Frankfurt oder Köln fahren täglich Züge nach Paris. Der Hin- und Rückpreis von Frankfurt nach Casablanca beträgt für die 2.Klasse ca. 600 DM pro Person. Der Transport von Paris nach Algeciras kostet für ein Auto und eine Person ca. 660 DM. Von Zürich bezahlt man nach Casablanca ca. 500 Sfr. und von Wien ca. 8000 öS. Ein Autoreisezug geht nur bis Valencia. Von Genf fährt ein Zug direkt nach Barcelona und von dort ein anderer nach Algeciras. Bei schlechten Verbindungen in Spanien ist man über 30 Std. unterwegs. Der Preis kommt jenem ab Paris annähernd gleich. Studenten unter 26 Jahren und Senioren erhalten bei der Bahn beträchtliche Preisnachlässe. Der Inter-Rail Pass ist einen Monat gültig und kostet 420 DM. Damit ist der Auslandtransport bezahlt und in Deutschland zahlt man die Hälfte des jeweiligen Tarifs.

Unterwegs

Transport/Bus

Das marokkanische Busnetz ist gut ausgebaut und bietet dem Individualreisenden ideale Fortbewegungsmittel. Die Busse sind meist pünktlich und schnell. An Markttagen kann die Fahrt mit einem Regionalbus schon mal etwas länger dauern, weil auch auf offener Strecke angehalten wird, um Fahrgäste aufzunehmen bzw. aussteigen zu lassen. Bei Fernfahrten ist es empfehlenswert, sich 1 Std. vor Abreise auf dem Busbahnhof einzufinden, denn auf den großen Busbahnhöfen geht es mitunter turbulent zu.

Neben der staatlichen **CTM-LN** *(Compagnie de Transports Marocaine – Lignes Nationales)* mit der Hauptzentrale in Casablabca, 303 Boulevard Roudani, gibt es etliche Privatlinien, die zwar auch in Konkurrenz auf den Hauptstrecken fahren, aber hauptsächlich kleinere und mittelgroße Ortschaften verbinden. Alle haben ihren eigenen Schalter und unterschiedliche Abfahrtszeiten, die dort ausgehängt sind. Man kann sich die günstigsten aussuchen. Die CTM-LN unterhält in den Hauptorten eigene Busterminals und Hotels zu günstigen Konditionen, so daß der Reisende bequem vom Bus ins Zimmer steigen kann. Im Süden des Landes wird CTM-LN von der Privatlinie **SATAS**, Zentrale Agadir, Av. Moukaouma, gut vertreten.

Die Ferntarife liegen bei etwa 4 Pfennig pro km, im Nahbereich nur wenig darüber. Busse sind somit das billigste Transportmittel. Gepäckstücke bis 10 kg werden nur auf Fernbussen gebührenfrei befördert, wenn man sie nicht aus der Hand gibt. Der Gepäckhelfer, der auch die Abfahrtszeit lauthals verkündet, erwartet mindestens 3 Dh Bakschisch für seine Hilfe. Expreß- und Nachtbusse sind schneller und kosten ca. 10 Prozent mehr. Sie kann man schon Tage im voraus buchen, was aber nur auf den Hauptstrecken erforderlich ist. In der Regel trifft man einige Stunden vorher ein und schläft im Bahnhof oder im Bus. Das Mitführen von Proviant ist nicht notwendig, da sich an jedem Busbahnhof Cafés und Restaurants befinden. Auf langen Strecken werden unterwegs an einfachen Restaurants Pausen eingelegt.

Will man die Hauptbusrouten verlassen, bekommt man ohne Schwierigkeiten Anschluß an die Regionalbusse, meist vom gleichen Bahnhof aus. Viele Kleinbusunternehmen fahren in Konkurrenz zu den großen Gesellschaften, besonders im Norden des Landes. In den größeren Städten und ihren Vororten verkehren Stadtbusse. Sie sind stark ausgelastet und mit Nummern gekennzeichnet. Da der Zielort meist nur in arabischer Schrift angebracht ist, sollte man sich vom Fahrer beraten lassen. Zu abgelegenen Orten, auf Straßen mit Pistencharakter, werden oft LKWs eingesetzt, auf deren Ladefläche man gegen Bezahlung ein unbequemes, aber hautnahes Abenteuer erleben kann.

Transport/Zug

Das Zugnetz umfaßt wenig mehr als 2400 km und ist zudem größtenteils eingleisig. Die Eisenbahn wird von der staatlichen **ONCFM** *(Société Nationale des Chemins de Fer Maroc)* betrieben. Der Passagierbetrieb beschränkt sich auf die fünf Hauptstrecken:

■ **Tanger – Marrakech** über Sidi Kacem, Rabat und Casablanca.

■ **Tanger – Jendouba – Oujda** über Sidi Kacem, Meknes, Fès, Taza.

■ **Sidi Kacem – Oued Zem** über Kenitra, Rabat, Casablanca, Khouribga.

■ **Oujda – Bou Arfa** nur Samstagnacht.

■ **Casablanca – Marrakech** mit Anschluß nach El Jadida oder Safi.

Die Direktverbindung nach El Jadida und Safi ist bald fertiggestellt. Zwischen den Städten Casablanca und Rabat verkehrt an Wochentagen ein komfortabler Schnellzug der **TNR** *(Trains Navettes Rapides)* bis zu 14mal täglich. Einen Autoreisezug gibt es auf der Strecke von Casablanca nach Oujda über Rabat, Meknes, Fès und Taza. Es gibt einige *Train et Car Lignes*, auf denen die Eisenbahngesellschaft Anschlußbusse an die Zugverbindungen anbietet. Die wichtigsten sind: **Marrakech – Agadir** (und weiter in die Westsahara nach Laayoune), **Taourirt –** **Nador, Asilah – Tetouan** und **Khouribga – Beni Mellal.**

Die Schnellzüge auf den Hauptstrecken bieten somit eine interessante Alternative zu den Busreisen. In der 1. Klasse bezahlt man umgerechnet ca. 7 Pfg. und in der 2. Klasse 5 Pfg. pro km. Hin- und Rückfahrten bekommt man zu ermäßigten Tarifen. Kinder unter 10 Jahren fahren billiger. Will man seine Fahrt unterbrechen, muß man sich am Etappenbahnhof ein *Bulletin d'arrêt* abstempeln lassen. Ein Interrail-Ticket hat auch in Marokko Gültigkeit, dazu sollte man sich ein Fahrplanheft *(Horaire des Trains)* am Schalter besorgen.

Transport/Flugzeug

Das Binnenflugnetz ist dicht und gut ausgebaut. Die Tarife liegen etwa bei umgerechnet 25 Pfg. pro km. Den größten Teil wickelt die *Royal Air Maroc* (**RAM**) und die *Royal Air Inter* (**RAI**) ab. Im Süden fliegen die *Air Sud* und *Ailes Atlas*. **Casablanca** (Casa genannt) bildet das Zentrum, vom Mohammed-V-Flugplatz fliegen Flugzeuge täglich nach **Tanger, Agadir, Marrakech**, die mit Fès zu den kleineren Zentralstationen gehören. Weitere Destinationen sind: Tetouan; Rabat; Al Hoceima, Er-Rachidia; Ouarzazate; Tan-Tan; in der Westsahara Laayoune; Dakhla und Smara. Das Drehkreuz Fès bedient Oujda; Er-Rachidia; Marrakech und Tanger. Auch von Marrakech kommt man nach Ouarzazate und Agadir. Agadir bedient zusätzlich die Stationen Tan-Tan und die Orte der

Westsahara, entweder über Tan-Tan oder im Direktflug. Auskunft über Flüge:

- **Royal Air Maroc,** Zentrale in Casablanca, 44 Av. des F.A.R., Tel. 27 11 22 und 22 41 41, sowie in allen großen Städten des Landes (Adressen siehe Ortsbeschreibungen). Die Agenturen der RAM sind auch für RAI-Flüge zuständig.
- **Air Sud,** Agadir, Av. Moukaouma.
- **Ailes Atlas,** Casablanca, 121 Rue Dumont d'Urville.

Transport/Leihwagen

In allen Touristenzentren sowie in vielen Städten findet man Agenturen der Leihwagenfirmen. Internationale wie lokale (billigere) Firmen bieten vom Kleinwagen bis zur großen Limousine alles, was das Herz begehrt. Im Süden werden auch Jeeps vermietet. Doch Leihwagen sind ein teurer Spaß. So kostet z.B. ein Renault R4 ca. 110 DM am Tag (alles inklusive). Wochenraten sind etwa 20 DM pro Tag billiger. Selbst bei Monatsraten zahlt man noch ca. 50 DM pro Tag. Man sollte unbedingt zuerst die lokalen Firmen aufsuchen, die oft bedeutend billiger sind und zudem manchmal attraktive Sonderangebote haben. Reifenschäden gehen zu Lasten des Mieters. Viele Vermieter halten die gesetzlichen Bestimmungen strikte ein, die besagen, daß der Fahrzeugmieter 21 Jahre alt und seit einem Jahr in Besitz des nationalen Führerscheins sein muß. Oft muß bei der Anmietung eine Kaution in Höhe der Mietkosten hinterlegt werden, es sei denn,

man bezahlt mit einer Kreditkarte. Unbedingt eine Vollkasko- und eine Insaßenversicherung abschließen!

Transport/ Eigenes Fahrzeug

Das Straßennetz ist recht engmaschig ausgebaut. Die Straßen befinden sich überwiegend in gutem Zustand. Die großen **Fernstraßen** werden mit **P** *(Parcours)* bezeichnet, die **Nebenstraßen** mit **S** und die **Autobahn** zwischen Rabat und Casablanca mit **RP**. Die Buchstaben sagen nichts über die Qualität der Straßen aus. Im Rif sind sie nicht immer gut, da und dort muß man mit plötzlichen Schlaglöchern und mit Steinschlag rechnen. In der Steppe, im Bergland und im Süden gibt es oft nur noch Schotter- oder Sandpisten. Mit etwas Vorsicht sind sie aber alle mit einem normalen Pkw oder Motorrad ohne Schwierigkeiten befahrbar. Nur wenn man die rot oder gelb eingezeichneten Straßen (siehe RV-Karte) verläßt, wird es kritisch, besonders während der Regenzeiten. Auf den S-Straßen ersetzen häufig betonierte Furten die Brükken. Wenn es in den Bergen heftig geregnet hat, ist häufig kein Durchkommen mehr, weil der Schwemmschlamm viele Zentimeter hoch liegt. Viele als „sehr schlecht" deklarierte Pisten oder Schotterstrecken sind mittlerweile zu sehr guten Asphaltbändern geworden, z.B. die große Rundstrecke von Taroudannt über Irherm, Tata, Akka nach Bou Izakarn (70 km südl. Tiznit).

- Die **Verkehrsregeln** entsprechen im allgemeinen jenen Mitteleuropas. Es herrscht rechts vor links, auch im Kreis-verkehr oder auf Nebenstraßen, wenn nicht durch Vorfahrtsschilder anders geregelt. Verkehrsinseln müssen um-fahren werden, auch wenn sie nicht in der Mitte stehen. Bei Rot darf man mit entsprechender Vorsicht rechts abbie-gen. Rot-weiße Streifen am Straßen-rand bedeuten absolutes Halteverbot, gelbe Streifen Parkverbot, man darf aber kurz anhalten. Die Hinweisschil-der sind hauptsächlich in französisch gehalten, manchmal sehr unübersicht-lich und auf Nebenstrecken gar ver-steckt angebracht. In den Städten fin-det man häufig die Vorwegweiser: *Tou-tes Directions* (alle Hauptrichtungen); *Autres Directions* (andere Richtungen); *Centre Ville* (Stadtzentrum); *Medina* oder *Ville Ancienne* (Altstadt); *Gare O.N.C.F* (Bahnhof der Eisenbahn); *Gare Routière* (Busbahnhof); *Aéro-port* (Flughafen); *Hôtel de Ville* (Rat-haus) und für andere öffentliche Ge-bäude, sowie für Sehenswürdigkeiten, aber auch Hotels und Campings. Au-ßerdem findet man Verkehrsschilder mit zusätzlicher Beschriftung:

Attention (Vorsicht)
Arrêt interdit (Halten verboten)
Camions (Lastwagen im Bauverkehr)
Croisement (Kreuzung)
Danger (Gefahr)
Défense d'entrer (Zugang verboten)
Déviation (Umleitung)
Rappel (Beachtung, Erinnerung)
Route barrée (Straße gesperrt)
Sens interdit (Verbotene Fahrtrichtung – Einbahnstraße)
Sens unique (Einbahnstraße)
Tourner interdit (Wenden verboten)
Travaux (Straßenarbeiten)

■ Die **Geschwindigkeitsbegrenzung** *(Vitesse limitée)* von 100 km/ wird auf den Landstraßen von den Einheimi-schen gewissenhaft eingehalten. In den Ortschaften gelten 40 – 60 km/h. Es herrscht Anschnallpflicht. Die Polizei führt strenge Kontrollen durch und treibt gerne Sprachspielchen mit den Ausländern. Alkohol am Steuer ist ver-boten. Verstöße aller Art werden mit zwischen 50 – 100 Dh geahndet. Dorf-polizisten sind freundlicher und lassen manchmal mit sich reden.

■ **Tankstellen** findet man im ganzen Land. Die Preise schwanken etwas in-nerhalb der Provinzen: Super ca. 7 Dh; Diesel *(gasoil)* ca. 4Dh.

■ **Reparaturwerkstätten** gibt es reich-lich, manchmal zwar sehr bescheiden ausgestattet, doch dieser Nachteil wird durch die Fähigkeiten der Mechaniker ausgeglichen. Ersatzteile bekommt man allerdings nur für Peugeot, Re-nault, Fiat, VW, Mercedes, Ford und Landrover. Es gibt wenig Abschlepp-dienste.

■ Hat man einen für Marokko gülti-gen Schutzbrief eines **Automobilclubs,** bekommt man Hilfe vom *Touring Club du Maroc*, Leitstelle in Casa-blanca, 3 Av. des F.A.R., Vertragsbü-ros in den großen Städten des Landes, oder vom *Royal Automobil Club Ma-rocain*, Leitstelle in Casablanca, 3 Rue Lemercier, mit den Nebenstellen in Marrakech und Tanger. Auf Fernstra-ßen kann man die Reparaturwagen die-ser Clubs antreffen.

■ Im Falle eines **Unfalls** sofort die Polizei einschalten und ein Unfallfoto aufnehmen. Die genannten Automobil-Clubs helfen bei den anfallenden Formalitäten, auch Nichtmitgliedern. Viele marokkanische Autofahrer sind nicht versichert, deshalb schließen Autotouristen unbedingt eine **Reisekaskoversicherung** ab.

■ Um einem **Diebstahl** vorzubeugen, kann man neben den offiziellen Autowächtern (mit Plakette) auch die selbsternannten in Anspruch nehmen, die sich überall anbieten und das Auto für 2–3 Dh gewissenhaft vor Schaden bewahren. Bezahlt wird sinnvollerweise erst bei Rückkehr. Abseits der Touristenzentren und der großen Städte ist der Wagen auch ohne „guide" relativ sicher.

Transport/Taxis

Es gibt drei verschiedene Arten: Die *Petit Taxis* dürfen nicht über die Stadtgrenze hinaus und können nur bis zu drei Gäste ohne großes Gepäck befördern. Man erkennt sie an den auf dem Dach angebrachten auffälligen Schildern mit Nummern. Sie fahren meist ohne Taxometer und kosten etwa 1–2 Dh pro Kilometer. Die *Grand Taxis* fahren über die Stadtgrenze hinaus und rechnen etwa 6 Dh pro Kilometer oder fahren nach Taxometer. Vorher vereinbaren und kontrollieren. Die *Communs Taxis* dienen als Sammeltaxis, d.h., sie sammeln Gäste an Busbahnhöfen oder eigens dafür bestimmten Sammelplätzen auf und befördern sie, wenn alle Plätze verkauft sind, zu den festgelegten Bushöchstpreisen. Dieses System ist besonders nützlich an Markttagen auf dem Land oder um in abgelegene Ortschaften zu gelangen.

Transport/Autostopp

Trampen ist in Marokko bei Einheimischen nur in den abgelegenen Regionen üblich und daher nur dort zu empfehlen. Lieferwagenfahrer verlangen den regulären Buspreis.

Unterkunft

Marokko bietet ein breites Spektrum an Unterkunftsmöglichkeiten. Es reicht von nichtklassifizierten Zimmern auf Zeltplätzen bis hinauf zum 5-Sterne-Luxushotel. Die Maximalpreise für die klassifizierten Unterkünfte werden grundsätzlich vom Tourismusministerium festgelegt. Luxushotels dürfen ihre Preise selbst kalkulieren. Die Hotels werden alle 1–2 Jahre überprüft und in entsprechende Kategorien eingeteilt. Jedem Hotelier bleibt eine Reduzierung der Preise freigestellt. Individualreisende, die den Maximalpreis zahlen müssen, was fast überall der Fall ist, sollten spätestens ab der 3. Nacht eine Reduzierung von 25% verlangen. Einzelreisenden stehen wenig Einzelzimmer zur Verfügung, außerdem kosten sie fast soviel wie ein Doppelzimmer.

Leider sagt die Klassifizierung durch Sterne und Preise nicht immer auch etwas über die Qualität aus. Es ist durchaus möglich, daß ein 2-Sterne-Haus, dem ein Pool fehlt, mehr bietet als ein 3-Sterne-Haus. Preis und Leistung stehen in Marokko nicht immer in einem angemessenen Verhältnis. Die Angestellten sind in der Regel freundlich und freuen sich, bei ihrem Monatsverdienst von nur umgerechnet 200 DM, auf ein Trinkgeld.

■ **Hotels** sind alle ganzjährig geöffnet, nur Klubdörfer schließen teilweise von Oktober bis März. Die 4-Sterne-Hotels sind am meisten frequentiert, weil diese Kategorie am häufigsten vertreten und außerdem von großen Reisegesellschaften unter Vertrag genommen ist. An zweiter Stelle rangieren die Luxushäuser. Da diese Häuser in der Hauptsaison (Ostern, Weihnachten und während der Sommermonate) ausgebucht sind, kommen sie für den Individualtouristen kaum in Betracht: Sie tauchen daher selten in den Ortsbeschreibungen auf.

Die Punkte nach den aufgelisteten Hotelnamen dienen der schnellen Übersicht bezüglich Preiskategorie:

° steht für billiges DZ (bis 100 Dh), wenn außerordentlich billig steht der Preis zusätzlich.

°° stehen für preisgünstiges DZ (bis 200 Dh).

°°° stehen für mittlere Preislage (DZ bis 300 Dh).

°°°° stehen für teuer/luxuriös (ab 300 Dh).

Verwendete Abkürzungen:

EZ = Einzelzimmer
DZ = Doppelzimmer
DU = Dusche
BD = Sitzbecken

■ **Camping:** Marokko ist als *gutes Camperland* mit reichlich Campingplätzen ausgestattet. Allerdings sind viele von ihnen schlecht eingerichtet und wenig gepflegt. Es gibt zwar sanitäre Anlagen, doch diese sind meist vernachlässigt oder übernutzt. Warme Duschen bekommt man nur gegen eine verhältnismäßig hohe Gebühr von ca. 1 DM. An der Atlantikküste liegen manchmal mehrere rivalisierende Zeltplätze nebeneinander. Die Preise sind zwar unterschiedlich, doch selbst der teuerste – bei den Herkulesgrotten im Cap Spartel nahe Tanger – kostet „nur" 50 Dh. Der billigste, der *Municipal* in Midelt, kostet ganze 4 Dh und weist erst noch das schmuckste Sanitärhäuschen weit und breit auf.

Wildcampen ist in der Regel kein Problem, doch bevor man das Zelt aufschlägt, sollte jemand in der Nähe um Erlaubnis gefragt werden. *Auf keinen Fall Wertsachen im Zelt zurücklassen.*

■ **Jugendherbergen:** Man findet nur wenige Häuser in Marokko. Sie sind meist von sehr bescheidener Ausstattung, stehen aber Jung und Alt zur Verfügung. Ein Ausweis ist nicht erforderlich, er reduziert aber den Preis. Bettwäsche kann gemietet werden, was aber nicht obligatorisch ist. Camper dürfen ihr Zelt im allgemeinen bei Jugendherbergen zu den üblichen Preisen aufstellen.

Die marrokanische Küche

Die Auswahl der normalen Touristenrestaurants beschränkt sich meistens auf die üblichen europäischen Gerichte. Auch die Auswahl der „echt" einheimischen Lokale ist gering, doch die landesüblichen Speisen kommen wenigstens viel schmackhafter und vor allem preiswerter auf den Tisch. Ein gutes Menu kostet dort etwa 15 Dh. Das liegt nicht zuletzt an der Armut des Landes. Der normal arbeitende Einheimische kann sich kein opulentes Mahl erlauben. Er kann nur von den Menus träumen, die Touristen in ihren Hotels und guten Restaurants auf den Tisch bekommen. Diese sind denn auch in französischer Manier zubereitet und haben mit der einfachen Kost des Marokkaners nicht viel gemein.

Fisch und Gemüse sind feste Bestandteile der marokkanischen Küche. Fast jedes Essen wird nach französischem Vorbild von Baguettes begleitet. Dieses lange, knusprige Weißbrot hat das frühere traditionelle Fladenbrot in den Städten beinahe ganz verdrängt. Geblieben sind aber die Garküchen der Medinas, die allabendlich aufgebaut werden. Besonders beliebt sind sie während des Fastenmonats „Ramadan", wenn sich die Menschen auf langen Bankreihen niederlassen und nach Sonnenuntergang auf das Gebet des „Muezzin" warten, dem Startzeichen, um gemeinsam die berühmte *Harrirasuppe* zu löffeln, die ein jeder für 1–2 Dh aus den großen Töpfen gereicht bekommt.

Touristen sind wählerisch. Neben Hammel, Rind, Kalb und Geflügel kommt deshalb in den Hotels und Touristenrestaurants sogar Schweinefleisch auf den Tisch, dessen Genuß dem Moslem verboten ist. Budgetreisende werden sich aber schnell aus den Touristenzonen entfernen und feststellen, daß man nicht nur in den „besseren Restaurants" auf seine Kosten kommt!

Spezialitäten

Bei einem Festessen, einer sogenannten *Diffa*, werden bis zu zwölf Gerichte serviert, darunter die folgenden:

■ **Couscous** ist die bekannteste Spezialität des Landes. Für den Gast ist die Einladung zum Couscous eine Ehre, für Vertragspartner der Couscous-Schmaus eine ungeschriebene Verpflichtung, und am Freitag nach dem Moscheebesuch bildet er die Krönung des Tages. Für dieses Nationalgericht soll es über 50 Rezepte geben. Unter den zahlreichen Varianten gibt es rein vegetarische und süße, solche mit Fleisch oder Fisch und solche mit vielen anderen Zutaten, deren Herkunft oft nur die Köchin kennt. Dieses Gericht schmeckt bei Familien oft weitaus besser als in der Gastronomie, denn wirklich gutes Couscous kann man nicht in kurzer Zeit zubereiten. Die Grundlage bildet immer ein Hartweizengries, der mit Wasser befeuchtet, gesiebt und ständig aufgelockert und mit Mehl überzogen zu winzigen Kügelchen geformt wird, wenn er zum sofortigen Verzehr bestimmt ist. Für den Vorrat wird der Gries flach ausgerollt und, in der Sonne getrocknet, für viele Monate haltbar gemacht. In einem speziellen Couscous-Dampftopf wird der Gries über einer geheimnisvollen Suppe gegart. Mit diesem Garen erreicht man, daß Geruch und Geschmack der Suppe in den Gries ziehen. Das Suppengemisch, das in seiner Strenge kaum alleine gegessen werden kann, enthält oft bis zu 50 verschiedene Zutaten. Getrocknetes Obst, Trockenfisch, Blätter, Kräuter, Blumen und mancherlei Getier wandern Tage vorher in den heißen Suppentopf. Der gegarte Gries wird mit Hammelfleisch und Gemüse (Bohnen, Sellerie, Kichererbsen, Artischokken, Kohlrüben, Mohrrüben, Kürbis) und mit der Sudsoße angerichtet. Anstelle von Hammelfleisch wird Couscous auch mit Fisch, Kalbfleisch, Rindfleisch oder Geflügel serviert. Bei den Berbern im Süden wandert sogar Dromedarfleisch in den Topf.

■ **Tajine:** Eine Spezialität, die man sich auch als Fremder in den Restaurants nicht entgehen lassen sollte. Es gibt bei diesem Gemüseschmaus wie beim Couscous viele Varianten der Zubereitung. Da das Gericht keine lange Vorbereitungszeit braucht, hat man auch in Restaurants verschiedentlich das Vergnügen, sehr gute Tajines vorgesetzt zu bekommen. Das Eintopfgericht bekam seinen Namen von dem braunen, glasierten Tongefäß, worin es gegart wird. Es besteht in der Hauptsache aus vielen Gemüsen und wird wie beim Couscous mit Hammelfleisch, Geflügel etc. vermischt. Die Garzeit ist abhängig von den Fleischzutaten. Ein reines Gemüsetajine kann nach 30 Min. fertig sein. In den großen Küchen wird es im Backofen oder auf Gas gegart, doch klassisch marokkanisch macht man es über einem offenen Feuer am Boden.

■ **Tfaia:** Das ist ein Tajine aus Lammfleisch. Das Fleisch wird in einem erhitzten Sud aus Olivenöl und Butterschmalz, angereichert mit Pfeffer, Salz, Ingwer, Safran und darin glasig gedünsteten Zwiebeln, ca. 3 Min. angebraten. Danach wird es es mit Wasser bedeckt und etwa 1½ Std. behutsam gekocht. 20 Min. vor Ende der Garzeit wird gehackter Koriander zugegeben. Garniert wird dieses köstliche Fleisch mit einem halben Dutzend hartgekochter und halbierter Eier, serviert mit einer Sauce, auf die goldgelb geröstete Mandeln gestreut werden.

■ **Daurade:** Dieser Fisch, eine See-Goldbrasse, ist für Fischesser ein Hochgenuß. Sie wird innen und außen mit Salz, geriebenem Knoblauch, etwas Kümmel und Olivenöl eingerieben und gegrillt mit Kartoffeln serviert.

■ **Brik:** Ein in Öl gebackenes Dreiecksomelett aus leichtem Blätterteig. Es wird als Vorspeise serviert. Auch diese schmackhafte Spezialität bekommt man in mehreren Ausführungen. Die Teigtasche wird mit Eigelb, Kartoffelbrei, Spinat und Petersilie gefüllt und in heißem Öl ausgebacken. Die Füllung kann aus Thunfisch, Fleisch oder Gemüse bestehen. Brik wird von Marokkanern immer aus der Hand gegessen.

■ **Pastilla:** Sie ist im Grunde eine einfache, hauchdünne Blätterteigspeise, die aber zu einem schichtenreichen Auflauf werden kann. Man bekommt sie zudem in knubbeligen Gebilden, in denen zartes Taubenfleisch eingebacken ist bzw. verschiedenes Gemüse. Meist schmeckt die Pastilla sehr süß, weil sie mit Honig, Staubzucker und Rosinen vermischt wird.

■ **Harrira:** Die schon erwähnte Ramadan-Suppe. Die dicksämige, nahrhafte Suppe besteht aus gekeimter Gerste oder Hirse, gehacktem Fleisch und Kichererbsen, Bohnen oder Linsen. An jedem Stand schmeckt sie anders. Sie ist selten gut gewürzt und wegen der Hülsenfrüchte nicht empfehlenswert für empfindliche Mägen. Wer sie trotzdem versuchen möchte, sollte sich aus hygienischen Gründen sein eigenes Eßgeschirr mitbringen.

■ **Mechoui:** Am Rost gebratenes Hammel- oder Lammfleisch. Dieses traditionelle Mahl bei Festlichkeiten wird heute den Touristen an Folkloreabenden verabreicht. Das komplette Tier wird fertig zubereitet mitgebracht und nur noch kurz an einer Grillstange über ein Holzkohlefeuer gehalten.

■ **Choua:** Ein gekochter, mit Kümmel gewürzter Hammel. Für Feste und Picknicks wird ein ganzer Hammel in einem Erdloch, das mit Reisig ausgelegt und nach außen hin sorgfältig abgedeckt ist, in seinem eigenen Fett gebraten.

■ **Merguez:** Eine dünne, stark gewürzte Wurst aus Hammel- oder Lammfleisch, die über einem Kohlenfeuer geröstet wird.

■ **Kafta:** Kleine Kugeln aus gerolltem Lammhackfleisch, sehr stark gewürzt und in Öl gebraten.

■ **Kebab:** Diese Hammelspieße bekommt man hauptsächlich auf den Nachtmärkten. Sie sind für den gesamten orientalischen Raum typisch und werden oft zusammen mit Salaten an Yoghurt gegessen.

■ **Harrissa:** Eine äußerst scharfe Paste aus Paprikaschoten, Tomatenmark, Knoblauch und vielen Gewürzen. Harrissa ist aus der maghrebinischen Küche nicht wegzudenken. Es ist Bestandteil vieler Gerichte, wird zum Füllen von Brot verwendet und dient als Beilage zu Knabbereien.

■ **Nachspeisen:** Das Auslassen der Nachspeise empfinden Gastgeber schon fast als Beleidigung. Wenn nicht gerade Obstzeit ist, kommt etwas Süßes auf den Tisch. Die Auswahl an Gebäck und Süßspeisen, v.a. an Straßenständen und in Patisserien, ist enorm. Schmackhaft sind die vielen honigtriefenden, mit Pistazien, geraspelten Mandeln und Nüssen bespickten, in einen Blätterteig gedrehten Süßigkeiten. Sehr beliebt und zu allen Gelegenheiten gegessen wird der Kuchen *Baklawa*, ein Gebäck aus Gries, Butter und Zucker, Mandeln, Pistazien oder Nüssen. Beliebt ist auch *Makroud*, eine süße Hirsemasse mit Dattelpaste.

■ **Thé à la menthe:** Der „marokkanische Whisky", wie er gerne von Einheimischen bezeichnet wird, ist stets der Abschluß einer *Diffa* und außerdem das traditionelle Nationalgetränk. Der grüne Tee wird mit frischen Minzblättern und reichlich Zucker im Glas oder in der Kanne aufgebrüht. Durch häufiges Umschütten zieht er gut durch und bekommt eine leicht berauschende Wirkung, womit er seinem Beinamen alle Ehre macht.

Küchenvokabular

■ **Speisen**

agneau: Lamm
ail: Knoblauch
beurre: Butter
boeuf: Rindfleisch
brochettes: Bratspieße
charcuterie: Wurst und Schinken
coq: Hahn
coquillages: Muscheln
crêpe: Pfannkuchen
crevettes: Garnelen
croissant: Hörnchen
croquette: Krokette
cru: roh
cuisiné: gekocht
dattes: Datteln
déjeuner: Mittagessen
dîner: Abendessen
entrecôte: Lendenstück
entrée: Vorspeise
escalope: Schnitzel
figues: Feigen
flan: Pudding
foie: Leber
fromage: Käse
fruits de mer: Meeresfrüchte
garni: Beilagen
gateau: Kuchen
glace: Eis
haché: gehackt
haricots: Bohnen
herbes: Kräuter
hors d'oeuvre: kalte Vorspeise
huile: Öl
huitres: Austern
légume: Gemüse
menthe: Pfefferminze
miel: Honig
moules: Miesmuscheln

mouton: Hammel
oeuf: Ei
oignon: Zwiebel
pain blanc: Weißbrot
pâtes: Teigwaren
patisserie: Kuchen, Gebäck
pêches: Pfirsiche
petit déjeuner: Frühstück
petits pois: grüne Erbsen
piments: Pfefferschoten
plat du jour: Tagesgericht
poivre: Pfeffer
poivrons: Paprikaschoten
pommes: Äpfel
pommes de terre: Kartoffeln
porc: Schweinefleisch
potage: Suppe
poule: Huhn
poulpe: Tintenfisch
ragoût: Gemüseeintopf mit Fleisch
raisins: Weintrauben
riz: Reis
saucisse: Würstchen
sel: Salz
tarte: Torte
thon: Thunfisch
tournedos: Rindsfilet
veau: Kalb
viande: Fleisch
vinaigre: Essig
volaille: Geflügel
yaourt: Joghurt

■ **Getränke**

bière: Bier
boga: Limonade
bouteille: Flasche
café: schwarzer Kaffee
café au lait: Milchkaffee
eau: Wasser

eau gazeuse: Mineralwasser
eau plate: Wasser ohne Kohlensäure
glaçon: Eiswürfel
jus de fruits: Fruchtsaft
lait: Milch
thé: Tee
thé à la menthe: frischer Pfefferminztee
verre: Glas
vin blanc: Weißwein
vin rouge: Rotwein

Feste und Feiertage

Zu den Höhepunkten einer Marokkoreise gehören neben den bunten Souks die vielen farbenfrohen Feste, die in den Städten und Dörfern zu bestimmten Zeiten und Anlässen gefeiert werden. Die lokalen religiösen Feste, die zum Andenken eines Heiligen *(Marabout)* gefeiert werden, nennt man **Moussem**. Neben der Wallfahrt zu dessen Grabmal werden *Fantasias* (Reiterspiele) veranstaltet. Im Gegensatz zu organisierten Touristenfeiern drücken sie die Lebensfreude der Marokkaner aus. Gerät man als Reisender „zufällig" an ein Fest, ist man oft willkommen. Hier die wichtigsten Daten:

Moussems

■ *März/April.* **Mèknes:** zum Gedenken an *Cheikh el Kamel.*
■ *Mai/Juni.* **Tan-Tan:** Kamelmarkt der Nomaden.
■ *Juni.* **Goulimine:** Auf dem einst größten Kamelmarkt Afrikas wird jedes Jahr Anfang Juni das Gedenkfest an *Sidi Mohammed Benamar* gefeiert. Die Samstags-Kamelmärkte haben mittlerweile keine Bedeutung mehr.

■ *August.* **Mèknes:** Ein Fest zum Gedenken an *Moulay Driss de Zerhoum.*
■ *August.* An der Route **Tiznit−Tafraout:** Gedenkfest an *Sidi Ahmed ou Moussa.* ■ *August/September.* **Fès:** berühmtes Fest für *Moulay Idriss II.*
■ *September.* **Moulay Idriss:** das größte und bedeutendste Moussem des Landes zum Gedenken an *Moulay Idriss I.*
■ *September.* **Imilchil:** ein Moussem, das berühmt geworden ist durch den Heiratsmarkt der *Ait Hadiddou.* Es findet in der dritten oder vierten September-Woche statt.
■ *Oktober.* **Fès el Bali:** zahlreiche Fantasias am Gedenktag von *Moulay Bouchta.*

Lokale Feste

Andere lokale Feste werden zu historischen Jahrestagen gefeiert oder sind Erntedankfeste. Die wichtigsten:

■ *Februar.* **Tafraout:** Fest der Mandelblüte.
■ *März.* **Salé/Rabat:** Laternenfest.
■ *März.* **Imouzzer:** Honigfest.
■ *April.* **Fès:** Studentenfest der Kairaouine-Universität.
■ *Mai.* **Sefrou:** Kirschenfest.
■ *August.* **Tanger:** Musikfestival.
■ *September.* **Tetouan:** Festival der Volkskunst.
■ *September.* **Tissa:** Pferdefest mit Fantasias.
■ *Oktober.* **Erfoud:** Dattelfest.
■ *Dezember.* **Quezzane:** Olivenfest.

Feiertage

Als arbeitsfreie Feiertage gelten:

- **1. Januar:** Neujahr.
- **3. Januar:** *Fête du Throne*, Thronbesteigung von König Hassan II., sehr eindrucksvoll vor dem Palast in Rabat.
- **1. Mai:** Tag der Arbeit.
- **14. Mai:** Jahrestag der Armeegründung.
- **9. Juli:** *Fête de la Jeunesse*, Geburtstag des Königs, begangen als Tag der Jugend.
- **6. November:** Jahrestag des Grünen Marsches zur Westsahara.
- **18. November:** *Fête de l'Indépendance* (Unabhängigkeitstag). Rückkehr Mohammeds V. aus dem Exil.

Bewegliche islamische Feiertage

Sie richten sich nach dem Mondjahr, das 10 – 12 Tage weniger als unser Sonnenjahr umfaßt. Die islamische Zeitrechnung beginnt mit der Flucht des Propheten Mohammed aus Mekka im Jahre 622. Ab 23. Juli 1990 zählt man das islamische Jahr 1411. Die wichtigsten Daten für 1990/91:

- **3. Juli 1990**, *Aid el Kebir* (Gedenkfest an Abrahams Opfer). Zu diesem großen 2tägigen Fest wird jede Familie versuchen, einen Hammel zu schlachten. Viele Pilgerfahrten nach Mekka beginnen während dieser Tage.
- **23. Juli 1990**, islamisches Neujahr *(Ras-el-Am el Hejri)*.
- **1. Oktober 1990**, der Geburtstag des Propheten Mohammed *(Mouled)*. Zu dieser Zeit werden viele Feste im Land gefeiert. Die wichtigsten in Mèknes,

wo ein Moussem für *Moulay Ben Aissa* gleichzeitig gefeiert wird und Derwische in Trance durch die Straßen tanzen.

- **15. April 1991**, *Aid-es Seghir* (Ende des Fastenmonats Ramadan). Es ist das Fest der „Kleinen", der Kinder. Sie erhalten an diesen Tagen kleine Geschenke, Kleider oder Geld. Meist zieht sich das Fest 2 – 3 Tage länger hin. Öffentliche Gebäude sind während dieser 3 Tage geschlossen. Der Ramadan dauert 30 Tage und beginnt am neunten Neumond des islamischen Jahres. Während dieser Zeit sind den Gläubigen zwischen Sonnenauf- und -untergang Essen, Trinken, Rauchen und Geschlechtsverkehr verboten. Die Geschäfte und Verkaufsbuden haben während der Fastentage kürzere Arbeitszeiten, meist nur bis 14.30 Uhr. Einige Cafés und Restaurants öffnen erst nach Sonnenuntergang. Behördengänge sollte man auf den Vormittag legen. In abgelegenen Orten kann es schwierig werden, sich tagsüber zu verpflegen.

Die Daten verschieben sich jährlich um rund 10 Tage zurück.

Einkaufen

Nahe den Touristenzonen haben sich Souvenirläden etabliert. Es fällt manchmal schwer, Echtes von Unechtem zu unterscheiden. Traditionelles ist selten, oft sind es Importwaren. Die Preise sind angegeben und recht hoch. Interessanter und volkstümlicher kauft man in den Souks, dort ist das Angebot an kunstgewerblichen Gegenständen groß. Manches kauft man viel günstiger am Herstellungsort. Auskünfte über Qualität und Preise bekommt man in den örtlichen *Maisons d'Artisanat*; dort sind die Kunstgegenstände mit Preisen ausgezeichnet, die einem später beim Einkaufsbummel in den Souks als Anhaltspunkte dienen können. Ziselierte Dolche, Silberarbeiten, Flechtwaren, Holzwaren mit Einlegearbeiten, Keramik, Lederwaren, Jeansmode, Messing- und Kupferarbeiten sind beliebte Souvenirobjekte. Doch die größten Umsätze erzielt der Teppichhandel. Das heißt auch, daß Kaufinteressenten mit Vermittlern aller Art zu rechnen haben, die sich ein Stück vom Kuchen – sprich: Prozente vom Kaufpreis! – abschneiden möchten. Die Ausfuhr unterliegt bestimmten Bedingungen, man erfährt sie bei den Verkehrsbüros oder besser, noch vor Reiseantritt bei den Zollbehörden. Man ist auch gut beraten, sich die Ladenpreise zu Hause zu notieren, die nicht selten unter jenen in Marokko liegen, wenn man die Zollgebühren berücksichtigt.

Teppiche

Die Teppichherstellung ist eine nationale Industrie. Teppiche entstehen sowohl im häuslichen Bereich als auch in großen Manufakturen. Große Qualitätsunterschiede bestehen bezüglich Farbechtheit sowie zwischen Hand- und Maschinenfertigungen. Der handgeknüpfte Teppich ist weniger fest, das Gewebe läßt sich auseinanderziehen.

In den Verkaufsstellen des **Ensemble Artisanal** bekommt man unverbindlich Informationen über Preis, Qualität und Herkunft. Man kauft dort zu Fixpreisen, erhält bei Barzahlung 10 Prozent Rabatt, und die Zollformalitäten werden gratis erledigt. Bei einer Anzahlung von 30% bieten die meisten Händler an, den Teppich nach Europa zu schikken. Die Transportkosten gehen zu Lasten des Käufers. 25% Zoll werden erst bei Lieferung erhoben: Rechnungen gut aufbewahren. Die Restsumme wird erst nach Erhalt der Ware fällig. Damit auch wirklich der ausgesuchte Teppich ankommt, sollte man beim Kauf seine Unterschrift auf die Rückseite des Teppichs setzen.

■ **Berberteppiche** mit hoher Wolle (3–5 cm lang, Ausnahme bilden die Produkte der Familien des *Beni Ouaraine*-Stammes, die Schurwollfäden bis zu 15 cm Länge verwenden). Die verschiedenen Muster der geometrischen Zeichen und Figuren stellen Familien- und Stammesgeschichte dar. An Motiven und Farben erkennen Experten die Herkunft. Überwiegend stammen sie aus den Gebieten um Azrou im Mittleren Atlas und um Quarzazate im Hohen Atlas. Besonders schöne *Kelims* (eine Kombination aus Weberei und Knoten) findet man bei den Familien der Nomaden und Tuareg. Man unterscheidet: **Kelim Nomade,** der vorwiegend als Läufer hergestellt wird und geometrische Muster aufweist, sowie **Kelim Tuareg** mit Pflanzen- und Tierdarstellungen. Der **Tapi Bedouine** enthält beide Motive und ist eine Schlingenware. Die Teppiche der Nomaden werden von den Frauen ohne Vorlage gefertigt, die Motive spiegeln die Familienchronik wieder. Es sind einmalige Stücke, an denen die Künstlerinnen oft viele Monate, gar Jahre arbeiten. So erklären sich Preise von 300 – 10 000 Dh. Am billigsten bekommt man die braunen Kamelhaar-Teppiche (200 – 1500 Dh). Die Familien von Rissani gehören zu den Herstellern dieser typischen Kelims.

■ **Arabische Teppiche** (0,5 – 1,5 cm hoch), ein rotgrundiger Teppich mit unverkennbaren türkischen Einflüssen. Die vielen kleinen komplizierten Muster werden in sieben Farben so angeordnet, daß man drei verschieden breite Streifen erkennen kann, die blumengemusterte Vierecke umspannen. Nahezu die Hälfte der Gesamtproduktion dieser Teppiche übernehmen die Werkstätten und Familien in Rabat-Salé, danach folgen Marrakech, Fès, Meknès, Tanger und Kénitra. Kette (Schafwolle) und Schuß (Baumwolle) werden zu vier verschiedenen Knotendichten zusammengesetzt, die überwiegend die Qualität bestimmen (entsprechende Angaben finden sich auf der Etikette auf der Rückseite des Teppichs): *Extra Supérieure* (ausgezeichnete Qualität) bei bis 160 000 Knoten pro qm, *Supérieure* (gute Wahl) bei bis zu 90 000 Knoten pro qm, *Moyenne* (mittlere Qualität) bei um 60 000 Knoten pro qm. *Courante* enthalten zwischen 40 000 und 60 000 Knoten pro qm.

Im Souk

Neben den Touristen-Souks, wo Händler nur auf Fremde warten, um schnelles Geld zu machen, gibt es noch immer die „echten" Souks mit ihrer würdigen Atmosphäre. In den tiefen, überwölbten Gassen, die Schutz gegen Hitze und Regen bieten, sind die alten Handwerksstuben noch gemäß alter Zunftordnung nach Gewerbe in Quartiere zusammengefaßt. Hier begegnet man Bauern in Landestracht und verhüllten Frauen, die ihre täglichen Einkäufe tätigen. Es geht ernsthaft und bedächtig zu. Die Händler sitzen inmitten ihrer Auslagen und warten geduldig auf Käufer. Kommt einer, wird erst ein langer, freundlicher Gruß ausgetauscht, dem eine Plauderei folgt, die allmählich in die Verkaufsverhandlungen übergeht. Diese werden beiderseits mit Geschick und Wortgewandtheit geführt. Wird man sich nach zäher Verhandlung trotzdem nicht einig, wird das von keiner Seite bedauert. Würde man hingegen den erstgenannten Preis akzeptieren, hätte man sich die Achtung des Händlers verspielt.

Ganz anders bei den jugendlichen Verkäufern im Touristenbazar: Bei ihnen steht allein das Geschäft und damit der möglichst hohe Profit im Mittelpunkt. Unverschämt hohe Preise werden nicht genannt, um ein Kaufritual einzuleiten, sondern um unerfahrene Fremde übers Ohr zu hauen. Hier gilt für den Fremden die Regel: Will ich kaufen, so nenn' ich nach reiflicher Überlegung einen anderswo erfahrenen Niedrigpreis; bin ich uninteressiert, nenne ich keinen Preis, bedaure aber die schlechte Qualität.

Selbstverpfleger

Neben den unzähligen kleinen Läden, in denen man in der Regel alle Grundnahrungsmittel und Getränke (außer Alkohol) bekommt, gibt es die Kaufhauskette **Uniprix** in vielen großen Städten des Landes (meist durchgehend von 8.30 bis 20.30 Uhr geöffnet, auch sonntags). Hier kann man neben Lebensmitteln auch Textilien, Haushaltwaren, Werkzeug und Souvenirs kaufen. Alkohol bekommt man nur in den Touristengebieten (freitags selten). In vielen Provinzstädtchen besteht keine Möglichkeit, legal alkoholische Getränke zu kaufen. Die Geschäfte in den Neustädten sind täglich außer an Sonn- und Feiertagen von 8 bis 12 Uhr und, außer samstags, von 14.30 bis 18.30 Uhr geöffnet.

■ **Stadtmärkte** findet man meist im Zentrum in einer überdachten Halle. Sie sind täglich geöffnet und bieten die beste Einkaufsmöglichkeit für Obst und Gemüse, Fleisch und Fisch. Getränke findet man hier nicht. Viele transportable Stände beleben die Straßen vor den Souks und rund um die Markthalle.

■ Die **Wochenmärkte** sind allein durch ihre Vielfalt an Farben und Verkaufsgütern eine Sehenswürdigkeit. Die Märkte sind für Käufer in den frühen Morgenstunden, bevor die großen Touristenbusse eintreffen, am interessantesten.

Verhaltenstips

Vor allem die älteren Einwohner legen auf Würde, Ernst und persönliche Haltung großen Wert. Als Gast des Landes hält man sich mit öffentlicher Kritik an Religionswesen und Staatsführung besser zurück. Der Marokkaner versteht keinen Spaß, wenn er glaubt, das Verhalten des Fremden sei gegen seine Würde oder gegen das Ansehen seines Landes gerichtet. Angehörige aller sozialen Schichten, einschließlich der Frauen, sind selbstbewußt, benehmen sich aber sehr bescheiden. Daran sollte sich auch der Reisende halten.

Niemand erwartet, daß der Fremde die Sitten vollständig annimmt, aber man setzt voraus, daß er diese achtet. Zum Beispiel ist es ungebührlich, wenn ein Fremder eine Marokkanerin anspricht oder gar um sie wirbt. Weibliche Reisende sollten es vermeiden, in den Städten oder in den Souks mit Shorts oder T-Shirts herumzulaufen.

Marokkaner, insbesondere Nomaden, sind von Natur her außerordentlich gastfreundlich. Doch sollte sich gerade auch der Rucksacktourist dessen bewußt sein, daß sich Leute in gewissen Situationen diesem traditionellen Zwang zur Gastfreundschaft kaum entziehen können. Es ist angebracht, gastliche Aufnahme mit einem angemessenen Geschenk – bei armen Leuten auch mit Geld – zu beantworten.

Frauen, auch alleine unterwegs, reisen relativ sicher in Marokko, vorausgesetzt, sie verhalten sich in der Öffentlichkeit zurückhaltend und tragen keine aufreizende Kleidung. Frauen, die sich

◀ *Handwerkergasse im Wollfärber-Souk.*

nicht an die Sitten des Landes halten, oder gar „oben ohne" an den Stränden tummeln, haben ohnehin ein falsches Klischee über Europäerinnen aufkommen lassen. Auch Marokkaner sind „nur" Männer und reisen mitunter extra zu den verheißungsvollen Badeständen, um dort den Blick auf einen nackten Busen zu erhaschen. Eine Frau, die sich belästigt fühlt, findet in aller Regel Schutz bei älteren Männern und Frauen, denn diese mißbilligen das aufdringliche Verhalten der jungen Generation. Falls kein Mensch in der Nähe ist, kann eine laute Beschimpfung des Übeltäters, Sprachkenntnisse vorausgesetzt, sehr wirkungsvoll sein.

Informationen und Hilfe

Tourist Offices:
Der erste Weg in einer Stadt sollte zu einem der Touristenbüros führen. Dort erhält man mitunter sogar deutschsprachige Stadtkarten mit allen notwendigen Adressen oder, in kleineren Städten, bereitwillig Auskünfte in Französisch oder Englisch. Im allgemeinen beschränken sich die Auskünfte allerdings auf die bunten Prospekte.

Es gibt zwei verschiedene Arten von Infostellen: die Ämter der staatlichen *Organisation Nationale Marocain du Tourisme*, kurz **ONMT**, und die örtlichen Auskunftsbüros des **Syndicat d'Initiative**. Das ONMT-Hauptbüro befindet sich in Rabat in der 22 Rue d'Alger, Tel. 212 52 – 54. Weitere Büros mit regionalen Informationen findet man in den größeren Städten und Orten (Adreßangaben in den Ortskapiteln).

Apotheken:
Erkennbar durch ein weißes Kreuz in grüner Umrandung. Sie tragen den französischen Namen *Pharmacie* und man findet sie in den Zentren der Neustädte. Die überwiegend deutschen und schweizerischen Medikamente sind wesentlich billiger als in Europa. Normalerweise führt man auch Drogeriewaren. Sonntags sind nur eingeteilte Nachtapotheken geöffnet.

Arzt:
Die Bezeichnung für Arzt ist *Médecin* oder *Docteur*, für Zahnarzt *Dentiste*. Viele Ärzte sprechen Deutsch und sind in Europa ausgebildet worden. Allerdings beschränken sich die Arztpraxen auf die Städte des Landes. Es muß bar bezahlt werden, ein Krankenkassenübereinkommen besteht nicht. Für eine Rückerstattung benötigt man detaillierte Rechnungen. Kostenlose Behandlung gewähren dagegen die Krankenhäuser in fast allen größeren Orten des Landes. Die **Ambulanz** erreicht man in den Großstädten unter Tel. 15. In kleinen Orten ist die Polizei zuständig.

Botschaften:
Die diplomatischen Vertretungen befinden sich alle in Rabat, Casablanca und Tanger.

■ **Bundesrepublik Deutschland:** Rabat, 7, Zankat Madnine, Tel. 6 96 62; Casablanca, 42, Av. de l'Armée Royal, Tel. 31 48 72; Tanger, 47, Av. Hassan II, Tel. 2 16 00.

■ **Österreich:** Rabat, 2, Zankat Tiddas, Tel. 6 40 03; Casablanca, 45, Av. Hassan II, Tel. 22 32 82.

■ **Schweiz:** Rabat, Square de Berkane, Tel. 6 19 88; Casablanca, 79, Av. Hassan II, Tel. 26 02 11.

Für den Aufenthalt von über 3 Monaten muß eine gebührenpflichtige Verlängerungsgenehmigung beim *Commissariat Central* (Ausländerpolizei in Rabat) gestellt werden. Touristen dürfen auch nur mit Genehmigung dieser Behörde von Marokko nach Algerien aus- und einreisen. Algerien verlangt zurzeit einen Zwangsumtausch von 280 DM pro Person.

Die Reise in die West-Sahara ist mit Genehmigung möglich (in Tan-Tan erhältlich), nach Mauretanien dagegen gegenwärtig unmöglich.

Deutsche Radiosender:

Zu jeder vollen Stunde zwischen 14 und 22 Uhr kann man die Nachrichten der Deutschen Welle auf Kurzwelle im Bereich 19,64 und 25,43 m und ab 18 Uhr zusätzlich 41,81 m empfangen (je nach Lage auch auf 31,46 und 48,66 m). UKW-Empfang ist nur im Norden Marokkos möglich.

Für weitere Infos kann man ein aktuelles Programmheft bei der Deutschen Welle, Hörerpost, Postfach 100444, 5000 Köln 1, anfordern.

Diebstahl:

In den touristischen Hauptorten wie Marrakech, Tanger und Tetouan ist besondere Vorsicht vor einheimischen Dieben geboten. In Marrakech besonders auf Postkartenverkäufer achten. An den Stränden bei Mirhleft (40 km südlich von Tiznit) sollte man sich vor den ausländischen „Aussteigern" in acht nehmen. Am Paradisplage bei Tarhazoute (19 km nördlich von Agadir) haben Militärs und Rentner-Langzeiturlauber die „Freaks" mittlerweile fast alle nach Mirhleft verscheucht.

In der Regel wird nur leichte Beute gemacht, das heißt: ein schneller, ungefährlicher Griff, keine Überfälle. Autos werden selten aufgebrochen. Das liegt wahrscheinlich an der gut funktionierenden Parkaufsicht. Doch sollte man sich dabei an die älteren Männer mit Messingplakette oder blauem Kittel halten. Sie sind in der Regel zuverlässig.

Wertsachen gehören in den Hotelsafe. Im Brustbeutel nur Geld für den Tag tragen. Das andere gehört unter die Kleidung an den Körper.

Drogen:

Ausländern ist der Besitz und Genuß von Drogen unter hoher Strafe verboten. Der Handel ist auch für Marokkaner verboten, trotzdem verkauft man überall im Rif, von Tanger bis Asilah und um Mirhleft Haschisch und Marihuana. Die Hanfpflanze *Cannabis Sativa* darf von einheimischen Bauern für den Eigenbedarf legal angebaut werden. Doch von den kleinen Küstenorten zwischen Oued Laou und Al Hoceima wird das Rauschgift auch illegal nach Spanien hinübergeschifft. Dort und in den Städten Ketama, Chefchaouen, Tetouan und Tanger wird man ständig von Dealern bedrängt, die das Haschisch ab 5 Dh per Gramm an den Mann bringen wollen. Einige Dealer setzen sich mit dem Stoff nach Mirhleft ab, dort erzielt man Preise ab 20 Dh. Wer es trotzdem nicht lassen kann, muß auf der Hut vor **Polizeispitzeln** sein. Sie verdienen weit mehr durch das Verpfeifen als mit dem Verkauf ihrer Ware. Wer von der Polizei erwischt wird, muß mit Strafen von umgerechnet bis zu 2000 Mark rechnen, um dem marokkanischen Gefängnis zu entgehen. Die Rifstraßen sind sehr kurvenreich und von Polizeiposten auf verschiedenen Hügeln gut einzusehen. Kurz nachdem es Händler geschafft haben, ein Fahrzeug zu stoppen, muß man mit einer Polizeirazzia rechnen.

Die Drogenhändler treten auf den Straßen zu mehreren auf. Sie benutzen fremde Fahrzeuge für den illegalen Transport ihrer Ware zu verständigten Empfängern außerhalb ihrer Zonen. Dazu schleicht sich ein Mittäter ungesehen unters Auto und heftet ein Paket Rauschgift an. Bei der nächsten Polizeikontrolle ist man dann geliefert. Diese und andere üble Machenschaften beherrschen die Szene in und um Ketama. Daher empfiehlt es sich, mit dem Bus durchs Rif zu reisen. Die Zimmer der Billighotels in Ketama werden ebenfalls von der Polizei kontrolliert.

Fremdenführer:
Qualifizierte Fremdenführer haben einen offiziellen Lichtbildausweis oder eine Messingplakette der *ONMT*-Behörde. Die Preise sind vom ONMT festgelegt und betragen für einen halben

Tag 50 Dh und einen ganzen Tag 80 Dh. Das entspricht etwa 10 Dh in der Stunde. Bei inoffiziellen Führern muß der Preis unbedingt vorher ausgehandelt werden. Beide Gruppen sind auf zusätzliches Geld durch Geschäftsvermittlungen aus. Früher oder später werden unerfahrene Touristen unweigerlich in einen Teppichladen geführt. Wenn man dies nicht will, muß man es vor einer Führung mit deutlichen Worten und unter Androhung einer Zahlungsverweigerung klarstellen. Bezahlt wird immer erst nach der Führung. Die ONMT-Führer erwarten ein gutes Trinkgeld, weil sie vom Gruppentourismus verwöhnt wurden. In den großen Medinas von Fès und Marrakech sind Führungen zweckmäßig, in allen anderen Städten kommt man gut ohne sie aus. Trotzdem wird man von Kindern und Jugendlichen in allen Teilen des Landes regelrecht attackiert. Man kann diesen „guides" nicht entkommen. Sie entwickeln ein unglaubliches Geschick und viel Frechheit, um bezahlte Dienstleistungen aufgetragen zu bekommen.

Moscheebesuch:
Der Fremde wird sich vielleicht über die strikten Besuchsverbote ärgern, doch der marokkanische Islam läßt keine Andersgläubigen in die Tempel seiner Gebete. Viele grobe Verstöße von Touristen verstärkten die drastischen Einschränkungen. Es gibt nur eine einzige Moschee im ganzen Land, die den Touristen wenigstens außerhalb der Gebetszeiten geöffnet wurde, die

Grabmoschee des Moulay Ismail in Meknès. Bei anderen Moscheen kann man sich den Toren mit gebührender Zurückhaltung nähern und einen Wärter um die Erlaubnis zu einem Einblick bitten. Der Besuch von *Koranschulen* unterliegt weniger strengen Regeln, sie kann man gegen Gebühr besichtigen.

Netzspannung:
Generell 220 Volt, mit Ausnahme älterer Häuser und in Südmarokko (115 Volt).

Öffnungszeiten:
Sie sind nicht immer einheitlich, da sie sich im Fastenmonat und gemäß den Jahreszeiten ändern.
■ **Läden:** Mo–Fr 8–12 und 14.30–18.30 Uhr; Sa 8–12 Uhr. Souks haben nach Belieben geöffnet, meist zwischen 8 und 21 Uhr (Mittagszeit bis ca. 16 Uhr. Freitagvormittag sind viele geschlossen, während des Ramadan bis 16 Uhr). Es gibt kein Ladenschlußgesetz. Einige Supermärkte haben täglich durchgehend von 8.30 bis 20.30 Uhr geöffnet.
■ **Banken/Behörden:** Mo–Fr 8.30–12 und 14.30–17 Uhr. Im *Sommer* dauert die Mittagspause länger, dafür ist am Abend länger geöffnet. Im *Ramadan* arbeitet man nur wenige Stunden, meist nur vormittags von 9 bis 14 Uhr.
■ **Wechselmöglichkeiten** gibt es in fast allen großen Hotels und an den Flughäfen. Sie unterliegen nicht den Öffnungszeiten der Banken. Die Kurse sind überall identisch.

■ **Museen und Medersen:** Die meisten Museen und Medersen bleiben dienstags und an staatlichen Feiertagen geschlossen. An anderen Tagen in der Regel 9–12 und 14–18 Uhr (April–September 15–18 Uhr) geöffnet. Im Fastenmonat haben viele außer freitags durchgehend von 9 bis 17 Uhr geöffnet.
■ **Post:** Mo–Fr 8.30–12 und 14.30–18.30 Uhr; Sa 8.30–12 Uhr. Im *Sommer* Mo–Do 8–15.30 Uhr; Fr–Sa 8–12.30 Uhr. Im *Ramadan* Mo–Sa 9–14 Uhr. Kleine Ämter haben samstags geschlossen.

Post und Telefon:
Man findet die Post unter den Hinweisschildern PTT *(Poste, Télégraphe, Téléphone).*
   Die Telefongebühren nach Mitteleuropa betragen für 3 Minuten ca. 10 DM und für jede weitere Minute ca. 4 DM. In den Hotels velangt man das Doppelte. In den Großstädten findet man öffentliche Fernsprecher für den internationalen Gebrauch. Sie funktionieren während der Tageszeit nur eingeschränkt. Vorwahl Österreich 0043, Deutschland 0049, Schweiz 0041. Die Null der Ortsanwahl weglassen.

Polizei:
In den Städten gibt es die **Sicherheitspolizei** *Sûreté Nationale* (in der Provinz *Sûreté Régionale*) genannt, die zuständig ist bei Delikten und für Schutzfunktionen (**Notrufnummer 19**). Straßenkontrollen und andere Verkehrsfragen regelt die **Gendarmerie** sowie die lokale **Police**. Die Ausländerpolizei (*Commis-*

sariat Central) ist für alle notwendigen Genehmigungen zuständig.

Steinewerfer:
Kinder und besonders Ziegenhirten haben häufig Steine in der Hand. Die Kinder, um sich beim Streit zu verteidigen, die Hirten, um ihre Weidetiere von der Straße fernzuhalten (sie werfen sehr selten nach Autos). Doch auf einigen Straßen Marokkos wird man ständig von Schulkindern mit Steinen attakkiert, sei es aus Haß gegen die Fremden oder anderen dunklen Motiven. Besonders aufpassen sollte man auf den Strecken von **Tetouan** nach **Larache** (P37; auf den Nebenstrecken nach **Safi** (S123 und S124) und besonders nahe Taroudannt an der **Kasbah de Freija**, wo Kinder sogar Steinschleudern einsetzen. Die Eltern dieser Kinder und die Polizei vertreten die Auffassung, daß man die Steinwerfer mit einer Tracht Prügel bestrafen sollte. Es ist aber besser, den gefährlichen und mitunter teuren Attacken mit freundlichem Winken unter Andeutung eines Stopps entgegenzuwirken. Die Kinder freuen sich und winken zurück, sind etwas eingeschüchtert und lassen die Steine meist fallen. Eine Frau als Beifahrerin sollte sich vor Annäherung an eine Gruppe von Kindern ein schwarzes Tuch (bekommt man in den Bazaren) über Gesicht und Kopf ziehen. Dieser Trick wirkt überall im Land, und man wird verschont.

Zeitzone:
Marokko hinkt der spanischen Zeit eine Stunde hinterher, so daß man die Uhr um eine Stunde zurückdrehen muß, während der europäischen Sommerzeit sogar um 2 Std., es sei denn, man reist während der marokkanischen Sommerzeit ein (15.6. bis 15.9.).

Land und Leute

Geografie

Marokko ist das westlichste Land des Maghreb, des aus Tuneseien, Algerien und Marokko bestehenden nordafrikanischen Teils der arabischen Welt. Der nördlichste Punkt nahe Ceuta ist nur durch die knapp 10 km breite Straße von Gibraltar vom europäischen Festland getrennt. Das Land nimmt eine Fäche von insgesamt 730 000 qkm ein, wovon rund 270 000 qkm auf das ehemalige Gebiet der Spanischen Sahara entfallen. Heute befindet sich das südliche Gebiet entlang des Atlantiks unter Kontrolle des marokkanischen Staates – eine Aufhebung der Besetzung mit Hilfe der UNO ist noch immer nicht erreicht worden. Die beiden spanischen Enklaven Ceuta (ca. 20 qkm) und Melilla (ca. 12 qkm) liegen zwischen Mittelmeer und Rifgebirge etwa 490 Straßenkilometer voneinander entfernt.

Anders als die meist schroffe, ca. 450 km lange Mittelmeerküste zieht sich die Atlantikküste ca. 2500 km (inklusive Spanische Sahara) vorwiegend flach mit weitläufigen Sandstränden bis hinunter nach Mauretanien. Abseits der Küsten beherrschen hohe Gebirgszüge und die Zentralebene das Land. Im Dreieck der Zentralebene, die im Norden vom bis zu 2456 m hohen **Rifgebirge**, im Süden vom schräg verlaufendem, bis zu 3340 m hohen **Mittleren Atlas** und im Westen vom **Atlantik** eingegrenzt wird, befinden sich die großen Städte. Dieses Dreieck gehört zu den am dichtesten besiedelten Gebieten Marokkos. Hier durchziehen die großen Flüsse die fruchtbare Ebene, bevor sie in den Atlantik münden. Der Südteil der Zentralebene stößt an den **Hohen Atlas**, der mit dem **Djebel Toubkal** (4167 m) als höchstem Gipfel das mächtigste Gebirge Nordafrikas bildet. Südlich verläuft der bis zu 2530 m hohe **Anti-Atlas** parallel zum Hohen Atlas von Westen nach Nordosten. Zwischen diesen Faltengebirgen befindet sich die fruchtbare **Sous-Ebene**. Südlich des Anti-Atlas beginnen die Stein- und Sandwüsten der **Sahara**. In der Übergangszone liegen die zwei Hauptoasentäler **Draa** und **Tafilalet** mit den größten zusammenhängenden Oasen Marokkos. Im Osten des Landes, zwischen dem **Qued Moulouya** und **Algerien**, vom nördlichen Rifgebirge bis hinunter zum südlichen Tafilalet, beherrscht ein karges, steppenartiges Hochplateau das Landschaftsbild.

Flora

Der Artenreichtum der Pflanzenwelt ist mit nahezu 4000 Spezies für nordafrikanische Verhältnisse hoch. Das liegt nicht zuletzt darin begründet, daß immerhin noch ca. 15% Marokkos mit Wald bedeckt sind, mehr als in jedem anderen nordafrikanischen Land. Der

Staat ist bemüht, durch ständiges Aufforsten die durch Brand oder Abholzung verlorengegangenen Bestände wiederaufzufüllen.

Im Bereich des Mittelmeeres herrscht die mediterrane Vegetation Europas bzw. Südspaniens vor. Neben den von Menschenhand angelegten Obstplantagen, wo Oliven, Pfirsiche, Mandeln, Zitrusfrüchte und Granatäpfel gezüchtet werden, prägen Pinienbäume, Macchiasträucher und Zwergpalmen das Bild der Landschaft.

Im tieferen Rifgebirge und im Mittleren Atlas findet man dichte Tannen-, Zedern- und Kiefernwälder. Außer diesen Nadelhölzern findet man einige Laubholzarten, unter denen die dominierenden Spezies die Eichen und Korkeichen sind. Letztere dienen, wie ihr Name sagt, der Herstellung von Korken, und man erkennt sie an den bis hinauf zu den ersten Ästen völlig abgeschälten Rinden.

Im Norden der Zentralebene wachsen Weichholzarten wie Ulmen, Pappeln und Eschen. Zur Küste hin findet man die volkswirtschaftlich wichtigen Korkeichenbestände, am bedeutendsten sind jene in der Gegend von **Mamora** (nahe Rabat). Die südlichen Zentralregionen gehen dagegen allmählich in eine Steppe über, die nur noch von Kakteen und Agaven bewachsen ist.

Auf der Höhe des 45. Breitengrades, bei Marrakech, beginnt die Domäne der Dattelpalmen, die nun, außer in den Gebirgsregionen des Hohen Atlas, in jeder kleinen Oase mit Gemüse- und Kornfeldern vergesellschaftet sind.

Bewirtschaftete Felder findet man überall in Marokko, sei es in kargen Ebenen oder im Gebirge. Ein Bewässerungssystem sorgt in den Tälern und Ebenen für ertragreiche Ernten.

An den Nordhängen des Hohen Atlas und an den Küstenabschnitten zwischen Essaouira und Agadir gedeihen viele Arganien- und Thujabäume. Auffällig auch die erdnahen Fingerpalmen, die sich buschartig an den Hängen des Atlas hochziehen.

Südlich des Hohen Atlas weicht die Vegetation immer mehr der Wüste, während im östlichen Hochplateau neben wenigen Kakteen noch das Halfagras anzutreffen ist. Im Anti-Atlas und südlich davon trifft man entlang den Flußtälern auf unzählige Dattelpalmen, oft versteckt in den tiefen Tälern.

Fauna

Marokkos Fauna hält einem Vergleich mit der reichen Tierwelt des subsaharischen Afrikas nicht stand. Infolge ständiger Jagd ist das Großwild, abgesehen von Mufflons und den wenigen Wildkatzen, die noch im Mittleren Atlas vorkommen, leider ausgerottet. Heimische Wüstentiere wie Schakale und Füchse sind selten geworden. Berberaffen (Makaken) leben noch in den großen Zedernwäldern bei Azrou, wo auch die dicksten Bäume des Landes stehen. In den dichten Wäldern der Atlasgebirge findet man Wildschweine, Kaninchen, Stachelschweine und Hasen.

Verschiedene Raubvogelarten, Störche, Ibisse, Kolkraben und die seltenen Marabus sind Teil der einheimischen

Handwerk ist nach wie vor das Rückgrat der Wirtschaft: hier Rohrflechter ▶
bei der Arbeit an einem Sessel.

Vogelwelt. Im Winter trifft man außerdem viele europäische Zugvögel an.

In der Wüste und in den Oasen gehören Chamäleons, Schildkröten, Leguane, Schlangen und Skorpione zu den interessantesten Tierarten für den Besucher. Doch auch sie bekommt man allenfalls zufällig oder dann nach intensiver Suche zu Gesicht.

Giftig sind die kleinen, fleischfarbenen Skorpione, die unter Steinen hausen und oft nur daumennagelgroß sind. Auch der Dornenschwanz-Leguan kann dem Menschen gefährlich werden. Das giftigste Reptil ist die Puffotter. Sie lebt hauptsächlich in Erdhöhlen und geht in der Regel nur nachts auf Jagd.

Nutztieren begegnet man überall im Land. Groß sind die Ziegen- und Schafherden, die meist von Kindern gehütet werden. Aber auch Rinder und Geflügel gibt es in allen ländlichen Gebieten. Pferde und Esel werden als Lasttiere selbst in den großen Städten eingesetzt. Das Dromedar trifft man dagegen nur im Süden und in der Wüste an. Oftmals grasen größere Herden die Steppenlandschaften des Anti-Atlas und die des östlichen Hohen Atlas ab.

Landwirtschaft

Über 50% der Bevölkerung arbeiten in der Landwirtschaft. Damit ist der Agrarsektor von der Anzahl der Beschäftigten her der bedeutendste des Landes, aber nur 18% des Bruttosozialproduktes werden in der Landwirtschaft erwirtschaftet (Zahlen von 1986). Infolge der Landflucht vieler junger Leute stagnierte der Aufschwung des Agrarsektors in den letzten Jahren. Außerdem nehmen die zahlenmäßig dominierenden Kleinbetriebe die Bewirtschaftung immer noch hauptsächlich in mühsamer und zeitraubender Handarbeit vor.

Die wichtigsten Anbauprodukte des Landes sind verschiedene Arten von Getreide, Hülsenfrüchten, Oliven, Zitrusfrüchten, Obst und Gemüse. Entlang der Flußtäler der Zentralebene befinden sich ausgedehnte Weinfelder. Im Rifgebirge wird indischer Hanf zur Haschischgewinnung angebaut. Hauptexportgüter sind Orangen (an zweiter Stelle im Weltexport), Kork (an dritter Stelle), Oliven (an sechster Stelle), Datteln (an zwölfter Stelle) und Wein.

Die wichtigsten Agrargebiete befinden sich entlang den großen Flüssen: im nördlichen Bereich der Zentralebene das Sebou-Becken mit Rharb- und Sais-Ebene, im mittleren Bereich um Rabat und Casablanca das Chaouia-Gebiet, um El Jadida das Doukkale-Gebiet, im südlichen Bereich um Safi das Abda-Gebiet, um Marrakech das Haouz-Gebiet, im Süden um Agadir das Sous-Becken, im Osten des Landes das Moulouya-Tal und im Saharavorland die drei Täler Dades, Draa und Tafilalet. Während in den genannten Gebieten Überschüsse erwirtschaftet werden, decken die Erträge der übrigen Gebiete nur den lokalen Eigenbedarf.

Nahezu die Hälfte der Bauern besitzt kein eigenes Land und bestellt statt dessen als Pächter (*Khammes)* mit geringem Lohn den Boden. Die Pachtflächen umfassen meist weniger als 2 ha und sind nicht Teil der fruchtbaren Landstriche, wie es bei den Großgrundbesitzen der Fall ist. Ehemals französisches, d.h. koloniales Besitztum befindet sich heute größtenteils in staatlicher Hand. Diese Ländereien werden höchstens zu 10% mit modernen Geräten bewirtschaftet und erlitten in der Vergangenheit ebenfalls einen Ertragsrückgang.

Viele landwirtschaftliche Produkte müssen teuer importiert werden, was eine Verarmung der Landbevölkerung zur Folge hat. Die Unterbeschäftigten wandern in die Städte ab, um dort eventuell Arbeit zu finden. Die Regierung will dem entgegenwirken, indem sie die staatlichen Böden an landlose Bauern abgibt und mit dem Bau verschiedener Staudämme neue Bewässerungsregionen schafft.

Neben dem Ackerbau werden meist Rinder, Schafe, Ziegen und Federvieh gehalten. Nur in den Gebirgsregionen und auf den Hochplateaus sowie in der Sahara trifft man auf reine Viehzüchter. Hauptsächlich werden dort Ziegen und Schafe gehalten, deren Gesamtbestand sich etwa um die 20 Millionen bewegt. Zudem werden etwa eine Viertelmillion Dromedare von den Halbnomaden als wichtigste Unterhaltsquelle gehalten. Die Zahl der Esel, Maultiere und Pferde schätzt man auf ca. 2 Millionen.

Fischerei

Die Atlantikküste von Marokko ist wegen des kalten Kanarenstromes sehr fischreich. Mit den traditionellen Fangmethoden der Fischereiflotten von Safi, Casablanca, Agadir und Tan Tan sind allein Sardinen- und Thunfischfang von mehr als nur lokaler Bedeutung. Einige Fischfabriken exportieren geringe Mengen ins Ausland.

Märkte und Handel

Im ländlichen wie im städtischen Marokko spielt der Wochenmarkt eine äußerst wichtige wirtschaftliche und soziale Rolle. Während in den großen Städten fast täglich Markt ist, leben die Marktflecken in der Provinz meist nur einmal die Woche auf. Der Tiermarkt wird als erstes abgehalten und geht schon in den frühen Morgenstunden zu Ende. Das ist die Zeit, in der die Wagenkolonnen den Markt erreichen und der Handel mit Obst, Gemüse, Haushaltsgegenständen, Kleidern, Schmuck, Gewürzen und vielem anderen mehr beginnt.

Neben den wirtschaftlichen Aufgaben erfüllt der Markt wichtige soziale und zwischenmenschliche Funktionen: Die Bauernfamilien sind nicht nur wirtschaftlich vom Handel auf dem Souk abhängig, hier werden auch alle wichtigen nationalen und lokalen Ereignisse besprochen und familiäre Belange geregelt.

Während im Binnenland der Handel hauptsächlich über die Großhändler der drei Königsstädte Fès, Marrakech und Meknès abgewickelt wird, gewinnt der Export/Import moderner Handelsgüter in den großen Küstenstädten immer mehr an Bedeutung. Über die Hälfte der gesamten Umschlagsgüter werden indes in Casablanca abgewickelt, wo sich der größte Hafen des Landes befindet.

Marokko liefert als assoziiertes EG-Mitglied hauptsächlich Waren nach Frankreich, Spanien und Deutschland. Hauptexportartikel sind Phosphat, Textilien, Orangen, Olivenöl und Sardinen. Die Außenhandelsbilanz ist jeoch defizitär, weil weit mehr Güter eingeführt werden müssen, als das Land ausführen kann.

Kunsthandwerk

Marokko kann mit vollen Händen aus den Schätzen einer ruhmreichen Vergangenheit schöpfen. In Holz, Metall, Wolle oder Leder werden Werke von außerordentlich vielfältiger, lebendiger Schönheit geschaffen. Teppiche aus Rabat oder aus dem Atlasgebirge, Pelz- und Lederwaren aus Fès, Tongefäße aus Safi, Stickereien aus Meknès, Bronze- und Goldarbeiten aus Marrakech und aus den Oasen der Sahara belegen den Werkfleiß der Bevölkerung.

Ein Wunder sind die marokkanischen **Teppiche**. Eine alte Volksüberlieferung behauptet, daß vor langer Zeit ein Storch ein Stück eines in Kleinasien geknüpften Teppichs habe fallen lassen und daß von diesem Tag an die Marokkanerinnen in ihren Häusern Teppiche knüpften, deren Farbenpracht sich mit jener ihrer Blumengärten messen könne. Die Teppiche von Rabat bestehen

aus einer harmonischen Zusammenstellung aller sieben Farben des Regenbogens und einer Unzahl von Mustern von kabbalistischer Bedeutung, die frei über die rechteckigen Felder verteilt sind. Auf baumbestandenen Wegen, in Teichen und Blumenbeeten tummeln sich exotische Vögel und andere Tiere. Andere Teppiche wiederum geben die Farben der Landschaften wieder, aus denen sie kommen. Grellgelbe und grellrote Grundfarben etwa wollen die blühenden Frühlingswiesen in den Tälern des Atlasgebirges abbilden.

Die Mädchen und jungen Frauen aus den angesehenen Familien erlernen das **Sticken**, und jede Stadt zeichnet sich durch Besonderheiten in dieser Kunst aus. Was die Qualität weiblicher Handarbeiten in Marokko ausmacht, das ist jener persönliche Einschlag, den jedes Erzeugnis unverwechselbar zeigt. So erzählen die Mädchen mit Nadel und Faden in jedem ihrer Tücher romantische Geschichten und sticken auf ihre Schleier und Seidentücher ihre schönsten Träume und Erinnerungen.

Das Mobiliar in den marokkanischen Häusern zeigt Schreinerarbeiten, die mit kostbaren Farb- und Dufthölzern wie Zeder, Zitronen und Thuja eingelegt sind. Der ornamentale Schmuck dieser Möbel besteht vor allem aus Blumenintarsien.

Möbelaufsätze aus Bronze und Silber scheinen alle Sonne Afrikas in sich gespeichert zu haben. Mit viel Geschicklichkeit wird das Metall punktiert, ziseliert, getrieben; die Künstler gravieren Blumen, Blüten und Blätter, Stengel und zarte Stiele zwischen die tausendfältigen geometrischen Muster der Teekannen, Vasen, Zuckerdosen, Räucherpfannen, Wassersprenger und Kaffeekannen. An den Wänden funkeln goldene und silberne Dolche, die reich mit edlen Steinen eingelegt sind. All diese Schätze kann man beispielsweise in der *Kissaria* von Fès, nahe der großen Moschee, bewundern. Der gesamte Souk-Bereich der Kissaria wird vom Abend bis zum Morgen mit schweren Torflügeln für die Bevölkerung geschlossen, und jedes Tor wird von einem Polizisten bewacht, der es am Morgen wieder aufsperrt, um den Strom der Handwerker, Händler und Käufer einzulassen.

Wirtschaftszahlen

Infolge des hohen Bevölkerungszuwachses (jährlich 2,6%) und durch die Verarmung der Landbevölkerung entstanden in den Städten Slums und ein riesiges Arbeitslosenheer (ca. 4 Millionen). Die massive Auslandsverschuldung (15 Milliarden Dollar) und der kostspielige Saharakrieg machten Marokko zum ärmsten der drei Maghreb-Staaten. Die Militärausgaben für die ca. 200 000 Soldaten beschäftigende Armee liegen bei 1,2 Milliarden Mark jährlich. Hinzu kommt, daß die Monarchie in einen Palastbaurausch verfallen ist. Die Gesamtzahl der königlichen Paläste hat 47 erreicht. Nahezu die Hälfte der Bevölkerung lebt an der Armutsgrenze. Das zwingt sie, ihre Kinder zu Bettlern heranzuziehen und von der Schule fernzuhalten. Dadurch steigt die Zahl der Analphabeten an, das Bildungsniveau stagniert und die zunehmende soziale Unrast bedroht die Entwicklung des Landes.

Bergbau

Der Phosphatabbau ist der bedeutendste Bergbauzweig in Marokko und wichtigster Devisenbringer. Zum Gesamtexporterlös (ca. 50% vom Bruttosozialprodukt) trägt der Phosphatexport allein bis zu 75% bei. Das Rohprodukt findet hauptsächlich Verwendung in der Viehfutter-, Waschmittel- und Düngemittelherstellung. Die Hauptabbaugruben befinden sich in der Zentralebene bei Khouribga und Yousoufia, nahe den Transporthäfen Casablanca, und Safi und in der Westsahara bei Boukraa (nahe Laayoune). Neue Erschließungen bei Meskala werden forciert. Mit ca. 15% des Weltbedarfs ist Marokko drittgrößter Produzent.

Andere Bergbauprodukte sind Mangan, das bei Ouarzazate und Midelt gewonnen wird; Blei wird ebenfalls bei Midelt und zudem bei Oujda – zusammen mit Zink – abgebaut; Kohle wird bei Djerada geschürft, Eisen im Rifgebirge. Große Hoffnung setzt man auf Erdgasfelder nahe Essaouira, denn der Erdölertrag des Rharb deckt kaum 25% des Eigenbedarfs. Im Bergbau sind etwa 42 000 Menschen beschäftigt, meist Saisonarbeiter aus den südlichen Teilen des Landes.

Tourismus

Der Fremdenverkehr ist schon seit 25 Jahren ein für Marokko sehr wichtiger und ertragsreicher Wirtschaftszweig. Das Land ist eines der beliebten Reiseziele der Franzosen, Spanier, Deutschen und Briten.

1987 veröffentlichte das *Office Nationale Marocain du Tourisme* folgende Statistik: Man zählte 1 660 300 ausländische Touristen, das waren 8,6% mehr als im Vorjahr. Davon belegten die Franzosen mit 453 758 Touristen den 1.Platz vor den Spaniern mit 369 273 und den Deutschen mit 205 559 Besuchern. Dazu kamen 30 422 Schweizer und 15 179 Österreicher ins Land. Die stärksten Reisemonate waren der April und der August, die schwächsten der Januar und der November.

1987 standen den Touristen 1227 Hotels zur Verfügung, in denen knapp 100 000 Gäste untergebracht werden konnten, wobei die 4-Sterne-Hotels mehr als einen Viertel der Kapazität deckten.

Agadir ist die Hochburg des deutschen Marokko-Tourismus. Die Badestrände von Tanger werden hauptsächlich von Engländern (Gibraltar) und Spaniern belegt, jene von Al Hoceima von Franzosen. Auf der „Straße der Kasbahs" und zu den vier Königsstädten Fès, Rabat, Marrakech und Meknès bewegen sich hauptsächlich Franzosen und Deutsche, derweil Marrakech das beliebteste Reiseziel der Franzosen ist. Ein Renner scheint merkwürdigerweise Casablanca zu sein, doch wird die Stadt hauptsächlich von Geschäftsreisenden frequentiert. Das Mittelmeer vor dem Rifgebirge wird augenscheinlich von Deutschen, Schweizern und Österreichern gemieden, möglicherweise wegen der vielen Schauergeschichten um Drogen.

Der Tourismus deckt als Devisenquelle mit seinen jährlichen Einnahmen von 400 Millionen Dollar nicht einmal ein Drittel der Ausgaben für den Militärbereich. Natürlich leben Handel, Dienstleistungen und Handwerk ebenfalls vom Tourismus. Doch den steigenden Ansprüchen der Besucher muß mit dem Import von teuren Luxusgütern Rechnung getragen werden. Außerdem streichen ausländische Reiseorganisationen, Fluggesellschaften und Zulieferfirmen einen großen Teil der Einnahmen ein.

Die negativen Folgen des Tourismus sind in den weniger entwickelten Regionen Marokkos besonders deutlich. Den unwillkommensten Nebeneffekt bildet der Zerfall der herkömmlichen Sitten. Plumpe Bettelei und aufdringliches Verkaufsgehabe könnten in Zukunft viele Touristen von Marokko fernhalten.

Schulbildung

1960 wurde das französische Schulsystem eingeführt. Seit dieser Zeit besteht allgemeine Schulpflicht, doch aufgrund von Lehrer- und Gebäudemangel, Kinderarbeit und zu weiten Schulwegen der Landbevölkerung wird diese Pflicht von 25% der Kinder nicht erfüllt. Dadurch ist die Analphabetenrate auf über 70% angestiegen, auf dem Land liegt sie sogar bei 80%.

Bis 1956 gab es nur die *Kairaouine*-Hochschule in Fès, die später durch die moderne Hochschule *Sidi Mohammed Ben Abdallah* erweitert wurde. Unter Hassan II. sind einige weitere Universitäten entstanden. Sie befinden sich in Casablanca, Rabat, Marrakech und Oujda. Hinzu kommen Fachschulen mit derzeit ca. 60 000 Schülern. Ein großer Teil marokkanischer Studenten gehen in Frankreich und im übrigen Europa ihren Studien nach.

Religion

Die große Mehrheit der marokkanischen Bevölkerung (95%) bekennt sich zum Islam. Nach der göttlichen Verkündigung der Lehre an den Propheten Mohammed verbreitete sie sich über große Teile der damals bekannten Welt.

Den Maghreb erreichte der Islam um das Jahr 700 n.Chr. Bald erfaßte der neue Glaube die ganze arabische Halbinsel. Die Nachfolger des Propheten, die Kalifen, dehnten die arabisch-islamische Herrschaft in wenigen Jahrzehnten im Osten bis nach Indien und im Westen bis nach Spanien aus. Die neue Religion hatte die arabische Welt zu einem historisch beispiellosen Aufbruch veranlaßt, was dem heute im Westen gängigen Klischee der passiven, lethargischen Unterordnung des Muslims unter eine vom Menschen unbeeinflußbare Vorsehung widerspricht. Die im Koran festgehaltenen Gottesbotschaften enthalten weltliche Regelungen – beispielsweise zu Ehe oder Erbteilung – sowie Erläuterungen, die das Jenseits betreffen.

Die vollkommene *Hingabe zu dem einen Gott* ist die erste Pflicht des gläubigen Muslims – „Islam" heißt wörtlich „vollkommene Hingabe". Vier weitere Pflichten formen sein Leben und seinen Alltag: das *Gebet*, das *Fasten* während des Fastenmonats Ramadan, das Spenden von *Almosen* und, wenn möglich, die *Pilgerfahrt* nach Mekka.

Täglich fünfmal muß sich der Gläubige zum Gebet niederwerfen: Bei Tagesanbruch, am Mittag, am Nachmittag, beim Sonnenuntergang und am späteren Abend kündigt der *Muezzin*, heute meist mittels Lautsprecher, vom Minarett der Moschee die Gebetszeit an.

Im Fastenmonat *Ramadan*, dem neunten Monat im arabischen Jahr, in dem der Erzengel Gabriel Mohammed erschienen sein soll, darf der Muslim (Schwangere, Kranke und Reisende ausgenommen) zwischen Sonnenauf- und -untergang weder Nahrung noch Getränke zu sich nehmen. Das Fastengebot wird von den meisten Marokkanern eingehalten, zumal eine Verletzung der Regel strafrechtlich verfolgt wird. Der Fastenmonat dauert 29 Tage und verschiebt sich wegen des kürzeren arabischen Mondjahres jährlich. Wenn die Fastenzeit in die heißen Monate fällt, ist es für in der Gluthitze arbeitende Gläubige gefährlich, kein Wasser zu sich nehmen zu dürfen. Die während des Ramadans stagnierende Arbeitsaktivität jedoch schädigt die Wirtschaft.

Nicht viele Muslims haben die Mittel, die Pilgerfahrt nach Mekka zu unternehmen. Damit die Pflicht der Pilgerfahrt dennoch eingehalten werden

kann, sieht der Koran einen Ersatz vor, der in Marokko darin besteht, die *heilige Stadt Moulay Idriss* zwischen Fès und Meknès siebenmal zu besuchen.

Früher erhob der Fiskus eine Armensteuer, heute ist das Geben von Almosen eine dem Einzelnen auferlegte soziale Pflicht. Der Fremde, der einem bedauernswerten Bettler eine Münze zusteckt, wird Anerkennung ernten.

In Marokko sind weltliche und religiöse Belange eng verflochten. König *Hassan II.* ist gleichzeitig *Amir el Mouminin* (Herr der Gläubigen).

Geschichte

Die seit etwa dem 4. Jahrtausend v. Chr. im nordafrikanischen Raum ansässigen **Berbervölker**, aus einer allmählich austrocknenden Sahara gegen Norden gedrängt, erlebten nacheinander das Eindringen der Phönizier, der Römer, der Vandalen, der Byzantiner, der Araber, der Spanier, der Türken und schließlich der Franzosen.

Phönizier:
Das Seefahrervolk der Phönizier – oder Punier – faßte um 1100 v. Chr. Fuß an der Küste bei Melilla (damals *Rusadir*) und bei Larache (damals *Lixus*).

Die meisten Berber entzogen sich zu jener Zeit durch Abwanderung ins Innere des Landes der phönizischen Herrschaft und schufen das Berberreich **Mauretania.**

269 v. Chr. begannen die punischen Kriege mit den Römern. Der erste endete für die Punier mit dem Verlust ihrer sizilianischen Besitzungen. *Hamilkar Barkas* verhalf dem phönizischen Reich zu neuer Blüte, und sein Sohn *Hannibal* nahm den Kampf mit den Römern wieder auf. Sein legendärer Zug mit den Kriegselefanten über die Alpen endete erst kurz vor den Toren Roms.

Zurück in Nordafrika, wurde Hannibal 202 v. Chr. von den Streitkräften des römischen Feldherrn *Scipio* und des Berberkönigs *Massinissa* vernichtend geschlagen.

Im dritten punischen Krieg mußte die phönizische Hauptstadt Karthago, heute Vorort von Tunis, drei Jahre von den römischen Legionen belagert werden, bevor die Phönizier 146 v. Chr. vernichtend geschlagen werden konnten. Mit der Zerstörung der Stadt endete auch Karthagos Einfluß im afrikanischen Westen.

Römer:
Um ca. 50 v. Chr. gab *Julius Cäsar* den Anstoß zur eigentlichen Kolonialisierung der afrikanischen Provinz, doch erst im Jahr 31 v. Chr. begann die Romanisierung unter *Kaiser Augustus.* Um 25 v. Chr. übergab dieser dem Berberkönig *Juba II.* die Verwaltung von Mauretania.

42 n. Chr. wurde die Provinz **Mauretania Tingitana** mit den Hauptorten *Tingis* (Tanger) und *Volubilis* nach einem niedergeschlagenen Berberaufstand ebenfalls römisches Untertanengebiet.

Ab dem 3. Jh. geriet das römische Reich durch die zunehmende Christia-

◄ *Stampferdedörfer und Berberburgen beiderseits einer Flußoase.*

nisierung in eine Krise. In Nordafrika trugen ständige Berberaufstände zum Zerfall der römischen Herrschaft bei. Im Jahre 285 wurden die Römer aus Tingis vertrieben.

Im Jahre 313 machte *Kaiser Konstantin* die christliche Lehre zur offiziellen römischen Staatsreligion. Das nördliche Afrika wurde zum Zentrum des neuen Glaubens.

Bis zum Einfall der Vandalen bildeten sich überall im Land zahlreiche kleine Berberreiche.

Vandalen:
Im Jahre 429 landeten in Marokko bei Tanger und Ceuta 80 000 westgermanische Vandalen. Innerhalb der nächsten 10 Jahre eroberte das von König *Geiserich* geführte Heer ganz Nordafrika und erkor Karthago zur Hauptstadt. Von der alten punischen Hauptstadt aus führte Geiserich seinen legendären Plünderungszug nach Rom. Nach dem Tod ihres Führers zerfiel der Vandalenstaat, und als 533 ein Heer der Byzantiner landete, war es endgültig um ihn geschehen.

Byzantiner:
Die Byzantiner hielten nie mehr als die Küstenregionen und einige Zentren im Binnenland besetzt. Die übrigen Gebiete blieben in der Hand der Berber. Im 7. Jh. brach die byzantinische Herrschaft in Nordafrika unter dem Ansturm der aus dem Osten einfallenden Araber zusammen, und damit versanken in Nordafrika Christentum und romanische Kultur.

Araber und islamisierte Berber:
Schon 683 erreichte das erste arabische Heer unter *Okba Ben Nafi* die Sous-Ebene. Im Jahre 698 schufen die Araber im Osten Nordafrikas die Provinz **Ifriqiya**. Von dieser Basis nahmen sie die Eroberung und *Islamisierung* des restlichen Maghreb (arabisch: Westen) in Angriff. 703 folgte ein zweiter großer Eroberungszug unter *Moussa Ibn Noceir*, der vorübergehend das Land unterwarf und sich das Reich der **Omajaden**, deren Residenz Damaskus war, einverleibte.

Die arabischen Invasoren benötigten rund 30 Jahre, bis sie die Byzantiner vertrieben und die Berber besiegt hatten. Eine eigenständige arabisch-maghrebinische Kultur entstand und fand ihren Niederschlag in der vom Kalifat auf der arabischen Halbinsel weitgehend unabhängigen Dynastie der **Aghlabiden**.

772 fand ein weiterer Machtwechsel statt, als die in Bagdad residierenden **Abbasiden** die Omajaden stürzten.

Erstes marokkanisches Reich:
Um 788 eroberte *Moulay Idris*, ein Nachkomme der Familie des Propheten Mohammed, das nördliche Marokko. Er mußte wegen seiner Teilnahme an einer Revolte gegen die Abbasiden mit seinen Anhängern von der arabischen Halbinsel fliehen. Moulay Idris wurde Führer verschiedener Stämme in der Umgebung von Volubilis und errichtete damit das erste große unabhängige Reich in Nordmarokko. 792 wurde er im Auftrag des Kalifen *Harun al Raschid* ermordet. Sein Sohn *Moulay Idris*

II. kam an die Macht. Er vergrößerte das beherrschte Territorium und gründete *Fès*. Nach seinem Tod aber zerfiel das Reich.

Im 11. Jh. eroberten die aus Mauretanien nach Norden vorstoßenden **Almoraviden** das Territorium des heutigen Marokkos unter dem Banner des „Heiligen Krieges" *(Djihad)*.

Von 1140 bis 1147 wurden sie von den **Almohaden** abgelöst, einem Berberstamm der Masmouda aus dem Hohen Atlas. Bis ans Ende des Jahrhunderts erreichte Marokko unter Führung von *Yacoub el Mansour* die größte Ausdehnung seiner Geschichte. Das Reich dehnte sich im Osten bis nach Tripolitanien (Libyen) und im Nordwesten bis nach Spanien aus. In der ersten Hälfte des 13. Jh. zerfiel das Almohadenreich.

Ab 1216 begannen in Ostmarokko die Eroberungszüge der kriegerischen **Zenataberber**, eines Nomadenstammes der Meriniden. 1269 beherrschten sie das ganze Land und brachten es bis 1465 zu größter kultureller Blüte. Aus jener Zeit stammen die meisten Prachtbauten des Landes und viele der theologischen Hochschulen (*Medersas*).

Im 15. Jh. unternahmen **Portugiesen** und **Spanier** die ersten Vorstöße nach Marokko. Schon 1415 hatte Spanien Ceuta eingenommen. Nach Thronfolgewirren wurden die Meriniden 1465 von ihren Verwandten, den **Beni Quattas**, abgelöst. 1492 eroberten die Spanier auch Granada zurück, die letzte islamische Bastion in Spanien. Spanien und Portugal errichteten neben Ceuta

weitere Stützpunkte an der marokkanischen Küste.

Saadier:

Bereits 1510 hatte sich im Tafilalet der arabische Stamm der Saadier angesiedelt, dessen Angehörige für sich in Anspruch nahmen, Nachfahren Mohammeds zu sein. Nachdem sie die Sklaven- und Goldhandelswege nach Westafrika unter ihre Kontrolle gebracht hatten, begaben sie sich auf Eroberungszüge in den Norden und nahmen 1548 die Hauptstadt Fès ein.

1578 erlangten sie die Macht über ganz Marokko, nachdem sie die Portugiesen entscheidend geschlagen hatten. Von nun an wandten sie sich gegen Süden und stießen jenseits der Sahara bis zum Reich von **Timbuktu** vor. Die große Zeit der Karawanen begann und mit dem lukrativen Gold- und Sklavenhandel auch der Ausbau von **Marrakech** zu einer prächtigen arabischen Metropole.

Die beiden großen Flüchtlingsströme der **Mauren** und **Juden** aus Spanien zwischen 1568 und 1578 sowie 1609 und 1614 brachten weiteren kulturellen Aufschwung.

Bei Thronstreitigkeiten wurden acht der elf regierenden Saadier-Herrscher umgebracht; das Reich zerfiel.

Alaouiten:

Wie schon die Saadier schickten sich um 1650 die arabischen Alaouiten an, vom Tafilalet aus das geschwächte Land zu erobern. Bis 1667 hatten sie bis auf Marrakech ganz Marokko unter ihre Macht gebracht. Nachdem auch diese letzte Saadier-Bastion erobert war, begann die unglückliche Zeit der Alaouiten-Herrschaft unter dem grausamen Sultan *Moulay Ismail*. Es folgten Revolten, **Türkeneinbrüche** und Piraterie.

Religiöse Unruhen und Pestepidemien forderten ab 1799 über 100 000 Todesopfer und schwächten das Land erheblich. Bereits 1830 besetzten französische Truppen das Nachbarland Algerien. 1844 drangen sie auf der Verfolgung des algerischen Rebellenführers *Abd el Kader* nach Marokko ein. Das sich den Franzosen entgegenstellende marokkanische Heer erlitt bei **Oujda** eine erste vernichtende Niederlage. Die zweite Niederlage erfolgte 1860 gegen die **Spanier**, nachdem Rifkabylen die spanischen Besitzungen Ceuta und Melilla angegriffen hatten.

Von 1873 bis 1894 versuchte der Sultan *Moulay Hassan* mit Erfolg, die Revolten im Landesinnern zu unterbinden. Doch ab 1894, mit der Thronbesteigung des Kindes *Abd el Aziz*, war es endgültig um die Autonomie des Landes geschehen. Verschwendung und Prunksucht des neuen Sultans ließen das Land verarmen. Die Bevölkerung Marokkos wurde zu Beginn des 20. Jh. immer rebellischer.

1908 übernahm *Moulay Hafid*, der Bruder des Sultans, die Macht und versuchte vergeblich, der immer weiter um sich greifenden Revolten Herr zu werden. Während einer Belagerung durch rebellierende Berberstämme holte er 1911 französische Truppen zu Hilfe. Das rief die rivalisierende Kolonial-

macht **Deutschland** auf den Plan, die das Kanonenboot „Panther" nach Agadir entsandte. Nur durch geschickte Verhandlungen konnte der Krieg zwischen den beiden Mächten vermieden werden.

Franzosen:
Am 30.3.1912 kam Marokko unter französische Verwaltung, nachdem *Moulay Hafid* den Protektoratsvertrag unterzeichnet hatte. Er blieb danach nur noch formell Staatsoberhaupt. Frankreich beließ Marokko vorerst eine innere Autonomie (Protektorat). Aus den beiden Verwaltungen entstand der „Conseil de Gouvernement", wobei die höchste Machtausübung den Franzosen oblag. Rabat wurde zur neuen Hauptstadt ernannt.

Am 27.11.1912 wurde die Nordzone an Spanien übergeben. Ab 1914 begann die blutige Unterwerfung der restlichen Regionen Marokkos. Die von den Franzosen „Befriedung" genannten Kriegsaktionen dauerten bis 1934 an, wobei auf marokkanischer Seite nach Schätzungen 400 000 Menschen umkamen. Doch auch die Siegermacht verlor etwa 27 000 Menschenleben.

Derweil tobte in der spanisch kontrollierten Nordzone von Marokko ein anderer Krieg. Dort starben 1921 über 15 000 Spanier während des **Rifkabylen-Aufstandes** unter *Abd el Krim*, der später zum Anführer und Nationalhelden aller Rifstämme wurde. Als die Aufständischen sich nach der Einnahme der spanischen Zone gegen die französischen Gebiete wandten, schlossen sich

Spanier und Franzosen zu einer zehnfachen Übermacht zusammen und vernichteten 1926 das 20 000 Mann starke Heer der Rebellen.

Die Zeit des Aufschwungs, geschaffen durch die Infrastruktur der Franzosen, brachte den Marokkanern in den 30er Jahren viele Vorteile, doch die Bauern verloren ihr Land an die französischen Siedler und wanderten in die Städte ab, wo in der Folge Slums (*Bidonvilles*) entstanden.

Im Juli 1936 brach der spanische Bürgerkrieg in Melilla aus. Die Truppen meuterten dort gegen das faschistische Franco-Regime. Über 130 000 Marokkaner kämpften schließlich auf seiten General Francos.

Als die Vichy-Regierung eine Militärverwaltung einsetzte, wuchs der marokkanische Widerstand erneut.

1942 landeten **englische** und **amerikanische** Truppen in Marokko, man erhoffte die Befreiung von der Kolonialmacht. 1943 forderte die neugegründete **Istiqlal-Partei** als erste die Unabhängigkeit des Landes. Heftige Unruhen und blutige Kämpfe folgten, weil sich Sultan *Mohammed V.* gegen die Anordnungen der französischen Generalresidenten stellte und sich für eine Nationalistenbewegung aussprach. 1952 rief er einen Generalstreik aus, wobei die landesweiten Demonstrationen von der französischen Armee mit Waffengewalt auseinandergetrieben wurden. Mohammed V. wurde 1953 als Sultan abgesetzt und ins Exil geschickt. Daraufhin befand sich ganz Marokko in Aufruhr. Angriffe und At-tentate beider Seiten rissen nicht mehr ab. Tausende wurden auf beiden Seiten ermordet, und schließlich wurden die Franzosen zur Aufgabe gezwungen. Im November 1955 konnte Mohammed V. als Symbolfigur des Widerstandes triumphal nach Marokko zurückkehren. Am 2.3.1956 wurde die französische Zone unabhängig. Am 7.4.1956 folgte die spanische Zone und danach auch die bislang internationale Zone von Tanger.

Das unabhängige Marokko:
Sultan Mohammed V. ließ sich 1957 zum König krönen, doch das junge Königreich sah großen Problemen entgegen. Die Franzosen zogen viele Fachkräfte ab und ließen die Wirtschaft zusammenbrechen. Es folgten Massenauswanderungen und Wirtschaftskrisen. In Ifni und in der spanischen Sahara kam es ab 1957 zu blutigen **Revolten**. Dem König blieb kein anderer Ausweg, als erneut Wirtschaftsexperten und andere Führungskräfte aus Frankreich ins Land zu rufen. Damit nahm der französische Einfluß in Marokko wieder zu.

Nach dem Tod von Mohammed V. am 26.2.1961 bestieg sein Sohn **Hassan II.** den Thron. Er regierte härter als sein Vater und ließ keine Parteien politisch Andersdenkender zu. 1963 wurde das Land abermals geschwächt, als ein Grenzkrieg um die umstrittenen rohstoffreichen Gebiete *Colomb-Béchar* in Algerien ausbrach. 1965 folgten Studentenrevolten, der König ließ den Ausnahmezustand ausrufen und das Parlament absetzen. Bis 1970 regierte Hassan II. autokratisch. Nach der Wiedereinsetzung des Parlaments 1970 erfolgten zwei fehlgeschlagene Attentate auf den König, der darauf mit Todesstrafen reagierte und das Parlament abermals absetzte. Die von den Oppositionellen geforderten Wahlen wurden verschoben.

1973 verabschiedete die Regierung unter dem Motto der **Marocanisation** einen Fünfjahresplan, der die Enteignung ausländischer Besitzungen und die Entfernung aller ausländischen Experten zur Folge hatte. Im gleichen Jahr erhob Hassan II. Anspruch auf das Gebiet der spanischen Sahara und zwang die Spanier mit dem legendären **Friedensmarsch** hunderttausender Marokkaner ins Grenzgebiet, das Kolonialland bis 1976 zu räumen. Als das geschehen war, ließ er seine Truppen in die Westsahara einmarschieren, wo er unerwartet auf die Befreiungsfront **Polisario** traf, die sich den marokkanischen Truppen mit erbittertem Widerstand entgegenwarfen. Die Polisario wollte eine unabhängige Westsahara. In den folgenden Jahren war Marokko in verlustreiche Kleinkriege mit Algerien verwickelt, das die Polisario im Kampf um die Unabhängigkeit unterstützte. Auch international wurde das Vorgehen Marokkos verurteilt und die Westsahara als **Demokratische Arabische Republik Sahara** zumindest diplomatisch anerkannt. Marokko ging auf keine außenpolitischen Kompromisse ein, war aber innenpolitisch zu einer gewissen Liberalisierung bereit.

1977 fanden die ersten freien Wahlen seit 1963 statt. Sie brachten den Sieg der von den Konservativen unterstützten Königstreuen. Im gleichen Jahr kämpften marokkanische Truppen in Zaire gegen die Shaba-Rebellen. 1979 und 1981 verursachten die Kriege um die Westsahara weitere hohe Ausgaben und Verluste.

Eine heftige innenpolitische Auseinandersetzung gipfelte im Juni 1981 in einem Generalstreik, als die Preise der Grundnahrungsmittel um bis zu 70% erhöht wurden. Der Aufstand wurde von Polizei und Militär blutig niedergeschlagen. Alle Mitglieder der **Gewerkschaft UMT** wurden verhaftet. Anfang 1984 wiederholte sich die innenpolitische Krise, als vom internationalen Währungsfonds die Erhöhung der Brotpreise gefordert wurde. Auch diese Revolte wurde niedergeschlagen, die Brotpreise jedoch wieder herabgesetzt.

Mitte 1984 unterzeichneten Hassan II. und der libysche Staatschef *Ghadaffi* einen Vertrag über eine künftige Staatenunion. Dieser Vertrag wurde im August 1986 von Ghaddafi widerrufen, weil Hassan II. den israelischen Premierminister *Peres* zum Gespräch nach Marokko eingeladen hatte.

Die Grenzstreitigkeiten um die Westsahara konnten bislang nicht beigelegt werden. Das Gebiet wird noch immer weitgehend von Marokko kontrolliert.

Tanger

Tanger war und ist ein Tor nach Afrika. Der grausame Sultan *Moulay Youssef* pflegte Tanger mit folgendem Gleichnis zu charakterisieren:

„Am Ende der Welt erschienen die Leute von Tanger vor dem Tribunal des letzten Gerichtes und Allah, der oberste Richter, sagte ihnen: „Ihr seid ganz gewiß die schlechtesten aller Menschen. Wie kommt das?" Und sie entgegneten: „Herr, es ist wahr, wir haben gesündigt. Aber unsere Regierung war international und wir wurden von allen Vertretungen Europas verwaltet." Und Allah sagte ihnen: „Ihr seid damit bestimmt genug bestraft worden. Tretet denn ein ins Paradies."

Tanger ist nach Agadir das bedeutendste Reiseziel in Marokko. Darüber hinaus bietet die Stadt ein Stück echte orientalische Atmosphäre. Nähert man sich der Stadt mit dem Schiff von Gibraltar, bietet sich dem Auge zunächst eines der schönsten Panoramen Afrikas dar. Über der kilometerlangen Bucht mit ihren Stränden zieht sich die weiße Küstenstadt einen Hügel hinauf, auf dessen höchstem Punkt majestätisch die Kasbah mit den antiken viereckigen Wehrtürmen thront. Unter der Kasbah befindet sich die Moschee, deren achteckiges Minarett wie ein Finger Gottes die Altstadt überragt. Vom Hafen in östlicher Richtung bis hin zum Cap Malabata breitet sich die moderne Neustadt aus, an deren Promenade die großen Strandhotels stehen. Irgendwo westlich der Stadt, im Bereich des Cap Spartel, vermischt sich der Atlantik mit dem Mittelmeer. Hier beginnen die riesigen einsamen Sandstrände, die sich mit wenigen Unterbrechungen hinab in den Süden ziehen. Zur östlichen Seite, zwischen Tanger und Ceuta, findet man von vielen Hügeln eingebettete Sandbuchten, die von einem bizarren Gebirgsgürtel umschlossen werden.

Man streift durch das Labyrinth der Altstadt, kauft auf dem Brotmarkt, dem Obst- und Gemüsemarkt, dem Fleischmarkt, dem Gewürzmarkt. Vollbepackt mit Lebensmitteln, ist man in den Augen der *guides* kein potentielles Opfer mehr und kann in aller Ruhe durch Medina und Stadt schlendern. Man bewundert die Geschicklichkeit der Pfeifenschnitzer, der Schmiede und Sattler. Gegen Abend schlürft man im *Café de Paris* einen starken, schwarzen Kaffee, später in der Teestube des *Le Détroit* einen frischen Minztee, sieht die Männer in ihren langen Djellabahs gelassen eine Wasserpfeife rauchen, lauscht den langgezogenen Kadenzen der marokkanischen Musik und atmet den Orangenduft, der aus dem Innenhof des ehemaligen Sultanpalastes dringt.

Die verwinkelten, oft nur körperbreiten Treppengassen der *Medina* gehören

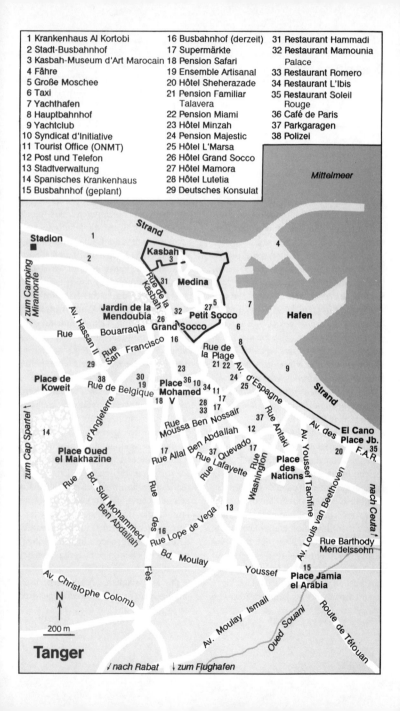

1 Krankenhaus Al Kortobi
2 Stadt-Busbahnhof
3 Kasbah-Museum d'Art Marocain
4 Fähre
5 Große Moschee
6 Taxi
7 Yachthafen
8 Hauptbahnhof
9 Yachtclub
10 Syndicat d'Initiative
11 Tourist Office (ONMT)
12 Post und Telefon
13 Stadtverwaltung
14 Spanisches Krankenhaus
15 Busbahnhof (geplant)

16 Busbahnhof (derzeit)
17 Supermärkte
18 Pension Safari
19 Ensemble Artisanal
20 Hôtel Sheherazade
21 Pension Familiar Talavera
22 Pension Miami
23 Hôtel Minzah
24 Pension Majestic
25 Hôtel L'Marsa
26 Hôtel Grand Socco
27 Hôtel Mamora
28 Hôtel Lutetia
29 Deutsches Konsulat

31 Restaurant Hammadi
32 Restaurant Mamounia Palace
33 Restaurant Romero
34 Restaurant L'Ibis
35 Restaurant Soleil Rouge
36 Café de Paris
37 Parkgaragen
38 Polizei

Mittelmeer

Strand

Stadion

Kasbah

Medina

Route de la Kasbah

Jardin de la Mendoubia

Petit Socco

Grand Socco

Hafen

Av. Hassan II

Rue Bouarraqia

Rue San Francisco

Rue de la Plage

zum Camping Miramonte

Place de Koweit

Rue de Belgique

Place Mohamed

Rue d'Angleterre

Av. d'Espagne

Strand

El Cano Place Jb.

F.A.R.

zum Cap Spartel

Place Oued el Makhazine

Rue Moussa Ben Nossair

Rue Allal Ben Abdallah

Rue Quevado

Rue Lafayette

Rue Antaki

Rue Washington

Av. Youssef Tachfine

Place des Nations

nach Ceuta

Bd. Sidi Mohammed Ben Abdallah

Rue des

Rue Lope de Vega

Bd. Moulay

Fès

Youssef

Av. Louis van Beethoven

Rue Barthody Mendelssohn

Place Jamia el Arabia

Av. Christophe Colomb

N

200 m

Tanger

nach Rabat   zum Flughafen

Av. Moulay Ismail

Oued Souani

Route de Tétouan

jetzt wieder ganz den balgenden Kindern und streunenden Hunden, es riecht nach vergangenen Zeiten und den Gewürzen des Orients. Von der Höhe der granitenen *Kasbah*, hoch über der Stadt und hoch über den „Säulen des Herakles", sieht man die Lichter von Tarifa vom anderen Kontinent hinüberblinken

Ankunft

■ **Flug:** Der internationale Flughafen *Boukhalef-Souahel* liegt etwa 12 km westlich. Taxi in die Stadt 40 Dh, Sammeltaxi 5 Dh.

■ **Schiff:** Vom Hafen sind es knapp 10 Gehminuten bis zu den Herbergen in der Alt- und Neustadt. Läßt man sich von einem „Schlepper" hinbringen (sie schwirren hier zu Hunderten herum), zahlt man nicht nur Weggeld, sondern auch Kommission im Hotel und hat obendrein eine Klette am Hals, die man während des Aufenthaltes nur schwer wieder loswird. Das beste ist, sich am Hafen erst gar nicht auf ein Gespräch einzulassen.

■ **Auto:** Fahrzeugführer sind gut beraten, ihr geparktes Auto der Obhut eines Parkwächters anzuvertrauen. Sie sind meist in eine Djellabah gekleidet, an der die große, offizielle Guide-Messingplakette blinkt. Man zahlt für eine Stunde 1 – 2 Dh und für die ganze Nacht 10 – 15 Dh. Eine Tiefgarage befindet sich in der Rue Lafayette zwischen Rue Allal Ben Abdallah und Rue Quevado.

■ **Bus:** Früher befand sich der Busbahnhof am Hafen, jetzt vorübergehend an der Rue de Fès, Kreuzung Bd. Sidi Ben Abdallah, bis der neue Busbahnhof an der Av. Louis van Beethoven fertiggestellt ist. Er wird nahe der Moschee am gleichnamigen Place Jamaa el Arabia gebaut. Auskunft unter Tel. 324 15.

■ **Zug:** Gare Principale, Place de la Marché, am Hafen, Tel. 312 01.

■ **Taxi:** Stadttaxis sind blau mit gelben Streifen, sie dürfen die Stadtgrenzen nicht verlassen.

■ **Stadtbusse:** Busbahnhof am Grand Socco. Die wichtigsten Linien: *Nr. 1* fährt zum Markt; *Nr. 12* und *21* Route de la Montagne; *Nr. 15* Cap Malabata (hinter Camping Tingis vorbei); *Nr. 170* zur East Street (1½ km vor dem Flughafen). Nur Sammeltaxis zum Flughafen (meist Mercedesbusse).

Orientierung

Direkt an den Hafen schließt sich das Altstadtviertel der **Medina** an, deren Zentrum die **Petit Socco** (Kleiner Bazar) ist. Mit seinen Nebengassen ist der Petit Socco auch das Gebiet der Billigpensionen und Mittelklasseherbergen, der Restaurants und Cafés, der Märkte und natürlich der unzähligen Souvenir- und „Antiquitäten"-Shops. Von hier bis zum **Grand Socco**, der die Grenze zwischen Alt- und Neustadt bildet, sind es nur ein paar Meter. Der Grand Socco ist der große Zentralplatz, wo abends die billigen Eßstände aufgebaut werden. Von dort führt die Rue de la Liberté zur **Place de France**, in das moderne Geschäftszentrum von Tanger mit dem **Boulevard Pasteur**, der Einkaufsstraße mit Banken, Post, mondänen Cafés, Restaurants, Bars und Hotels.

Unterkunft

Am billigsten und romantischsten wohnt man in der Gegend des **Petit Socco**, im Herzen der Medina, in alten Pensionen aus der Kolonialzeit. So etwa in der

■ **Pension Bercerra** °, über dem Café Central. DZ 30 Dh.
Von kleinen, schmiedeeisernen Balkonen freut man sich am Treiben auf dem Platz. Oder in der

■ **Pension Fuentez** °, gleich vis-à-vis und über dem gleichnamigen Café.

■ **Palace Pension** °, in der Rue de la Poste, die vom Petit Socco abzweigt. DZ 30 Dh.
Sehr saubere Zimmer, die sich um einen Innenhof gruppieren und einen Spülstein haben.

■ **Pension Touahin** °, in der ebenfalls vom Socco abzweigenden 7, Rue Semmarine. 40 Dh.
Bietet einfache, blau getünchte Zimmer und von großen Balkonen eine gute Bazar-Aussicht.

Doch auch anderswo finden sich stilvolle und günstige Unterkünfte:

■ **Pension Miami** °, Rue de la Plage (schräg gegenüber dem Bahnhof, in einer Querstraße der Strandstraße), 38 Räume.
Blaugekachelter Aufgang mit Marmortreppe zu den 3 Etagen mit schönen Stuckfenstern. Einige Zimmer mit kleinen Balkonen. Alle haben ein Wasch-

becken. In der obersten Etage wohnt man wegen der Aussicht auf das Meer am schönsten. Heiße DU für 5 Dh im 1. und 2. Stockwerk auf dem Gang.

■ **Pension Familiar Talavera** °, Rue de la Plage (neben Miami), 18 Räume.
Eine Familienpension mit ansprechenden Stuckornamenten an Tür und Fenstern. Innen wie eine maurische Villa. 2 Räume können für eine 4köpfige Familie gekoppelt werden.

■ **Hotel L'Marsa** °, 92, Av. des Forces Armées Royales (kurz F.A.R.), Strandstraße, 23 Räume und 3 App. mit Küche.
Hinter und über dem Restaurant L'Marsa befindet sich das Hotel, von der Seite zu erreichen (früher Hotel de Bretagne). Vom 2. Stock sieht man über die Restaurant-Terrasse aufs Meer. Heiße DU auf dem Gang (5 Dh). In den Zimmern Spülsteinecke und BD. Die 3 App. liegen im Innenhof und kosten je 150 Dh, unabhängig von der Belegung.

■ **Pension Majestic** °, 33, Rue Ibn Zobr (gegenüber dem Hoteleingang L'Marsa), Querstraße der Strandstraße, 28 Räume.
Leute, die ganz und gar arabischen Anschluß haben wollen, wohnen in einer sicheren Umgebung bei einem freundlichen alten Herrn. Die großen, luftigen Zimmer haben gekachelte Böden, einen Spülstein und einen kleinen Balkon mit Sicht aufs Meer. DU/WC auf den Gängen der zwei Stockwerke.

■ **Hotel Grand Socco** °, am gleichnamigen Platz (Eingang zur Medina), insgesamt 30 Räume.

Nicht gerade das sauberste, doch für Fotografen das am günstigsten gelegene Hotel, wenn man einen Raum mit Fenster zur Place Grand Socco, dem Puls der Stadt, erwischen kann. Die Zimmer haben Spülstein, Bett (eigener Schlafsack angebracht) und Stuhl. Im Gang arabisches WC, keine DU. Die öffentliche Stadtdusche (*Hammam*) liegt ganz in der Nähe und kostet 5 Dh für 30 Minuten. Eine interessante und saubere Badeanstalt.

■ **Pension Safari** °, 125, Rue de Hollande (Querstraße von der Rue de Belgique), Tel. 360 70.
Kleines zweistöckiges, etwas zurückstehendes Gebäude mit kühlen Zimmern. Sie sind einfach, sauber und mit Spülstein eingerichtet. Man vermietet DZ (60 Dh) und Vierbettzimmer (100 Dh).

■ **Hotel Mamora** °, 19, Rue de la Poste, ab Petit Socco, Tel. 341 05, 30 Räume.
64–92 Dh fürs DZ, je nach Saison und Verhandlungsgeschick. Das Mamora ist das *empfehlenswerteste Mittelklassehotel* (2 Sterne) in der Medina, hat einen Aufenthaltsraum und große, ansprechende Zimmer mit Bad/WC, Telefon, Tisch und Stuhl.

■ **Hotel Lutetia** °°, 3, Avenue Prince Moulay Abdellah, Tel. 318 66, 27 Räume.
DZ mit Dusche 105 Dh, mit Dusche und WC 125 Dh. Zu Bogarts Zeiten war's ein Top-Haus, heute ist alles etwas angegilbt: der Aufenthaltsraum, der voll verglaste *Salon de Thé* und die großen Zimmer, von denen man aufs Meer schauen kann.

■ **Hotel Sheherazade** °°°, Av. F.A.R. (Strandstraße), Tel. 405 00/02 und 408 01/03, Telex 33083, 146 DZ.
Mittelprächtiges Einsteigerhotel für unerfahrene Marokkoreisende. In zehn Stockwerken gut möblierte Zimmer mit Bad/WC, Aircon und bester Aussicht aufs Meer. Wird auch von Pauschaltouristen gebucht, daher in der Saison ziemlich voll. Ein Pool, die gute Küche, Disco und ein Strand vor der Haustür dürften jeden Touristen voll zufriedenstellen.

■ **Hotel Minzah** °°°°, 85, Rue de la Liberté, Tel. 358 85, 100 DZ.
DZ offiziell 680 Dh, aber auch in der Saison im Juni konnten wir hier für 380 Dh unterkommen. Ein Hotel wie ein Traum aus Tausendundeiner Nacht! Am Portal wird man von livrierten Pagen samt Fez begrüßt, an der Rezeption wie ein König empfangen, das Foyer ist eine Ornament- und Arabeskenhalle, die Zimmertüren sind messingbeschlagen, und die Zimmer selbst bieten allerhöchsten Komfort mit einer Ledergruppe, Schreibtisch, Schnörkelbett, Bad/WC, Telefon, Zimmerservice, Kelim-Vorhängen etc. Ein schöner Patio dient als Aufenthaltsraum und Bar, das Minzah-Restaurant bietet feine französische und marokkanische Speisen. Der Swimmingpool liegt im Garten mit Blick aufs Meer.

Camping

■ **Camping Tingis:** internationaler Platz an der Route de Malabata, 5 km östlich von Tanger (immer der Strandstraße Avenue d'Espagne folgen; Taxi

15−18 Dh). War einst der gepflegteste und bestausgetattete Nordafrikas. Zur Zeit unserer Recherchen befand sich der Platz im Umbau und war durch ein Hochwasser übel zugerichtet. Schwimmbad, heiße Duschen (nur in der Saison), gute sanitäre Anlagen, Bar, Restaurant, Supermarkt mit Wein und Bier, viel Schatten auf grünen Wiesen unter Zypressen und Zedern, Eukalyptus, Pinien und Platanen, aber auch viele Mücken. Die Entfernung zum feinen Sandstrand beträgt etwa 500 m. 900 Stellplätze auf dem 6 ha großen Gelände, 1 Platz für zwei Personen inkl. Zelt etc. etwa 40 Dh.

■ **Camping Miramonte**: über Route de la Vieille Montagne, dann rechts vor dem Anstieg, in die unbefestigte und schlammige Löcherpiste durch die Slums, etwa 2 km westlich der Kasbah zum Terrassenplatz hoch. Eine andere Zufahrt führt durch die Stadt und über eine steile, enge Auffahrt (Allrad erforderlich), rechts über die Route de Boubanah. Beschilderung fehlt, dadurch nur mit Führer zu finden. Schöner Platz für Rucksacktouristen.

■ **Camping Robinson**: Bei den Hercules-Grotten, südlich des Cap Spartel. Anfahrt mit Sammeltaxi (Ford Transit oder Peugeot) etwa 5 Dh, Taxi vom Hafen 50 Dh. Schöner, sauberer Platz in deutschem Besitz. Allerdings auch der *teuerste Platz in Marokko* (Auto, Person, Zelt und Strom je 10 Dh, Wohnmobile 30 Dh). Einige Zimmer für 90, 120 und 170 Dh. 1 heiße und einige kalte DU. Ein Restaurant gehört zur Anlage.

Essen und Trinken

■ **Eßmarkt Grand Socco**: Zur Essenszeit, die in etwa mit dem Sonnenuntergang beginnt, verebbt der Autoverkehr auf dem Grand Socco. Die Händler und Marktfrauen, die Angestellten und Touristenführer, die Bettler und hungrigen Kinder, ja, eigentlich alle, die großen Hunger, aber wenig Geld haben, strömen auf den zentralen Platz, um sich in einer der zahlreichen Garküchen eine deftige und billige Mahlzeit abzuholen. Man sitzt im Freien an langen Bänken oder in kleinen Lehmverschlägen, guckt in die Töpfe oder auf die Holzkohlengrills und sucht sich aus, was das Herz begehrt. Etwa eine *Harrira*-Suppe, die es schon für 2 Dh gibt, *Kebab*-Spieße für 2 Dh das Stück, Salatteller für 2,50 Dh, Eintopfgerichte für 10 Dh, halbe Hähnchen, ganze Fische, Krabben und Krebse, Tauben und Ragouts, Pasteten und Teigwaren, Süßigkeiten und Plätzchen, Cola, Wasser, Tee, Kaffee ...

■ **Restaurant Le Détroit,** Rue Riad Sultan, Kasbah, Medina, Tel. 380 80. Das rundum verglaste Nobelrestaurant hoch über der Stadt mit Fernsicht bis Tarifa gehört zu den beliebtesten Gourmettempeln von Tanger und erfreut sich insbesondere in Touristenkreisen großen Andrangs. Will man seine Ruhe haben, sollte man den Stunden zwischen 13 und 18 Uhr den Vorzug geben. Viele Gerichte stehen nicht zur Auswahl, aber die wenigen, die alle um 40 Dh kosten, sind von ausgezeichneter Qualität: *Mechou* (Lammbraten), *Kebab Meghdour* (Fleischspießchen), *Har-*

rira, Couscous; als Dessert ist das *Briouats del Lausal* (Mandelpastete mit Honig) für 15 Dh unschlagbar. Und nach dem opulenten Mahl setzt man sich in den **Salon de Thé**, in einen erhaltenen Raum des ehemaligen Sultanpalastes (siehe „Unterhaltung").

■ **Restaurant Hammadi,** Rue de la Kasbah.
Die Ober tragen grüne Kittel und rote Feze, eine „Berbercombo" musiziert. Der durch Rundbögen abgeteilte Speiseraum sieht aus wie ein Haremssalon, entspricht voll und ganz dem Orientklischee der Mitteleuropäer. Im Hammadi werden denn auch hauptsächlich Reisegruppen mit Couscous vollgestopft. Interessant, aber kitschig, und das Essen ist eher mittelmäßig.

■ **Restaurant Mamounia Palaca,** 6, Rue Semmarine, Medina, nahe Petit Socco, gegenüber der Markthalle.
Die drei großen Speiseräume in der 1. Etage sind ganz im Palaststil à la 1001 Nacht eingerichtet, die Gerichte hingegen haben damit kaum etwas gemeinsam und sind dem Geschmack der Fremden angepaßt, die hier allabendlich im 50er-Pulk eindringen. Doch man kann, anstatt zu essen, genausogut nur einen Tee trinken, sich auf einen Diwan legen und der „Berber"Livemusik lauschen.

■ **Restaurant Romero,** Avenue du Prince Moulay Abdullah, Ecke Boulevard Pasteur.
Top-Restaurant für Fisch- und Meeresfrüchte; Tintenfisch in Tintensauce (45 Dh), Aal in Kräutersauce (50 Dh), Königskrabben, Garnelen, Marlin-Filet, Schwertfisch, Hummer etc.: am großen Fischbuffet aussuchen. Trotz des (für Marokko) relativ hohen Preisniveaus ist das Romero auch bei Einheimischen sehr beliebt — vielleicht wegen der Spirituosenlizenz?

■ **Restaurant L'Ibis,** 6, Rue Khalid Ibn Oualid, Tel. 324 68.
Kleines Restaurant mit nur 8 Tischen. Es ist sauber und bietet gute und schmackhafte internationale Gerichte zu einem fairen Preis von ca. 35 Dh.

■ **L'Marsa,** Strandstraße (siehe Hotelbeschreibung).
Im unteren, dezent eingerichteten Raum erweckt zunächst ein rundgemauerter Ofen mit einem hohen ziselierten Abzugsrohr aus Kupfer die Aufmerksamkeit. Man wird bei gutem Wetter auf der offenen Terrasse Platz nehmen, die den Blick auf Hafen und Meer freigibt. Weiter rechts beginnt der sichelförmige Sandstrand der sich zum Cap Malabata hinzieht. Die Speisekarte ist gut bestückt, auf Alkohol jedoch muß man verzichten. Man probiere *Sole Meunière au Grille* (Seezunge) für 40 Dh oder *Steak d'Espadon* (Schwertfisch) für 50 Dh. Stammkunden sparen 19% Taxe.

■ **Restaurant Soleil Rouge,** Av. F.A.R. (Strandstraße), gegenüber Hotel Solazur.
Libanesisches Restaurant mit guten und preiswerten Gerichten. Man spricht nur Englisch und Arabisch. Gerichte ab 30 Dh.

Sehenswürdigkeiten

Tanger ist nicht die Stadt der monumentalen Baudenkmäler und Sehenswürdigkeiten. Um so reizvoller ist es, Tangers Alltag im planlosen Spaziergängen durch die **Medina**, die Altstadt, zu erleben und zu genießen, sich einfach durch die labyrinthenen Gassen treiben lassen, den Duft und den Gestank des Orients atmen, auf die kehligen Laute der arabischen Sprache hören, auf die marokkanische Musik. Hier ein Kebab-Spießchen essen, da eine Blätterteigtasche mit Mandelpaste, sich hier in einen Teppichladen setzen, ein Täßchen Tee schlürfen und um einen Kelim feilschen, dort in einem Schmuckgeschäft die filigranen Arbeiten betrachten, einem Schmied beim Hämmern, einem Schuster beim Flicken, einem Schneider beim Nähen, einem Tischler beim Möbelbauen zuschauen.

Hält man sich in den Gassen immer bergauf, wird man unweigerlich irgendwann vor der **Kasbah** stehen, der Zitadelle, die die Stadt wie eine Trutzburg beherrscht und in der heute ein kleines Museum untergebracht ist: *Musée d'Art Marocain* mit einer interessanten Ausstellung alter Teppiche, Wandbehänge und Holzschnitzereien. Eintritt 5 Dh.

Unvergeßlich – aber für alleinreisende Frauen nicht zu empfehlen – ist auch ein **Nachtbummel** durch die im schummrigen Laternenlicht liegende Medina, wenn die Bazare geschlossen sind, und nur noch vereinzelte verschleierte Frauen und Djellabah-umhüllte Männer durch die Gassen schlurfen.

Hier und da erhascht man durch angelehnte Türen einen Blick in prachtvolle Patios.

Unterhaltung

Im **Café de Paris** am *Place de France* kann man sich ein bißchen wie in Paris fühlen. Das Publikum ist international, Marokkaner machen sich rar, die Kellner sprechen französisch, und Chansons bestimmen den Takt. Schöner als draußen (laut und stinkige Abgase) ist es im Innern des dunkel verglasten Lokals, wo schwere und bequeme Lederpolster zum Sitzen einladen, wo französische Zeitungen aufliegen, und Schuhputzer ständig in Sorge um die modischen Stiefeletten der Gäste sind.

Weitere Cafés dieser Gattung finden sich am *Boulevard Pasteur* sowie an dessen Verlängerung, dem *Bd. Mohammed V:* u.a. **Zagora, Metropol, Café de la Paix.** Wie schon beim Café de Paris gilt auch hier: viele Touristen und ortsansässige Ausländer, wenige Marokkaner.

Das gehobene Bürgertum hat von gegenüber, von Spanien und Gibraltar, den allabendlichen Paseo übernommen und promeniert mit Kind und Kegel stolz und eitel auf der Palmenallee der *Avenue d'Espagne*. Die Hungrigen treffen sich auf dem Grand Socco, und die Gesättigten auf dem Petit Socco, der zum Travellertreff und auch zum Dealerbahnhof geworden ist. Cafés, in denen „man" sitzt, sind das **Café Central** und das **Café Fuzeta**.

In den *Salons de Thé* von Tanger kann man sitzen oder liegen, die Füße hochlegen, dazu Tee oder auch Kaffee trinken, Gebäck knabbern, eine Wasserpfeife blubbern lassen, marokkanische Musik hören und genießen. Der **Salon de Thé Damascus** an der Avenue Moulay Abdellah ist vielleicht am üppigsten ausgestattet, wird aber auch ausschließlich von Touristen frequentiert, da's hier Bauchtanz, Berbertanz und andere Folkloreshows gibt. Im **Salon de Thé Mamounia Palace** (siehe „Essen und Trinken") gibt es zwar auch zumeist Touristen, aber man kann dem damit verbundenen Lärm entfliehen und ein Plätzchen zum Entspannen finden. Am authentischsten ist der **Salon de Thé Le Detroit**, hoch oben im ehemaligen Sultanspalast: wirkt obendrein überhaupt nicht kitschig, sondern bildschön und erinnert ein bißchen an die Palacios in der Alhambra von Granada.

Im Gegensatz dazu bietet die **Discothèque Regine Club** 8, Rue el Mansour Dahabi (gegenüber dem Roxy-Kino), Top-Hits im klimatisierten Raum. Tel. 405 42, Einlaß ab 22 Uhr.

Märkte

Es empfiehlt sich, entweder in den unzähligen winzigen „Tante-Emma-Läden" rings um den Grand und Petit Socco sowie in der gesamten Medina oder aber auf den Märkten einzukaufen: Täglich zwischen 7 und 21 Uhr, aber hauptsächlich bis 10 Uhr, sitzen an der Rue de la Fuente Nueva, bekannt als **Sakaya**, die Bäckersfrauen und bieten ihre *Fladenbrote* gegen die populären französischen Langbrote an.

In der Rue du Portugal zwischen Grand Socco und Avenue d'Espagne ist der **Fischmarkt** untergebracht, an der Rue Bouarraqia/Ecke Grand Socco gibt's täglich einen **Gemüse-** und **Früchtemarkt** und samstags einen **Berbermarkt.** Der **Lebensmittelmarkt** mit einem enormen Angebot befindet sich in der Medina an der Rue Semmarine, nahe Grand Socco. Wer **Kaffee** aus Brasilien, Ecuador, Peru etc. kaufen möchte bzw. Platten gepreßten *Minztees*, der geht zu **Las Campanas** in 10, Rue Semmarine, wo es „Stimulantia" der allerfeinsten Art gibt: Vor dem Kauf kann man probieren. Und sind es schließlich *Gewürze*, nach denen man Ausschau hält, so muß man in die **Rue du Portugal**, wo z.B. 100 g Safran 7 Dh, Paprika 6 Dh, Pfeffer 4 Dh, Ginger 7 Dh, Come 6 Dh kosten. Auch Naturshampoo ist erhältlich (Steine, die sich in heißem Wasser in eine sanfte Lauge auflösen), das halbe Kilo für 8 Dh.

Shopping

Ob nun Pauschaltouristen oder erklärte Traveller, ob mit oder ohne Vorsatz, kein Geld für Souvenirs auszugeben: In Tanger erliegt irgendwann jeder Reisende der Shoppingsucht. Das Angebot in der Medina ist zu groß, zu schön, zu bunt und zu orientalisch, und die Händler preisen ihre Waren mit zu beredter Zunge an, um immer und ewig stur geradeaus zu gehen. Irgendwann betritt man einen Laden, wird höflich gebeten, Platz zu nehmen, bekommt einen Tee, einen Kaffee, eine Coke oder was auch immer, wird nach etwas Vorgeplänkel nach seinen Wünschen befragt, sagt z.B. „Decke" oder „Teppich" und sitzt Minuten später auf einem Berg von Teppichen oder Decken. Zu schnell nach dem Preis zu fragen zeugt von Interesse, ist aber immerhin unverfänglich. Anders, wenn man versucht, einen günstigeren Preis als den genannten zu erhandeln: Das ist verfänglich. Denn geht der Händler auf das Gebot ein − und irgendwann, spätestens beim Abschied, geht jeder Händler darauf ein, wenn man den Erstpreis nicht um mehr als zwei Drittel reduziert −, dann ist man verpflichtet, das Heruntergehandelte auch zu kaufen, will man nicht aufs Gröbste gegen einen ungeschriebenen Ehrenkodex verstoßen.

Also: Handeln nur, wenn man etwas will, aber dann auch so, daß man zum Schluß den erstgenannten Preis auf etwa ein Drittel reduziert hat. Und stur bleiben, auch bei „Fixpreisen" und wenn sich der Händler biegt und klagt und den Tränen nahe scheint.

Beim Teppichkauf ist noch mehr Vorsicht geboten. Da werden mitunter Preise genannt, die zehnmal überhöht sind. Was man auch wissen muß: Alle marokkanischen Teppiche, z.B. echte *Berber* oder *Kelims*, müssen auf der Rückseite ein Gütesiegel mit Qualitätskennzeichnung haben. Fehlt es, ist der Bodenbelag vielleicht aus deutschen oder italienischen Fabriken importiert. An Qualitäten gibt es *Extra Supérieur, Supérieur, Moyenne* und *Courante* (vgl. Kapitel „Einkaufen/Teppiche").

Verschiedenes

■ **Deutsches Konsulat**: 45, Av. Hassan II, Tel. 387 00.

■ **Schweizer Konsulat**: 3, Rue Ibn Rochd (Querstraße vom Bd. Pasteur), Tel. 347 21.

■ **Krankenhaus/Arzt**, Hôpital Al Kortobi, Rue Kortobi, Tel. 342 42. **Notruf** Ambulanz **Nr. 15.**

■ **Ensemble Artisanal**, Rue de Belgique, Tel. 365 99. Eine Verkaufskooperative für Kunstartikel mit Fixpreisen.

■ **Tourist-Office** (ONMT), 29, Bd. Pasteur, Tel. 329 96 und 382 40.

■ **Syndicat d'Initiative**, 11, Rue Khalid Ibn Oualid, Tel. 354 86.

■ **Post** und **Telefon**, 33, Bd. Mohammed V.

■ **Polizei**, Rue de Belgique Ecke Av. Hassan II, Tel. 404 77. **Notruf 19.**

■ **Führer vom ONMT**: Wer sich nicht alleine durch die Stadt traut, bekommt vom Tourist-Office einen Führer gestellt. Er kostet etwa 50 Dh für einen halben Tag.

Weiterreise

■ **Bus:** Man rechne etwa 4 – 5 DM für 100 km, je nach Busklasse. Täglich Busse nach: Tetouan 1½ – 2-stündlich zwischen 6.30 und 20 Uhr; nach Casablanca über die Küstenorte Asilah, Larache, Rabat mehrmals täglich, sowie nach Meknès und Fès. Außerdem 3 – 4mal wöchentlich nach Frankreich.

■ **Zug:** Auskunft Tel. 312 01. Um 7.22 und 16.25 Uhr ein komfortabler Direktzug über Rabat nach Casablanca (dort umsteigen nach Marrakech). Um 8.12 und 14.30 Uhr Direktzug nach

Oujda (algerische Grenze) über Meknès und Fès. Um 20.50 Uhr Direktzug mit Schlafwagen nach Marrakech. Einige Preisbeispiele 2. Klasse: Asilah 12; Kenitra 64; Rabat 72; Casablanca 93; Meknès 74; Fès 77; Marrakech 152 Dh (Schlafwagen zusätzlich 43 Dh). 1. Klasse kostet 25 – 30% mehr.

■ **Flug:** Auskunft Tel. 351 29 und 347 17 oder in der Stadt beim RAM-Büro, Place Mohammed V, Tel. (09)355 02, 347 22 oder 341 75. Internationale Flugbüros in und um Bd. Pasteur.

Täglich internationale Flüge nach Europa und preiswerte Binnenflüge nach: Casablanca außer Mi 1 – 3mal tgl.; nach Fès So um 16 Uhr direkt, sonst umsteigen in Casa; Marrakech direkt nur Do um 19.40 Uhr, an anderen Tagen umsteigen in Casa; Agadir direkt Di 19.40, Do 17.35 und 19.40, Fr 19.40, Sa 18.35 und 20.10 und So 16 Uhr. Agadir über Casa Mo 19.45 und Mi 19.20, Fr 19.45, Sa 19.15 und So 19.45 Uhr.; Laayoune über Casa je 1mal am Mo, Mi, Fr und So; Ouarzazate über Casa Fr um 18.50 Uhr und Oujda über Casa Mi um 18.50 und So um 12.40 Uhr.

Achtung: Die Zeiten ändern sich geringfügig je nach Jahreszeit.

■ **Sammeltaxis** und Mercedes-Busse verbinden alle umliegenden Ortschaften. Grand-Taxis am Busbahnhof fahren auch Busrouten ab. Eine Rundfahrt zum Cap Spartel kostet für 4 Personen etwa 100 Dh (Zeit vorher aushandeln).

Ceuta

Die 19,4 qkm kleine spanische Enklave auf nordafrikanischem Boden rangiert bezüglich Einreisen an erster Stelle. Weit über 1,5 Millionen Besucher kommen mit den Fähren vom spanischen Festland herüber, weil dies die kürzeste und „preiswerteste" Möglichkeit ist. Viele Spanier nutzen Ceuta auch als zollfreies Einkaufsparadies. Über die marokkanische Grenze bei Bab Sebta fahren davon noch etwa zwei Drittel, zumeist Marrokaner, die ebenfalls wegen der preiswerten Handelsgüter nach Ceuta pendeln. Dem großen Andrang entsprechend verläuft die Grenzabfertigung teilweise chaotisch.

Die heitere, lebhafte Stadt am Fuß des 200 m hohen Berges *Hacho* zählt 70 000 Einwohner und liegt auf einer schmalen Halbinsel, die umfahren werden kann. In der andalusischen Altstadt, wo sich Laden an Laden reiht, herrscht starker Verkehr, der zuweilen die Stadtstraßen verstopft. Große Supermärkte bieten dem Käufer Waren in Hülle und Fülle: Kitsch und Kunst, Schnaps und Zigaretten, Spielzeug und Kleider, Schmuck und Parfum, alles bekommt man im Eldorado des Konsumenten, es sei denn, es ist gerade Feiertag oder Siesta (Mittagspause vieler Lebensmittelgeschäfte von 13 bis 16 Uhr). In der ersten Etage des Hafengebäudes haben die wichtigsten Läden durchgehend geöffnet. Direkt im Hafen befindet sich ein Informationsbüro für Reisende. Man hält eine mehrsprachige Informationsbroschüre mit Stadtplan und eine Hotelpreisliste bereit. Über die zollfreien Einkäufe hinaus birgt die Stadt durchaus weitere Reize, die einen Aufenthalt lohnen.

Ankunft

■ **Fähre:** Die Fährschiffe von Algeciras (spanisches Festland) legen wenige hundert Meter westlich der Altstadt an. Im Fährbahnhof befinden sich Reisebüros für Zug- und Busverbindungen ab Algeciras, Wechselstellen (auf keinen Fall Dirham kaufen, sondern erst an der Grenze, wo man allerdings *keine Schecks annimmt*), Duty-Free Shops und Cafés. Zwischen der Anlegestelle und der *Avenida de España* sind große Parkplätze angelegt. In Stadtrichtung liegen der *Muelle España* und vor diesem Kai das Touristenbüro. Der Busstop *(parada)* für den *Frontera-Bus Nr. 7* zur Grenze befindet sich ca. 300 m vom Touristenbüro, rechts an der Straße Richtung Tetouan. Die Busse starten von der ca. 1 km entfernten *Plaza de la Constitución*.

■ **Mit eigenem Fahrzeug:** Wenn man in der Stadt einkaufen will, läßt man den Wagen besser auf dem Parkplatz im Hafen stehen, es sei denn, man will weiter auf die Halbinsel fahren oder zum Campingplatz nach rechts hinaus und in westlicher Richtung auf der Küstenstraße zum Ortsteil Benitez. Der Platz liegt links den Berg hinauf hinter weißen Mauern (Beschilderung nur am Hafen). Tankstellen befinden sich auf den Hauptstraßen und kurz nach der Abzweigung Richtung Grenze auf der linken Seite (Diesel 45 Peseten, Super 65 Peseten).

■ **Orientierung:** Direkt vom Schiff kommend, hält man sich zunächst nach links in die *Avenida de España* bis zu einem Straßendreieck vor der Altstadt. Wer zur Grenze nach Marokko will, muß sich rechts einordnen, immer den Schildern „Marruecos" nach. Über einen kleinen Hügel fährt man schließlich hinunter zur Strandstraße, die rechts direkt zur Grenze führt (ca. 3 km) und links zwischen Altstadt und Küste auf die Halbinsel, zu den Stränden und zum Monte Hacho. In den Altstadtstraßen kann man sich kaum verlaufen: Überall gelangt man früher oder später auf die Ringstraße der Halbinsel, auf der man notfalls zum Ausgangspunkt zurückkommt.

Am Hafen entlang gelangt man zur Kirche *Iglesia de Nuestra Señora de Africa* an der *Plaza de Africa*, an der auch das Rathaus (Bauten aus dem Spätbarock des 18. Jh.) und die Kathedrale mit dem klassizistischem Portal aus schwarzem Marmor stehen. Weiter in Richtung Halbinsel stößt man auf die Mauern der Festung *El Candelero* mit Wassergraben. Erst hinter dieser Festung gelangt man zur *Plaza de la Constitución*, und zum malerischen Marktplatz *Plaza Vieja*. Bei guter Sicht lohnt sich die Fahrt zum Monte Hacho besonders, denn man genießt einen eindrucksvollen Rundblick aufs Mittelmeer mit den angrenzenden Staaten Spanien und Marokko und dem Felsen von Gibraltar.

Unterkunft

Ceuta ist noch nicht Marokko. Dies stellt man fest, wenn man eine Unterkunft bucht, denn die Preise (ab 1000 Ptas. pro Person im DZ) entsprechen jenen auf dem spanischen Festland und sind mehr als doppelt so hoch wie in Marokko. Die einfachsten Pensionen findet man in den Nebenstraßen der Mittelstadt ader *Paseo del Revellin*. Die zahlreichen Pensionen werden auch „Fondas" oder „Casa de Huéspedes" genannt.

■ **Hostal R. Atlante** °°, Paseo de las Palmeras, 1 (gegenüber dem Fischereihafen), Tel. 51 35 48. Gutes Haus mit geräumigen Zimmern.

■ **Hotel R. Africa** °°°, Muelle Cañonero Dato (schräg gegenüber der Fährstation). Mittelklasse mit Preisen bis zu 3000 Ptas. pro Person im DZ.

■ **Jugendherberge,** 27, Plaza Vieja (südl. Plaza de la Constitución).

■ **Camping:** Der Zeltplatz, (s. „Ankunft/Mit eigenem Fahrzeug"), gliedert sich in zwei Abschnitte. Oben auf dem Schotterplatz bei den sanitären Anlagen steht man, beleuchtet und bewacht, am sichersten. Unten auf der Wiese hat die Stadtverwaltung seit Jahren Obdachlose in alten Wohnwagen untergebracht. Die armen Leute sind ständig auf der Suche nach Eßbarem. Ein Problem, das den Pächter sehr belastet. (Übernachtung für 2 Personen ca. 2000 Ptas.)

Weiterreise

■ **Bus:** Nach Marokko: Der oben erwähnte Bus Nr. 7 fährt nur bis zur Grenze. Von dort gibt es schlechte Verbindungen zum Busbahnhof des 5 km entfernten Dorfes **Fnideq**. Nur Taxis stehen bereit (10 Dh pro Person). Die Fahrer ziehen Ausländern aber gerne das Fell über die Ohren. Schlepper, die das Blaue vom Himmel schummeln (kein Bus bis Tetouan etc.), sind ebenfalls zur Stelle. Finger weg von beiden. Die 5 km kann man leicht zu Fuß schaffen oder einen Touristen um Mitfahrt bitten. Der Busbahnhof von Fnideq liegt vor der Abzweigung nach Tanger, direkt an der Uferstraße auf der rechten Seite unterhalb der Mauer. Die Busse fahren stündlich nach Tanger oder Tetouan.

■ **Fähre** zurück nach Spanien: Reisebüros befinden sich im Hafen. Seriöse verkaufen die Fährtickets auch bei Bezahlung mit Eurochecks, die man tunlichst in Peseten ausstellen sollte. Preise und Fahrzeiten siehe Kapitel Anreise. Ein Tip: Sollte man seine restlichen Dirham nicht an Einreisende an der Grenze verkaufen können, tauscht man sie in deutschen Banken (100 Dh = 20 DM) viel vorteilhafter zurück als in Spanien.

Von Ceuta nach Fès

Diesen Weg schlagen Marokko-Reisende meist zu Anfang ihrer Marokko-Reise ein, denn er verbindet die großen Sehenswürdigkeiten des Nordens.

Das Rifgebirge dominiert den nördlichen Landesteil. Es zieht sich parallel zur Mittelmeerküste von der Straße von Gibraltar bis zum Unterlauf des Flusses Moulouya an der algerischen Grenze hin. Dabei beschreibt es einen der Iberischen Halbinsel zugekehrten Bogen und ist geologisch mit den südlichsten Ketten der Iberischen Halbinsel (Betische Kordillere) verbunden, durch die es an den Komplex der alpinen Faltungen Südeuropas angeschlossen ist.

Diese Verwandtschaft des Rifs mit Südeuropa wird noch dadurch unterstrichen, daß die Straße von Gibraltar erdgeschichtlich jung ist. Bevor ein Meeresarm das Rif von der Betischen Kordillere schied, hatte das Mittelmeer eine breitere Verbindung mit dem Atlantik, die das Gebiet südlich des Rifs und das Guadalquivir-Becken im Norden einbezog.

Die Rifkette entfaltet sich über eine Länge von 300 km und eine Breite von 100 km. Tiefe Täler schneiden sich in ihre Hänge und öffnen sich einerseits zum Mittelmeer, andererseits in Richtung des Sebou-Laufs. Die Wasserscheide liegt gewöhnlich über 2000 m und erreicht im Djebel Tidiquin mit 2453 m die größte Höhe. Im Teil, der an die Straße von Gibraltar grenzt, vermindert sich die Höhe; doch hat hier die Erosion unter dem Einfluß der atlantischen Niederschläge die Oberfläche stark zernagt. Bei Ceuta zieht sich der Felssporn El Acho, verbunden mit dem Djebel Haus (826 m), zum Mittelmeer hin. Sein Gegenüber ist der Felsen von Gibraltar. Beide Felsen bedeuteten für die Menschen des Altertums die Beinsäulen des Herkules, und somit das Ende der Welt.

Zwei wichtige Flüsse, Loukkos und Sebou, durchfließen den Nordwesten des Landes und bilden fruchtbare Landstriche. Der **Loukkos** fließt im Norden aus dem Rif herab und endet mit einer Trichtermündung, an deren linkem Ufer die Stadt Larache liegt.

Das Rif, der Mittlere Atlas und der westliche Teil des Hohen Atlas umspannen wie ein großer, zum Atlantik hin offener Bogen Ebenen und Hochebenen – den volksreichsten und landwirtschaftlich produktivsten Teil von Marokko. Hier lassen sich zwei große Zonen unterscheiden, im Norden die Ebene des *Sebou*, im Süden die sogenannte *Meseta*.

Der **Sebou** ist einer der bedeutendsten Flüsse der atlantischen Abdachung. Er entspringt im Mittleren Atlas unter dem Namen Oued Guigou, etwa

120 km südöstlich von Fès. In seinem Unterlauf, der etwa 200 m breit ist und ein schwaches Gefälle hat, schwankt seine Wasserführung erheblich. Sein Endabschnitt ist über 17 km von der Mündung bis Kenitra schiffbar und bildet den einzigen Binnenwasserweg Marokkos.

Das Sebou-Becken umfaßt die Ebene von Taza, das mittlere Seboutal mit Seitentälern, die Küstenebene des Gharb, die südlichsten Ausläufer des Rif und die Ebene von Fès und Meknès. Allen diesen Landstrichen ist eine modernisierte Landwirtschaft und eine verhältnismäßig dichte Besiedlung eigen.

Strandzonen bis Tétouan

Auf dem 40 km langen Weg von Ceuta nach Tétouan über die P 28 passiert man die großen Anlagen von Club Méditerranée, Maroc-Tourist, Holiday Club, Kabila Club und anderen privaten Clubhäusern. Überall schießen weitere 5-Sterne-Hotels und aufwendige Tourismusstationen aus dem Boden: Man befindet sich im größten Touristenghetto Marokkos. In **Smir-Restinga** wurde vor kurzem eine weitere Retortenstadt fertiggestellt. Die Landschaft ist eben und ohne Hinterland auch nicht sehr reizvoll. Die Strände gleichen hier den Atlantikstränden, kilometerlang und flach, die Wassertemperaturen sind allerdings angenehmer. Wildcamper finden ca. 13 km hinter Ceuta

(200 m hinter Kilometerstein 27) eine gute Möglichkeit. Über eine Brücke gelangt man an einen 1200 m langen Strandabschnitt ohne Schatten, zu dem parallel ein Flüßchen fließt. Die Büsche entlang dem Fluß verwehren den Einblick von der Straße. Manchmal werden Militärkontrollen durchgeführt. Die Militärs erwarten 2 – 3 Dh Trinkgeld. Leider gleicht der Strand stellenweise einer Müllkippe. Auch viele Einheimische und Angler bevorzugen diesen übriggebliebenen Zugang zum Meer. Die schönsten Strandabschnitte sind mittlerweile alle durch Privatanlagen versperrt. Zwischen Club Med und M'Diq gibt es noch einige wenige gute Durchfahrten zum Meer, die uns aber als Stellplätze ungünstig erschienen. Möglichkeiten zum Wildcampen bietet noch der Abschnitt zwischen dem Clubdorf Marina und Restinga. Bevor man in die hügeligen Berge des Cabo Negro fährt, kommt man in die Stadt **M'Diq**. Hier und am **Cabo Negro** wird das fortgesetzt, was Restinga vorpraktizierte. Entsetzliche Ausbreitungen nach spanischem Muster und total verbaute Zugänge mit Schranken und Wärtern. Geblieben ist einzig der schöne Blick vom Cabo Negro (innerhalb der Schranken) auf die weitgeschwungene Bucht hinüber nach **Martil**. Vielleicht auch deshalb so augenfreundlich, weil zu Füßen ein weiteres gut angelegtes Clubdorf von Méditerranée und die putzsauberen grünen Wiesen eines Golfplatzes ein harmonisches Bild vorgaukeln. Wo Schranken den Zugang zum Meer versperren, bleibt nichts anderes

übrig, als das Cap weiträumig zu umfahren und vor Martil über eine neue Straße, die einen Nadelwald durchschneidet, zum Meer zu gelangen. Von hier bis zum 1 km entfernten Martil hat man inzwischen einen breiten Uferboulevard fertiggestellt, an dem sich hunderte von Parkplätzen befinden. Noch hat man die Möglichkeit des Wildcampens an einem breiten, unbebauten Strandabschnitt mit dünenhaften Abschnitten in Richtung Cabo Negro. Bald jedoch wird ein Riesenkomplex entstehen. Hinter diesem Planquadrat, mittlerweile schon ausgeschachtet, befindet sich der zweite Campingplatz von Martil. Von der Uferpromenade gibt es derzeit keine Zufahrt, nur über sehr enge Mauergassen von der Stadtseite her. Er ist deshalb zurzeit nur für kleinere Gespanne erreichbar. Der andere – vergammelte – Zeltplatz befindet sich direkt am Strand, am Ende der Stadt vor der Flußmündung.

Martil

Martil ist der Hausstrand der Halbmillionenstadt Tétouan, und an Wochenenden ist zumindest der Stadtstrand, vor dem sich einige Hotels und Restaurants sowie auch Wohnhäuser befinden, total überlaufen. Eine kleine Kirmes sorgt für weiteren Zulauf. Die Dealer von Tétouan haben hier, wie auch auf dem Campingplatz der Stadt, ihr Verkaufsgebiet. Wie die anderen Schlepper erschleichen sie sich mit getarnter Freundlichkeit das Vertrauen der Camper, besonders das der Marokko-Neulinge, die hier in Martil die erste Station Richtung Süden finden – ein Vorgeschmack auf die 10 km entfernte Großstadt. Alle 30 Minuten fährt ein Bus vom Busbahnhof (nahe Wasserturm und Campingplatz) nach Tétouan.

Unterkunft

■ **Hôtel Rif** °, Av. Tétouan (am Busbahnhof), 12 Räume.
Eine Billigabsteige (35 Dh das DZ) für Budget-Traveller. Die Zimmer liegen in der zweiten Etage über dem Restaurant. Kleine Zimmer mit Balkon. DU/WC auf dem Flur.

■ **Hôtel Etoile de la Mer** °°, Av. Moulay Hassan, Tel. 67 76, 42 Zimmer.
Verschachteltes Haus am Strand, neu renoviert mit weißblauer Fassade. Die Zimmer sind mit weißen Kacheln ausgelegt und haben DU/WC im kleinen Bad. Mehrere Suites für 4 Personen (2 Schlafzimmer und Wohnraum mit Küchenecke ohne Zubehör). Das Restaurant hat keine Alkohollizenz.

■ **Camping Martil,** Av. Tétouan (150 m hinter Wasserturm und Busbahnhof).
Großer Platz mit zwei Sanitärblocks, kalte DU. Eine Mauer mit offenem Tor grenzt an den Strand. 2 Personen mit Zelt oder Camper 13 – 15 Dh.

■ **Camping,** 150 m vom Strand-Boulevard (derzeit keine Zufahrt von dort). Zufahrt *nur für PKW* parallel zum Strand durch die Neustadt bis zu einem kleinen Platz; dort zweigt eine kleine

Gasse ab (Campingschild Oued Melah) durch Mauern halbrechts zum sehr schmalen Campingtor.
Sehr ruhiger Platz mit freundlichem Besitzer. Er vermietet außerdem 12 Räume zu je 40 Dh. Camper zahlen ca. 15 Dh für 2 Personen. Kleines Restaurant vorhanden.

Essen und Trinken

■ **Restaurant Bar Playa,** an der überlaufenen Strandpromenade beim Shooter-Karussell. Direkt am Strand mit einer halbrunden Terrasse, neben einer Reihe anderer Restaurants und Cafés. Wein und Bier erhältlich.

Tétouan

Die Provinzhauptstadt hat nahezu 400 000 Einwohner und liegt reizvoll im Sattel zweier Berge, des 541 m hohen *Djebel Dersa*, an dem sich die Stadt hochzieht, und des 753 m hohen *Djebel Bourjd* nördlich des Martil-Flusses. Beide gehören zu den Nordausläufern des Rifgebirges. Malerisch wie die Landschaft auch die ausgedehnte Medina. Da ihre Mauern im Herzen der Stadt größtenteils verschwunden sind, geht die Neustadt nahtlos in die Altstadt über. Mit den Souks, der Mellah, dem umgebauten Royal-Palast an der heute modernen *Place Hassan II*, dem archäologischen Museum und der empfehlenswerten Museen der marokkanischen Volkskunst bietet die Stadt einige der wichtigsten Sehenswürdigkeiten und Kunstschätze des Landes.

Negativ prägen das Erscheinungsbild der Stadt dagegen die große Anzahl von Schleppern und Neppern, Taschendieben, Guides und Haschhändlern, die mitunter sehr aggressiv auftreten und Reisenden das Leben schwer machen. Die Polizei schickt sich an, wie in Tanger die Kriminalität durch Verhaftungen und harte Strafen einzudämmen. Sollte man sich zu sehr bedrängt oder gar in Gefahr fühlen, empfiehlt es sich, lauthals nach der „Police" zu schreien: Das wirkt in der Regel sofort.

Nachdem die Meriniden die Stadt im Jahre 1306 gegründet hatten, entwickelte sie sich zu einem berüchtigten Piratenort. Nach der Zerstörung durch die Spanier im Jahre 1399 nahmen andalusische Flüchtlinge 100 Jahre später die räuberischen Taten wieder auf. Die Blütezeit der Stadt begann zu Beginn des 18. Jh, und durch Handel mit Europa und Piraterie blieb die Stadt bis ins 19. Jh. ein wichtiges Handelszentrum. Dann brachen Berber, Rebellen und die Soldaten des spanischen Bürgerkriegs ein. Bis 1956 war Tétouan Hauptstadt des spanischen Protektorats. Heute gehört die Stadt zu den wichtigsten Handels- und Industriestädten des Landes.

Ankunft

■ **Bus:** Der *Busbahnhof* der CTM-LN liegt südlich der Stadt auf der Durchgangsstraße nach Tanger, an der Av. Sidi Driss. Die *Gare Routière* aller Privatlinien liegt oberhalb der Mauer im

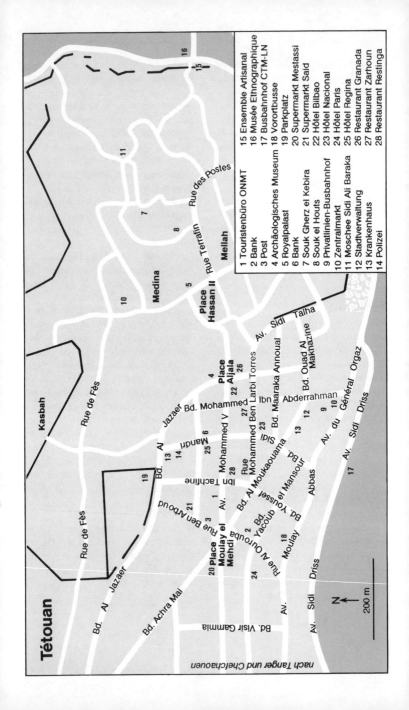

Tétouan

Medina

Kasbah

Mellah

Place Hassan II

Place Aljala

Place Moulay el Mehdi

Rue des Postes

Rue Terralin

Rue de Fès

Rue de Fès

Bd. Al Jazaer

Bd. Achra Mai

Bd. Visir Gamila

Av. Sidi Driss

Av. Sidi Driss

Av. du Général Orgaz

Bd. Ouad Al Makhazine

Av. Sidi Talha

Ibn Abderrahman

Bd. Maaraka Annoual

Bd. Mohammed

Al Jazaer

Sidi Mandri

Rue Mohammed Ben Larbi Torres

Mohammed V

Ibn Tachfine

Av. Al Ourouba

Rue Ben Arboud

Rue Al Ourouba

Bd. Yacoub el Mansour

Bd. Moulay Youssef

Abbas

Moulay

Sidi

Bd.

13

nach Tanger und Chefchaouen

N

200 m

1 Touristenbüro ONMT
2 Bank
3 Post
4 Archäologisches Museum
5 Royalpalast
6 Bank
7 Souk Gherz el Kebira
8 Souk el Houts
9 Privatlinien-Busbahnhof
10 Zentralmarkt
11 Moschee Sidi Ali Baraka
12 Stadtverwaltung
13 Krankenhaus
14 Polizei
15 Ensemble Artisanal
16 Musée Ethnographique
17 Busbahnhof CTM-LN
18 Vorortbusse
19 Parkplatz
20 Supermarkt Mestassi
21 Supermarkt Said
22 Hôtel Bilbao
23 Hôtel Nacional
24 Hôtel Paris
25 Hôtel Regina
26 Restaurant Granada
27 Restaurant Zarhoun
28 Restaurant Restlinga

Dreieck Av. du Général Orgaz und Bd. Sidi Mandri. Die *Vorortbusse* (auch von Martil) haben ihren Standort entlang der Mauer (Oberstadt) in der Av. Moulay Abbas.

■ **Flug:** Der kleine nationale Flugplatz liegt ca. 6 km entfernt an der Straße nach Ceuta.

■ **Mit eigenem Fahrzeug:** Kommt man aus Richtung Tanger, parkt man am besten in der Unterstadt und geht die hohen Treppen zur Oberstadt hoch. Will man bis in die Neustadt hineinfahren, muß man 300 m nach dem CTM-LN-Busbahnhof scharf links den Berg hoch in die Av. du Général Orgaz. Von hier führen mehrere Straßen nach rechts in das Zentrum der Stadt. Wegen einiger Einbahnstraßen verliert man leicht die Orientierung. Am leichtesten findet man den bewachten Parkplatz an der westlichen Medinamauer, wenn man am Rundgebäude mit roter Flagge in den Bd. Sidi Mandri einbiegt und ihn bis zum *Bd. Al Jazaer* folgt, in den man ebenfalls links einbiegt. Der Parkplatz liegt auf der rechten Seite vor dem neuen Marktgelände hinter der Mauer. Auf keinen Fall das Auto unbewacht stehen oder von Kindern oder Jugendlichen bewachen lassen (Normalpreis der offiziellen Wächter: 2 Dh die Stunde).

Unterkunft

■ **Hôtel Bilbao** °, 7, Av. Mohammed V (nahe Place Hassan II), Tel. 79 39, 32 Räume.
Unser Tip: Ein zweistöckiges Gebäude mit grünen Fensterläden. Hohe, kühle

Zimmer mit separatem Bad, WC auf den Fluren. Man ist überstolz auf das Treppenhaus aus Marmor und spanischen Fliesen. Der Besitzer spricht mehrere Sprachen und ist sehr freundlich. Ein DZ kostet 40 Dh; kein Restaurant.

■ **Hôtel Nacional** °, 8, Rue Mohammed Torres (250 m vom Busbahnhof zur Mohammed V hoch), Tel. 32 90, 50 Räume.
Unser zweiter Tip: Ein alter spanischer Palast mit schmiedeeisernem Eingangsportal. Altehrwürdige Zimmer mit ornamentalen Stuckdecken. Einige Zimmer mit Bad und Balkon, auch solche für 4 Personen. Das Haus zieht sich um einen großen Innenhof herum. Ein hübsches maurisches Café, eine Bar und ein Restaurant gehören dazu. Frühstück 14, gegrilltes Steak 25, A-la-carte-Gerichte 30 Dh und ein Menu 61 Dh. An der Bar: Wein 30 Dh und Bier 10 Dh. Man bemüht sich, den verlorenen zweiten Stern wiederzubekommen!

■ **Hôtel Paris** °°, 11, Rue Chakip Arsalane (Parallelstraße der Av. Moulay Abbas) nahe Place Moulay el Mehdi, Tel. 67 50, 50 Räume.
Gepflegtes Haus in ruhiger Atmosphäre. Die Zimmer haben alle DU/WC und einen kleinen abschließbaren Zusatzraum. Das Hotel besitzt eine eigene Tiefgarage. Frühstück kann bestellt werden. Man spricht auch Spanisch.

■ **Hôtel Regina**, 5, Rue Sidi Mandri (vom Bus zur Av. Mohammed V hoch, 30 m oberhalb der Fußgängerzone), Tel. 21 13, 58 DZ.
Sehr zentrales Haus mit Café und Re-

staurant. Man vermietet Zimmer mit Waschbecken und DU. Die WC liegen an den Fluren.

Essen und Trinken

■ **Restaurant Zarhoun,** 7, Mohammed Torres (gegenüber Hôtel Nacional), Tel. 30 64, tgl. 11.30−15.30 und 19−22.30 Uhr geöffnet.

Ein in grün gehaltenes, orientalisch anmutendes Haus mit Bar und schummrigem Licht. Der Restaurantraum ist gleichzeitig das „Hinterzimmer" mit Kamelhockern und Tischen aus Messingplatten. Uns kam es spanisch vor, nicht nur wegen der blitzäugigen Spanier, die bei den Frauen auf Erfolgskurs segelten. Die marokkanische Küche war nicht schlecht, man bekam *Merlan d'Orée* oder *Tajine au Poulet* für 30 Dh und ein Bier für 8,50 Dh.

■ **Restaurant Granada,** Av. Mohammed V (50 m vom Hôtel Bilbao), am Platz mit einer Kanone in der Passage, tgl. 7−23 Uhr geöffnet.

Unser Tip: Ein reizendes kleines Restaurant mit ausgebauten Kellerräumen und einer Terrasse für Familienfeiern. Sehr sauber. Ein Frühstücks-Tip (6 Dh). A la carte prima Gerichte und sehr preiswert (15−20 Dh). Viele Einheimische, sie bevorzugen das Spezialgericht von Tétouan: *Tajine maroccain*. Es gibt aber eine Menge mehr, z.B. *Viande Rouget, Poulet Grillé, Merlan* (Fisch) und kleinere Snacks wie Hamburger und Omelett unter 10 Dh.

■ **Restaurant Restinga,** Av. Mohammed V (100 m von der Place el Mehdi).

Durch eine Passage gelangt man in den Innenhof des Restaurants, der mit Lampions und Weinreben geschmückt ist. Wenn die maurische Bar nicht wäre, könnte man glauben, in Deutschland zu sein, jedenfalls läuft das Bier in Strömen. Und das lockt auch die „modernen Muselmanen" in Strömen an, denn man sitzt ja recht versteckt vor der Öffentlichkeit. 8 Dirham für ein Bier scheint sie nicht zu schocken. Die Hausspezialitäten: *Couscous, Tajine, Brochetts,* Fisch mit Reis oder Pommes-frites werden für 15−25 Dh auf den Tisch gebracht.

Selbstverpfleger

■ **Gemüsemarkt:** Gegenüber Hôtel Bilbao links um den Häuserblock und am CTM-Busbahnhof; auch Fisch.

■ **Großer Markt:** Bd. Al Jazaer, zu erreichen von der Place Mouley el Mehdi Richtung Kasbah.

■ **Supermärkte:** *Mestassi* mit Alkohol: 50 m vom Place Moulay el Mehdi, am Bd. Achra Mai; und *Said* gegenüber ONMT, an der Ecke Rue Ben Arboud und Rue Prince Sidi Mohammed.

Sehenswürdigkeiten

■ **Place Moulay el Mehdi** bildet das Zentrum der Neustadt. An ihr liegen Post und einige Supermärkte. Westlich verläuft die **Av. Mohammed V** in Richtung Altstadt. Nur wenige Schritte vom Platz entfernt, findet man auf der linken Seite das Touristenbüro (ONMT). Es gibt gute Auskünfte, hat jedoch keine Stadtpläne zu anzubieten. Will man die Altstadt auf eigene Faust erleben,

Tétouan: Blick von der Kasbah El Aiún auf Medina und Neustadt. ▶

sollte man sich im Buchhandel unbedingt einen vernünftigen Plan kaufen. Im weiteren Verlauf der Straße kommt man zur kleinen **Place Aljala**. Ein kurzes Stück nach links in die Rue Ibn Hsain findet man das **Musée Archéologique**: Öffnungszeiten 9 – 12 und 15 – 18 Uhr, dienstags geschlossen, Eintritt 3 Dh. Geht man auf der Av. Mohammed V geradeaus, kommt man direkt auf die neugestaltete **Place Hassan II**, um die sich zahlreiche Restaurants und Cafés und der umgebaute **Royalpalast** gruppieren. Der Umbau des Palastes aus dem ehemaligen spanischen Generalkonsulat und dem Palast des Khalifa wurde erst kürzlich fertiggestellt. Rechts von dem mächtigen Gebäude gelangt man entweder seitlich am Palast entlang durch den kleinen Torbogen **Bab er Rouah** in die Hauptsouk-Gasse **Rue Terrafin** über die **Rue Abraham S. Israel** in das quadratisch verwinkelte Judenviertel (**Mellah**).

■ **Medina:** Die Lage und Größe der etwa 200 Jahre alten Medina mit ihren Baudenkmälern, den vielen Moscheen und der Kasbah hoch über der Stadt machen sie zu einer der sehenswertesten Altstädte in Marokko. In der Rue Terrafin liegen hauptsächlich die Geschäfte der Textilhändler. An ihrem Ende stößt man halblinks auf den **Souk el Houts**, den Fischmarkt. Gegenüberliegend beginnt die Rue des Kzadriin. Sie führt in das quirlige Zentrum der Medina, zum **Souk Gherz el Kebira** mit Trödler- und Lebensmittelmarkt. Es folgen Lebensmittel-, Brot- und Gewürzmärkte. Hat man jetzt Lust auf einen Kaffee, hält

man sich rechts zur **Place Ouassa**. Unweit davon die **Große Moschee** (kein Zutritt). Will man zur **Kasbah**, die nicht von innen besichtigt werden kann, hält man sich links und folgt den Stufen der **Rue de Tala**. Man erreicht eine vorgelagerte Terrasse, von der man einen lohnenden Blick über die Stadt genießt.

Die dreiseitige Stadtmauer durchbrechen sieben Tore. Am **Bab Okla**, im Osten der Stadt, nahe der Straße nach Ceuta, findet man das Volkskunstmuseum (**Musée Ethnographique**): Öffnungszeiten 9 – 12 und 15 – 18 Uhr, dienstags geschlossen, Eintritt 3 Dh. Man erreicht es entweder vom Außenstadtring über eine Treppe in der Stadtmauer, oder innerhalb der Medina über die von der Rue Terrafin nach halbrechts abzweigende Rue des Postes und später wieder links durch die Rue Sidi el Yousti. Am Bab Okla findet man außerhalb der Mauern auf der gegenüberliegenden Seite die **Handwerk- und Kunstschule**, die Wert ist, besichtigt zu werden. Etwa 200 m nach rechts gelangt man zu den Abzweigungen der Straßen nach **Ceuta** und wenig weiter nach **Martil**. Busse mit diesen Destinationen halten hier an. Ca. 150 m weiter trifft man auf die Abzweigung nach **Oued Laou** und auf die Küstenstraße nach Osten ins Rif. Die Brücke über den breiten Martilfluß allerdings ab und zu unpassierbar, und man muß die Stadt über eine 10 km lange Umleitung umfahren.

Treffpunkte

■ Die Cafés befinden sich in der Fußgängerzone der Av. Mohammed V und in der Medina in der Rue du Fès.

■ **Hôtel Safir**, Route de Sebta, 2 km von der Stadt, auf der Straße nach Martil; Disko.

Verschiedenes

■ **Touristen-Büro vom ONMT**, 30, Av. Mohammed V, Tel. 41 12, 70 09 und 44 07.

■ **Royal Air Maroc**: Av. Mohammed V, Tel. 22 60. ■ **Post**, Place Moulay el Mehdi.

■ **Polizei**, Rue Prince Sidi Mohammed. Notruf 19.

■ **Ensemble Artisanal**: Av. Hassan II, Tel. 50 14. Gute Auswahl an Kunsthandwerk (Souvenirs) und Kleidungsstücken.

Weiterreise

■ **Bus**: Vom Busbahnhof fahren CTM-LN und Privatlinien mehrmals tgl. zwischen 7.30 und 19.30 Uhr nach Ceuta. Weitere Verbindungen mit CTM-LN nach Chefchaouen, Fès, Al Hoceima, Nador, Rabat und Casablanca. Die Privatlinien verbinden Tanger, Asilah, Larache, Kenitra, Rabat und Casablanca.

■ **Flug**: Der kleine Flughafen *Sania R'Mel* liegt nach 6 km an der Straße nach Ceuta. Auskunft: Tel. 50 01. Direktflüge Mo um 11.25 und Fr um 13.10 nach Al Hoceima. Alle anderen Flüge über Casablanca Mo um 13.55 und Fr um 15.40 Uhr mit Anschluß nach Agadir, Marrakech, Ouarzazate

und Laayoune. Kein Buszubringer, der Bus nach Ceuta stoppt an der Abzweigung zum Flugplatz (2 km weg).

Chefchaouen

Wenn überhaupt eine touristisch frequentierte Stadt im „Dornröschenschlaf" liegt, dann ist es zurzeit noch Chefchaouen (sprich: tschschaun). Das mag darin begründet liegen, daß die Stadt bis 1920 – ähnlich wie Mekka – eine „verbotene Stadt" für NichtMuslime war. Kaum eine andere Stadt in Marokko ist derart reizvoll, was sowohl Stadtbild als auch Umgebung anbetrifft. Am Hang zwischen dem Djebel Meggou (1616 m) und dem Djebel Tisouka (2050 m) erstreckt sie sich von 500 m bis auf 750 m hoch. Die maurische Medina mit ihren steilen und schmalen Bogengassen leuchtet in himmelblauen und weißen Farben. In den Seitengassen sind selbst die Treppen in gleicher Farbe gestrichen. Eine mittelalterliche Festung inmitten der Medina wird von Brunnen, blühenden Gärten, bunten Märkten und dem großen Touristenhotel *Parador* umgeben. Ein anderer Touristenkomplex, *Asmaa*, thront auf einem Plateau hoch über der Stadt und holt Träumer in die Gegenwart zurück. Ein hoher, wildromantischer Gebirgskranz umgibt die Stadt, durch dessen Tal sich der Fluß der heiligen Quelle **Ras el Ma** ein Bett zum Mittelmeer gebahnt hat.

Nahezu acht Jahre (1920 bis 1927) benötigten die Spanier, um diesen bis dahin hermetisch abgeriegelten Ort zu erobern. Das von *Sidi Ali Ben Rachid* gegründete Städtchen (1471) war eine Fluchtburg andalusischer Muslime. 1561 nahmen die *Saadier* die Stadt ein. 111 Jahre später ließ *Moulay Ismail* die Kasbah mit dem Palast **Dar el Maghzen** bauen.

Ankunft
■ **Bus:** Place Mohammed V (am Marktplatz, in der Neustadt).

Unterkunft
■ **Auberge Granada** °, 76, Rue Sidi Abdelhamid (an der Auffahrt zum Hôtel Asmaa), 12 Räume.
Insgesamt 30 Betten zu je 15 Dh stehen im sauberen Haus zur Verfügung. Manche der großen Zimmer haben das Fenster zum überdachten Innenhof, in dem sich das Restaurant befindet. Die kalten DU und WC befinden sich auf der Dachterrasse, eine heiße DU (5 Dh) im Parterre. Bei Überbelegung kann man auf der Dachterrasse schlafen. Im Restaurant Frühstück (5 Dh) und Gerichte *(Tajine, Couscous)* 15 – 20 Dh.
■ **Hôtel Magou** °°, 23, Calle Moulay Idriss (Zentrum Neustadt, *Zone Commercial*), Tel. 62 57 und 62 75, 35 DZ.
Nur knapp 100 m vom Busbahnhof seitlich des Marktes liegt das zweistöckige weiße Gebäude mit seinen Holzgitterbalkonen, hinter denen sich bunt verzierte Zimmer mit DU/WC befinden. Die preiswerteren Zimmer mit Waschbecken kosten knapp die Hälfte und liegen in einem verschachtelten Hinter-

haus. Im Restaurant serviert man ein Frühstück (15 Dh), ein Menu (61 Dh), aber auch Gerichte *à la carte* (40 Dh).
■ **Hôtel Parador** °°°°, Place Outa el Hamman (Altstadt an der Kasbah), Tel. (098)61 36 und 63 24, 33 Räume.
Ein zweistöckiges 4-Sterne-Hotel mittlerer Ausstattung (auch Pauschaltouristen). Kürzlich neu renoviert mit eingebauten Badezimmern − auf Kosten der Raumaufteilung in den Zimmern. Gute Aussicht von den Zimmern zur Talseite, die anderen liegen zur Kasbah und zum Berghang. Das Personal ist sehr freundlich und zuvorkommend. Im Restaurant serviert man Frühstück (30 Dh) und Menus (100 Dh). Zum Hotel gehören Pool, Bar (in der Saison die ganze Nacht geöffnet) und eine überdachte Aussichtsterrasse mit Snackbar. Bier 12, Wasser 10 und Wein 60 Dh.
■ **Jugendherberge,** auf dem Plateau hinter dem Riesenkomplex Hôtel Asmaa.
Kleines Haus vor dem Campingplatz mit 27 Betten, aufgeteilt in 2 Räume für Männer und einen Frauenraum. Im ersten Stock stehen eine kleine Küche und eine Terrasse zur Verfügung, im Parterre eine größere Küche. Der Herbergsvater ist freundlich und unkompliziert. Übernachtung 5 Dh.
■ **Camping,** längliche Wiese hinter der Jugendherberge, direkt am Wald gelegen.
Im hinteren Eck Restaurant und kleine Verkaufsbude mit Anmeldung. Seitlich ein Sanitärblock mit kalten DU und WC. Anfahrt: Die Serpentinenstraße hinauf zum Hôtel Asmaa (be-

schildert) ist ca. 3 km lang. Ein Taxi kostet 10 Dh. Zu Fuß über eine Abkürzung (etwa 20 Min): vom Bus zunächst dem Schild „Hôtel Parador" folgen, dann links über den Platz und rechts an der Polizei vorbei (gegenüber Hôtel Magou). Dann Schild „Auberge Granada" folgen. Von dort nach rechts auf einen kleinen Platz zu und links in die zunächst breite Gasse **Calle Mesa-La** einbiegen. Am Ende um die Ecke nach rechts zum Friedhof am steilen Berghang. Über diesen zum Hôtel Asmaa hoch. Von dort zur Straßeneinmündung nach links und auf den Hochwald zu (beschildert).

Essen und Trinken

■ **Restaurant Palace Andalous,** Rue Hassan I (bei der Jemaa Akil), tgl. von 12.30 bis 23 Uhr geöffnet. Preiswerte Gerichte ab 25 Dh und Menu 40 Dh.

■ **Selbstverpfleger:** *Markt,* Place Bir Azarane, (Busbahnhof). Jeden Montag und Donnerstag ist Markttag.

Sehenswürdigkeiten

Leider wird Chefchaouen, wie alle Rif-Ortschaften, von Rauschgifthändlern heimgesucht. Dies trübt zwar manche Besichtigungstour, hält sich aber in Grenzen. Man kann getrost auf eigene Faust umherschweifen und auch gut ohne guide auskommen. Autofahrer werden gerne unter dem falschen Vorwand: „heilige Stadt, Autofahren oder Alleingang verboten" auf bewachte Parkplätze gewunken. Man kann aber sehr wohl hineinfahren.

Bester Ausgangspunkt ist das **Hôtel Parador:** Anfahrt, von Quezzane kommend, hinter der Brücke rechts durch das **Bab Hammar** und über die **Rue Tarik Ibn Ziad** den Berg hinauf; von Tétouan kommend, durch den Kreisel der **Place Mohammed V**, rechts an den Moscheen vorbei durch die **Av. Hassan II** (südliche Medinaumgehung) und ebenfalls durch das Bab Hammar.

Zu Fuß gelangt man durch das **Bab el Ain**, schräg gegenüber der Post in der Av. Hassan II, in die Altstadt. In vielen Windungen steigt man zur **Place Outa el Hammam** hoch, die in Verbindung mit der **Place el Makhzen** zum Zentrum der Medina zählt. Ringsum Cafés, Souks, Billighotels und Souvenirlädchen. In der Kasbah befindet sich das **Volkskunstmuseum** in den ehemaligen Palästen des Sultans *Moulay Ismaïl.* Überall sitzen Rifbäuerinnen in ihren rotweiß gestreiften Trachten und großen, mit blauen Bommeln besetzten Strohhüten und bieten ihre Waren an. Man sollte planquadratisch vorgehen und die gesamte Altstadt mit ihren bunten Bazaren und weitläufigen, netzartig angelegten Gassen „selbst entdecken". Ein großer Anziehungspunkt ist der Brunnen **Ras el Ma**, die man vom östlichen **Bab Onsar** erreichen kann. Hier treffen sich auch viele Einwohner des Ortes. Andere sehenswerte Aussichtspunkte umgeben die Stadt zu drei Seiten: die **Moschee Djamma Bouzafar**, wenige Gehminuten vom Brunnen den Berg hinauf; das **Hôtel Asmaa**; das **Aussichtsrestaurant** auf dem kleinen Paß in Richtung Quezzane.

Verschiedenes

■ **Syndicat d'Initiative**, Place Mohammed V.

■ **Post**, Av. Hassan II.

■ **Polizei**, Place Mohammed V.

Weiterreise

■ **Bus:** Täglich Busse nach Ketama 8 und 10 Uhr; Tétouan 6, 7, 8, 8.30, 9 und 10 Uhr; Tanger 8.30, 9.30, 10 und 15 Uhr; Al Hoceima 7 und 8.30 Uhr; Meknès 6, 12 und 16 Uhr; Fès 8.30, 10 und 13 Uhr.

■ **Pont Loukkos:** Entscheidet man sich 8 km hinter Chefchaouen am Straßendreieck nicht für die Fahrt ins Rif über die P 39, sondern für die P 28, gelangt man nach etwa 20 km zum Pont Loukkos. Der Gebäudekomplex erinnert an die ehemalige Grenze zwischen dem spanischen und französischen Gebiet. In kleinen Läden bekommt man Getränke und Snacks. Auf den weiteren 40 km fährt man über einen kleinen Paß und ein Stück durch das gewundene Flußtal des Oued Loukkos, bevor man Quezzane erreicht.

Quezzane

Normalerweise betrachtet der Tourist die 35 000 Seelen zählende Stadt lediglich als Durchgangsort auf der Nord-Süd-Verbindung. Außer an den beiden großen Markttagen Mittwoch und Donnerstag hält sich der Reiz von Quezzane in Grenzen.

Unterkunft

Einfache Hotels um die **Place d'Indépendance** und am anschließenden Medinaplatz **Place de Souk**.

■ **Hôtel Marhaba** °, an der Durchgangsstraße P28 (oberhalb des Platzes), Tel. (090)78 48, 7 Zimmer.

Das Haus sieht außen größer und schöner aus, als es innen ist. Die Fenster der Zimmer gehen zum Flur, wo sich auch DU/WC befinden; heiße DU 2,50 Dh. Von der Dachterrasse hat man einen schönen Blick auf die Medina, die sich am Hang des Djebel Hellal hochzieht. Restaurant bietet Gerichte ab 15 Dh.

■ **Hôtel Alam** °, neben dem Hôtel Marhaba: etwa gleiche Ausstattung und Preise.

Sehenswertes

Quezzane liegt am Hang des 609 m hohen **Djebel Bou Hellal**. Die sonst üblichen Stadtmauern fehlen. Farbenfroh sind die zwei Gassen der Wollfärber an der kleinen **Place Rouida**. Viele Häuser im Bereich der **Moschee** und **Zaouia** in der Rue Haddadine sind, wie auch das achteckige Minarett, mit Kacheln verkleidet. Die „grüne Moschee" ist im Mai während des **Moussems** der *Taibia*-Sekte ein vielbesuchtes Pilgerziel. Diese Bruderschaft wurde im 18. Jh. vom *Sherifen Moulay Abdallah* gegründet und breitete sich später über das ganze Land aus. Die Zaouia kann besichtigt werden. So, wie die Muslime zum Grab ihres Heiligen pilgern, kommen alljährlich jüdische Pilger in die Stadt, um ihren Rabbiner *Rebi Amran Ben Diuan* zu verehren, der hier ebenfalls im 18. Jh. lebte. Sein Grab befindet sich am Ende der Straße 2365, 9 km nordwestlich von Quezzane, beim Dorf **Aajèn**. Nach dem **jüdischen Osterfest** pilgern die Juden aus ganz Marokko hierher, zum größten ihrer Feste. Während der Pilgerfeste sind alle Hotels und der Zeltplatz belegt. Ein eigenes Zelt ist dann notwendig, wenn man dem Spektakel beiwohnen möchte.

■ **Medina**: Schöner Souk mit einem großen Markt von Mittwoch bis Donnerstag. Er findet auf der Place de Souk und unterhalb der Stadt auf einem großen Wiesengelände statt.

Weiterreise

■ **Bus**: Busse und Sammeltaxis an der Place d'Indépendance (zwischen Neustadt und Medina). Beide Verkehrsmittel verbinden den Norden (Tétouan) mit Meknès, Fès und der Küstenstadt Rabat.

■ Sobald man die Ausläufer des westlichen Rifgebirges in Richtung Fès auf der P28 verlassen hat, gelangt man in die riesige fruchtbare Zentralebene der wasserreichen **Oued Querrha** und **Oued Sebou**, des größten Flusses des Landes. Auf dem Weg liegt **Volubilis**, die interessanteste und sehenswerteste römische Ruinen-Stadt Marokkos. Man erreicht sie entweder über die P28, die nach der Einmündung in die P3 nach rechts ca. 8 km gemeinsam verläuft, um dann nach links abzuschwenken, oder über die wesentlich schönere Strecke der S306. Dafür muß man bei der Einmündung nach links der P3 sechs km folgen und nach rechts in die allerdings sehr

schmale Teerstraße einbiegen. Sie führt hoch in die Hügellandschaft und gewährt schöne Ausblicke auf die Kornkammer Marokkos. Kurz vor Volubilis trifft sie auf die P28. Viele Stände mit Steinen und anderen Souvenirs künden die nahe touristische Attraktion an. Man hält sich nach der Einmündung kurz nach links, zweigt nach rechts zu den Ruinen ab und gelangt auf einen großen Parkplatz, an dem sich ein Restaurant mit schöner Terrasse sowie das Kassenhäuschen befinden (Eintritt mit Fotografiererlaubnis 10 Dh, tägl. 7–19 Uhr geöffnet).

Volubilis

Im Museum hinter dem restaurierten Tor hat man eine Sammlung bedeutender Funde zusammengestellt: Stelen, Korpusse, Säulen, Kapitele und andere Zeugen aus der römischen Epoche. Der Weg zu den Ruinen führt eine Treppe hinunter, durch ein kleines Bachtal und links hinauf zum Plateau, auf dem inzwischen 40 ha Ruinenfeld freigelegt und teilweise restauriert wurden. Es können auch Führer gemietet werden. Das ist aber nicht notwendig, weil man anhand der angebrachten Richtungspfeile den Rundgang mit entsprechender Lektüre (an der Kasse zu kaufen) sehr wohl alleine begehen kann.

Das gesamte Gebiet war einst von einer 2½ km langen Stadtmauer umgeben. Einige Ruinen der Eingangstore sind noch vorhanden. Bis ins dritte Jahrhundert herrschten hinter diesen Mauern römische Statthalter. Neben Tanger (früher *Tingis)* stieg Volubilis schnell zur wichtigsten Stadt des damaligen Reiches *Mauretania Tingitana* auf. Durch Olivenölherstellung und Handel erlangte der Residenzort zwischen dem 2. und 3. Jh. seine Blütezeit. Damals durchstreiften noch Löwen und Leoparden das nahe **Zarhoun-Gebirge**. Sie wurden ebenfalls begehrte Handelsware für das römische Reich. Die Raubtiere wurden zur Volksbelustigung bei Gladiatorenkämpfen und grausamen Schlächtereien von Mensch und Tier in Arenen eingesetzt.

Gegen Ende des 3. Jh. vertrieben Berber die Römer aus Volubilis. Als im 8. Jh. das 4 km entfernte **Moulay Idriss** vom gleichnamigen *Sherif* gegründet wurde, verlor Volubilis an Bedeutung und verfiel langsam. Den Gnadenstoß bekamen die Gebäude der Stadt aber erst im 17. Jh., als der palastsüchtige Sultan *Moulay Ismail* die Stadt als Steinbruch benutzte. Ein Erdbeben deckte die Überreste zu. Gegen Ende des 19. Jh. begannen die Franzosen mit den Ausgrabungen, an denen später deutsche Kriegsgefangene beteiligt waren. Heute kann man wieder einzelne Reste wunderschöner Mosaike und große Bauwerke wie den **Triumphbogen des Caracalla** das **Kapitol** mit neu aufgebauten Säulen und Treppenaufgängen bewundern. Von diesen Treppenaufgängen genießt man den besten Überblick über das Ruinenfeld, und in der Ferne lassen sich der weiße Häuserhügel von Moulay Idriss, die **Thermen** mit Wasserzuläufen und Baderäumen und die Häuser der Götter und Herrschaften entlang der mit Quadern gepflasterten Straße ausmachen. Die schönsten Mosaike findet man zu Anfang des Rundgangs im **Haus Orpheus** (mit wundervollen Tiermotiven in einem runden Kreis zwischen Baummotiven, die mit ihren Kronen das Bildnis des Orpheus in der Mitte einrahmen; daneben im kleinen Schwimmbecken Fischmotive und ein Pferdewagen mit Zeus). Geht man vom Triumphbogen zum sogenannten Tangertor hoch, findet man auf der linken Seite guterhaltene Mosaike im **Haus der Säulen** (mit Darstellungen der Götter *Eros, Dionysus* und *Ariadne*). Attraktiv ist auch das **Haus der Venus**, etwas abseits der römischen Straße, unten an der einzelstehenden Zypresse, wo man Venus mit anderen Damen in delikaten Szenen beim Bade abgebildet findet. Man erreicht den Tempel über die Querstraße hinter dem **Haus der Nereiden** (mit Nymphen-Mosaik).

Moulay Idriss

Die Stadt wurde nach *Moulay Idriss I* benannt, der als erster großer marokkanischer Herrscher in die Geschichte einging. Er gründete sie im Jahre 788, nachdem er mit seinen schiitischen Anhängern aus Mekka fliehen mußte. Er gilt als Nachkomme *Fatimas*, der Enkelin *Mohammeds*, bekehrte die Berber zum Islam, schwang sich zu ihrem Anführer auf und herrschte bald über ganz Nordmarokko. Fünf Jahre später jedoch war seine Herrschaft schon zu Ende. Er starb, vergiftet vom *Kalifen Ha-*

run al Raschid. Das Volk begrub ihn in seiner Stadt und erhob ihn zum Nationalheiligen. Sein Sohn *Idriss II.*, folgte dem Vater auf den Thron und gründete die neue Hauptstadt Fès. Die Stadt Moulay Idriss wurde später zur heiligen Stadt und durfte bis 1917 nur von Muslimen betreten werden. Noch bis 1956 wurde den Nicht-Muslimen das Übernachten innerhalb der Stadt verboten. Heute ist nur noch der heilige Bezirk den Muslimen vorbehalten. Man kann bis zur Querstange im Torbogen treten und einen Blick in den Hof werfen. Die links liegenden Bereiche für die rituellen Reinigungen kann man nicht mehr einsehen. Wenn hier im September das **Moussem** stattfindet, kommen über 100 000 Pilger: Eine Fahrt nach Moulay Idriss kann die Pflicht ersetzen, gen Mekka zu pilgern. Dann werden im Umkreis der Stadt riesige Zeltlager aufgebaut. Im Anschluß an das Moussem finden *Fantasias* (Reiterspiele) statt.

Anfahrt/Unterkunft

■ **Busse** fahren stündlich nach Meknès. Auch nach Sidi Kacem (über Volubilis) bestehen Busverbindungen.

■ **Hotels** sucht man in der Stadt vergebens. 9 km entfernt, auf der P28 nach Meknès, existiert ein hübscher kleiner **Campingplatz** mit dem Namen *Zerhoun Belle-Vue* hinter rot-weiß gestreifter Mauer (100 m abseits an einem Feldweg). Restaurant, Pool und drei einfache Übernachtungsräume für mehrere Personen (50 Dh pro Raum – Zelt, Auto, Person jeweils 10 Dh).

Stadtbesichtigung

Der bewachte Parkplatz (3 Dh) vor der Serpentinenauffahrt in die Oberstadt ist gleichzeitig der Busbahnhof. Hier wird man von Parkwächtern oder Schleppern abgefangen und eingewiesen mit der Behauptung, die Weiterfahrt sei verboten. Darauf sollte man sich nicht einlassen, wenn man die Panoramastraße der Stadt erreichen möchte. Auf halber Höhe findet man gegenüber der Post einen weiteren Parkplatz. Vom unteren Parkplatz erreicht man nach rechts zwischen Marktständen eine Treppe zum bunten **Souk**, an dem auch Cafés und Restaurants liegen. Überall grillt man Kebab-Spießchen. Vor dem Gebäude mit der marokkanischen Flagge befindet sich der Durchgang zum **Foundouk** (Eselunterkunft). Nach dem Rechtsknick findet man am Ende des Marktes links den von Bettlern gesäumten Durchgang zum **heiligen Bezirk** mit **Mausoleum**, dessen prachtvolles Tor mehrfach restauriert wurde. Die zehn Moscheen mit ihren fünf Minaretts, eines völlig rund und jenem von Mekka nachgebaut, sind von hier aus kaum zu erkennen. Um die Ausmaße des heiligen Bezirkes mit seinen grünglasierten Dächern und die prachtvolle Lage der Stadt zu bewundern, muß man Irrläufe durch schmale Medinagassen hinauf zur „Terrace" hinter der **Moschee Sidi Abdallah** oder zur **Kasbah** auf sich nehmen. Es bietet sich eine unvergeßliche Aussicht, die unbedingt ins Besichtigungsprogramm gehört. Für die Führung bieten Kinder als *guides* gute Dienste an, die aber nicht über 5 Dh kosten sollten. In einem Bergsattel entstand die zweigeteilte Stadt mit dem heiligen Bezirk, von dort schmiegen sich die Häuser der 10 000 Einwohner pyramidenförmig an den beiden sich gegenüberliegenden Hängen an.

Meknès

Keine Stadt in Marokko besaß bombastischere Gebäude und Mauern als die zuletzt gegründete der vier Königsstädte. Sie enstanden im 17. Jh. während der Herrschaft des *Moulay Ismail* (1672 bis 1727). Bauwütig und größenwahnsinnig, sprengte er alle Maße. Allein die zyklopenhaften Mauern der Stadt bringen es auf eine Gesamtlänge von 40 km. Über 30 000 Sklaven wurden für seine Fronarbeiten verschlissen. Seine „Kaiserstadt" *(Ville Impériale)* umschloß eine 25 km lange Mauer und beherbergte eine Garnison von 150 000 Soldaten, Stallungen für 12 000 Schlachtrosse, riesige Speicher *(Héri)*, einen Harem mit 500 Frauen und pompöse Gartenanlagen, die es mit denen von Versailles aufnehmen sollten. Seine Prunksucht kannte keine Grenzen. Mit allen Mitteln versuchte er seinen Zeitgenossen *Ludwig XIV.* zu übertreffen. Durch Brudermord wurde der erst 25 Jahre alte Ismail zweiter Alaouiten-Herrscher, zu einer Zeit, als Marokko ein durch Rebellion zerrissenes Reich darstellte. In seiner langen Herrscherzeit unterwarf er das Volk grausam. Er kämpfte erfolgreich gegen die Türken im Osten und vertrieb Spanier und Engländer aus dem Westen. Im ganzen Land entstanden Festungen und Paläste.

Nach dem Tod des Herrschers verlegte sein Nachfolger die Residenz. Es folgten Kriege um den Thron und eine baldige Zerstörung der Stadt. Nach dem verheerenden Erdbeben im Jahre 1755 war Meknès völlig bedeutungslos geworden. Erst unter der Regentschaft *Moulay Hassans* begann der Wiederaufbau. Große Anstrengungen bis in unsere Zeit bewirkten, daß Meknès heute wieder zu den sehenswertesten Städten Marokkos gehört, wenn es auch mit seinen 500 000 Einw. im Schatten der mächtigen Nachbarstadt Fès liegt.

Neustadt und Altstadt sind durch das kleine Flußtal des **Oued Boufekrane** getrennt. Die Altstadt teilt sich in vier Bezirke auf: die **Ville Imperial**, die **Medina**, die **alte Mellah** und die **neue Mellah**. Am Kreisel nahe dem Fluß treffen alle wichtigen Ausfallstraßen zusammen. Von Fès kommend, ist man parallel an der Neustadt vorbeigefahren, die auf der rechten Seite liegt. Sie wird hauptsächlich ihrer Hotels wegen aufgesucht, denn die Sehenswürdigkeiten liegen auf der anderen Seite, unschwer an den gewaltigen Mauern zu erkennen. Es empfiehlt sich ein Rundblick vom Hôtel Transatlantique oder anderen Aussichtspunkten vom Hügel gegenüber der Medina. Der Weg zu den Hotels ist beschildert.

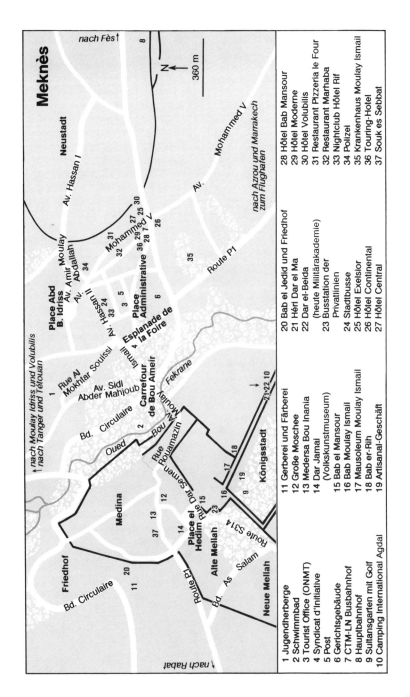

Meknès

nach Fès

Neustadt

Av. Hassan I

Av. Amir Moulay Abdallah

Place Abd B. Idriss

Av. Hassan II

Mohammed

Av.

Mohammed V

nach Azrou und Marrakech zum Flughafen

Route P1

Place Administrative

Esplanade de la Foire

Rue Al Mokhtar Souissi

Rue Ismail

Av. Sidi Abder Mahjoub

Carrefour de Bou Ameir

Fekrane

Bd. Circulaire

Oued Bou

Rue Rouamazin

Rue Sebat Dar

Königstadt

nach Moulay Idriss und Volubilis
nach Tanger und Tétouan

Friedhof

Medina

Place el Hedim

Bd. Circulaire

Alte Mellah

Neue Mellah

Route P1

Bd. As. Salam

Route S314

N

360 m

nach Rabat

1 Jugendherberge
2 Schwimmbad
3 Tourist Office (ONMT)
4 Syndicat d'Initiative
5 Post
6 Gerichtsgebäude
7 CTM-LN Busbahnhof
8 Hauptbahnhof
9 Sultansgarten mit Golf
10 Camping International Agdal

11 Gerberei und Färberei
12 Große Moschee
13 Medersa Bou Inania
14 Dar Jamal (Volkskunstmuseum)
15 Bab el Mansour
16 Bab Moulay Ismail
17 Mausoleum Moulay Ismail
18 Bab er-Rih
19 Artisanal-Geschäft

20 Bab el Jedid und Friedhof
21 Héri Dar el Ma
22 Dar el-Beida (heute Militärakademie)
23 Busstation der Privatlinien
24 Stadtbusse
25 Hôtel Exelsior
26 Hôtel Continental
27 Hôtel Central

28 Hôtel Bab Mansour
29 Hôtel Moderne
30 Hôtel Volubilis
31 Restaurant Pizzeria le Four
32 Restaurant Marhaba
33 Nightclub Hôtel Rif
34 Polizei
35 Krankenhaus Moulay Ismail
36 Touring-Hotel
37 Souk es Sebbat

Ankunft

■ **Bus/CTM-LN:** Der staatliche Busbahnhof liegt versteckt hinter dem Hôtel Bab Mansour an der Av. F.A.R. (von Fès kommend einen knappen Kilometer hinter dem Bahnhof). Die Einfahrt zur Halle sieht man vom Taxistand nebenan.

■ **Bus/Privatlinien:** Die Busstation der Privatlinien liegt oben am Ende der Medina, am Bab Zein el Abidin, 250 m hinter dem Bab Mansour. Zufahrt über Brücke, rechts zur Post hoch und links über die Rue Dar Semen.

■ **Zug:** Der Bahnhof liegt an der Av. de la Gare (Parallelstraße zur Av. de Fès), ca. 1,5 km westlich der Neustadt an der Ausfallstraße nach Fès.

■ **Sammeltaxis:** an allen Bahn- und Busstationen. Die kleinen Taxis an den Plätzen der Stadt.

■ **Stadtbusse:** Der Terminal liegt in der Av. Hassan II am Zentralmarkt. Die Busse verbinden hauptsächlich die Neustadt mit der Medina.

Unterkunft

■ **Hôtel Exelsior** °, Av. F.A.R. (nahe Bus), Tel. 219 00, 39 Zimmer.

Großes, dreistöckiges Gebäude an der lauten Durchgangsstraße mit schmaler Eingangshalle. Die verschieden eingerichteten Zimmer haben teils separate Duschräume, nach oben offen; nur 3 haben einen kompletten Baderaum. WC auf den drei Fluren. Das Personal ist muffelig.

■ **Hôtel Central** °, Av. Mohammed V (vom Busbahnhof in die Stadt), 28 Räume.

Einfaches Stadthotel im Umkreis einiger anderer, z.B. Hôtel Touring.

■ **Hôtel Continental** °–°°, Av. F.A.R. (gegenüber Taxistand), Tel. 254 71, 46 Zimmer.

Ein beigegestrichenes Rundhaus mit verschachtelter Innenanlage. In den großen Zimmern ist eine Duschecke mit Vorhang abgetrennt, WC auf den dunklen Fluren. 6 Räume mit komplettem Baderaum. Antike Telefone mit einem Sprachrohr aus Messing in einigen der Räume.

■ **Hôtel Moderne** °°, Av. Allal Ben Abdallah (100 m von der Av. F.A.R., nahe Bus), 30 Zimmer.

Dreistöckiges Haus mit gelber Fassade. Bushalt der Linien 3 und 17. Geräumige Zimmer mit DU/WC.

■ **Hôtel Bab Mansour** °°–°°°, Rue Emir Abdelkader (Abzweigung von der Av. F.A.R. am CTM-Bahnhof), Tel. (05)252 39/40, 60 Zimmer.

Unser Tip: Das fünfstöckige Haus mit den verschachtelten Fensterfassaden wurde 1988 fertiggestellt. Es liegt etwa 50 m vom Hôtel Exelsior entfernt. Die braungetönten Zimmer haben alle ein schönes Badezimmer mit Bab-Mansour-Fliesen. Das Haus führt einen Nachtklub mit Folklore-Aufführungen und ein gediegenes Restaurant. Frühstück 23 und Menus zu 83 Dh, à la carte ca. 50 Dh. Hotelspezialität: *Châteaubriand aux Sauce Béarnaise* für 2 Personen 100 Dh.

■ **Hôtel Volubilis** °°–°°°, Av. F.A.R. (nahe Bus), Tel. (05)201 02, 36 Zimmer.

Große, zweckmäßig eingerichtete

Zimmer mit Bad und Balkonbrüstung. Lustig gestrichene Möbel in rosarot und schwarz. Sehr freundliches Personal und ein gemütliches Restaurant. Frühstück 23, Menu 83 Dh.

■ **Jugendherberge,** Av. Okba Ben Nafi, neben Stadion *Stade Municipale* (nahe Aussichtshotel Transatlantique). Gepflegtes Haus mit 50 Betten.

■ **Camping International Agdal,** in der Ville Impériale, bei der Gartenbauschule *Jardin d'Horticulture* (beschildert).

Zufahrt: Am Neustadtkreisel über die Brücke und links am Flußtal hoch. Oben durch das Tor in der Mauer und gleich wieder links über den kleinen Platz *Méchouar* (mit Palasttor) durch ein weiteres Tor. Die Straße führt nun zwischen den Mauern auf den *Héri Dar el Ma* zu. Etwa 150 m davor übersieht man fast das Campingschild, das links auf den Mauerdurchbruch weist.

Dieser Campingplatz ist *der beste in Marokko*. Saubere Sanitärblöcke, schöne Blumen- und Wiesenanlagen mit Bäumen, dazwischen die Stellplätze auf Beton, Restaurant und Supermarkt mit Wein und Bier. Einfache Bungalows (40 Dh pro Person). Taxi in die Neustadt oder Medina 8–10 Dh, oder Bus Nr. 14 zum Méchouar, zu Fuß ca. 20 Min. Preise: Person, Campingcar, Strom je 10 Dh; Auto, Zelt, heiße DU je 5 Dh. Obwohl zwei Wächter in der Nacht den Platz bewachen, kommt es immer wieder zu Diebstählen von Sachen, die nicht unter Verschluß sind.

Essen und Trinken

■ **Restaurant Pizzeria le Four,** 1, Rue Atlas V.N. (kleine Nebenstraße der Av. Mohammed V), Tel. 208 57.

Unser Tip: Das Haus ist leicht an der für diese Gegend untypischen Fachwerkfassade mit roter Markise zu erkennen. Innen eine rustikale Bar und ein gemütliches Restaurant (nicht nur Pizzas) mit Balkendecke. Die *Pizza aux Crevettes* ist lecker garniert mit Tomaten, Käse, Zwiebeln und natürlich mit Garnelen (35 Dh). Ein Filet mit Champignons und Pommes-frittes kostet 50 Dh, ein Bier 10 Dh, die Flasche Wein 50–60 Dh.

■ Etwas billiger, nicht nur in bezug auf die Preise, geht es gegenüber im **Bar-Restaurant Montana** zu: Atmosphäre wie in einer Räuberhöhle.

■ **Restaurant Marhaba,** Av. Mohammed V (vom Busbahnhof Richtung Innenstadt).

Hübsches, kleines Restaurant, in dem drei mit blauen Kacheln gefliese Räume mit offenen Übergängen hintereinander liegen. Sehr preiswerte Snacks und kleine Gerichte. Ein typisches Pausenlokal, gegen Mittag gerammelt voll, was nicht nur für günstige Preise, sondern auch eine gute Qualität des Essens spricht. Man serviert zu Softdrinks oder Tee: 250 g Lammfleisch mit Kroketten oder Reis (21 Dh); *Tajine marocaine* mit Lammfleisch (17 Dh); 250 g gegrillte Lammkoteletts (20 Dh), dazu diverse Salate nach eigener Zusammenstellung für 5 Dh, oder 6 *Brochettes* (10 Dh).

■ **Selbstverpfleger:** *Alkohol,* Bd. Allal Ben Abdallah (50 m hinter dem Touring-Hôtel), ein Magazin für Wein, Bier und Spirituosen. *Markthallen* an der Place el Hedim, linkerhand vor der Medina.

Treffpunkte

■ **Cafés** in der Neustadt rund um die *Place Administrative* und in der Medina an der *Place el Hedim* (Nachtküche um Bab Mansour).

■ **Diskothek Volubilis**: Auf der Rückseite des Hôtel Bab Mansour (siehe oben). Einlaß ab 21 Uhr bis 4 Uhr. Folklore und Disco-Musik (Bier 25 Dh).

Andere Bars mit Spielautomaten usw. findet man im Bd. Allal Ben Abdallah.

■ **Nightclub**: Hôtel Rif und Zankat Accra (Neustadt).

Ville Impériale

Die wichtigsten Sehenswürdigkeiten kann man leicht zu Fuß erreichen, wenn man die **Place el Hedim** als Ausgangspunkt wählt (Parkplatz). Sie liegt genau in der Mitte zwischen *Medina* und *Ville Impériale*. Man findet die Place el Hedim am schnellsten, wenn man über den Fluß geradeaus durch das Tor fährt, dann erst nach rechts bis zur Post hoch und links über die *Rue Dar Semen* bis zum Platz. Überquert man die Straße, steht man direkt vor dem mit drei hufeisenförmigen Durchgängen versehenen, prächtigen Stadttor **Bab el Mansour**, durch das man in die Ville Impériale gelangt. Das monumentale Tor trägt reichverzierte Reliefs,

arabische Schriftzüge und Arabeskendekor. Zum Sonnenuntergang trifft man bestes Fotografierlicht an und außerdem eine zauberhafte Szenerie, wenn ringsum kleine Eßstände aufgebaut werden und sich viele Einwohner der Stadt beidseitig des Tores auf den Plätzen **El Hedim** und **Lalla Aouda** zum Plaudern treffen. Letzterer liegt zwischen der Stadtmauer und der Mauer des Wohnbezirks, des **Dar Kebira**, wo einst *Moulay Ismails* Traumpalast gleichen Namens stand. Oben rechts beherrscht die **Merinidenmoschee Lalla Aouda** (Baujahr 1276) den Platz, der beliebter Aufenthaltsort verschleierter Frauen mit ihren Kindern ist. Folgt man der Straße rechts um den Palastbezirk herum, trifft man links hinter dem **Bab Moulay Ismail** auf das aufwendige und kunstvolle **Mausoleum des Moulay Ismail**. Hier hat auch der Nicht-Mohammedaner Zutritt, zumindest bis in den dritten Hof (vor dem man aber die Schuhe ausziehen muß). Dort befinden sich Moschee und Grabkammer sowie einige andere kleine Räume, die von Frauen bewohnt sind. Es steht einem frei, in die Grabkammer und Moschee hineinzuschauen. Hof und Grabkammer sind kunstvoll mit Mosaiken ausgestattet. Auf der anderen Straßenseite befindet sich ein staatliches *Ensemble-Artisanal*-Geschäft, das gute Auswahl mit festgelegten Preisen bietet.

Auf dem weiteren Weg durchschreitet man das **Bab er-Rih** und gelangt auf eine lange Gerade zwischen hohen Mauern. Links dahinter liegt ein Friedhof und rechts die Anlagen der

Ville Impériale mit dem ehemaligen Sultanspalast **Dar el Makhzen** (heute *Royal Palast)*, der nicht besichtigt werden kann. Man gewährt lediglich Einblicke vom Dach des **Héri Dar el Ma** (ehemaliger Wasser- und Getreidespeicher), der etwa 2 km vom Bab er-Rih entfernt ist. Der Weg dorthin führt zunächst an der Mauer vorbei zum Eingang des **Royal-Palastes** (mit reichgeschmückter Fassade) am kleinen Platz Méchouar. Durch das Bogentor geradeaus gelangt man am Kopfende der Straße zum *Héri*. Kurz davor verbirgt sich links der Campingplatz hinter dem Mauerdurchbruch. Hat man wenig Zeit, lohnt sich der Weg zum Dar el Ma nicht. Es handelt sich um ruinenhafte Speicher an einer langen Reihe von Bogengängen. Vom Dach sieht man auf das große Wasserbecken und den weit entfernten Palastbezirk (mittwochs geschlossen).

Fährt man links um das Speichergebäude herum, trifft man auf eine breite Ausfallstraße, auf der man nach links am imposanten Gebäude **Dar el-Beida** vorbeikommt. Es stammt aus dem 19. Jh. und beherbergt heute eine Militärakademie. Nach rechts gelangt man zur **neuen Mellah** und wiederum rechts zum Platz Hedim zurück.

Medina

Wendet man sich von der **Place Hedim** der Medina zu, liegen linkerhand die Markthallen. Am Kopfende des Platzes steht das **Dar Jamai** mit seinem gekachelten Wandbrunnen. Einst Residenzgebäude eines Wesirs, heute sehenswertes islamisches **Volkskunstmuseum** mit Schnitzereien, Schmuck und einer Holz-Minbar (Gebetskanzel aus der Lalla-Moschee). Das Museum ist dienstags geschlossen.

Den kleinen Rundgang durch die Medina beginnt man am besten rechts durch das kleine Bogentor. Auf dem Weg durch die *Rue Sidi Amar Rouda* gelangt man zum Mittelpunkt der Altstadt, der **Großen Moschee**, die ein Dutzend Eingangsportale hat. Sie darf von Andersgläubigen nicht betreten werden. Ringsum liegen belebte Souks (Teppiche, Metallwaren, Schmuck). Hält man sich links, erreicht man den überdachten **Souk es Sebbat**. Direkt auf der rechten Seite, leicht zu übersehen, befindet sich die berühmte Theologie-Hochschule **Medersa Bou Inania** aus dem 14. Jh. Dieses Meriniden-Gebäude zählt zu den schönsten *Medressen* Marokkos. Um den offenen Innenhof mit Reinigungsbrunnen gruppieren sich, auf drei Etagen verteilt, Hörsäle und Studentenunterkünfte, die über die umlaufenden Galerien zu erreichen sind. Kunstvolles Schnitzwerk aus Zedernholz über Kachelmosaiken und prächtiger Stuckornamentik zieren den Innenhof. Über schmale Treppenaufgänge erreicht man die kleinen Zellen, wovon zwei einen winzigen Ausblick in die belebte Soukgasse zulassen. Vom Dach hat man einen freien Blick auf das schöne Minarett der nahen Moschee. Die Medersa ist jeden Sonntag geschlossen.

Geht man die Soukgasse (Kleider, Stoffe) weiter hinunter, kommt man an der **Nejjarine-Moschee** (12. Jh.) in der gleichnamigen Gasse vorbei und erreicht nach links das **Bab Berrima** am Ende der *Rue Sekkakin*. Folgt man dieser Hauptgeschäftsstraße nach links, erreicht man wieder den Place el Hédim. Wendet man sich innerhalb der Mauer nach rechts, gelangt man durch die *Rue des Serairia* zum **Bab el Jedid** und zum Friedhof, auf dem das kunstvolle **Mausoleum** des *Sidi Mohammed Ben Aissa* steht. Er war der Gründer der *Aissa-Sekte*, die durch Gauklerkünste in ganz Marokko berühmt wurde. Am *Mouled*-Tag (Geburtstag des Propheten) findet zu Ehren des Sidi ein großes *Moussem* statt. An diesem spektakulären Fest treten Märchenerzähler, Schlangenbeschwörer, Skorpionfresser und tanzende Derwische auf.

Verschiedenes

■ **Royal Air Maroc**: 7, Av. Mohammed V, Tel. 209 63/64.

■ **Krankenhaus/Arzt**: Hôpital Moulay Ismail, Av. F.A.R., Tel. 228 05.

■ **Moussem**: Zu Ehren des *Sidi Mohammed Ben Aissa* im September, nordwestlich der Medina am *Bab el Djedid* und auf dem angrenzenden Friedhof. Es ensteht jeweils eine riesige Zeltstadt. Fantasias sind die Hauptattraktionen nach der Ehrung des Sidi.

Im nahen Moulay Idriss ist das Moussem das größte Pilgerfest Marokkos (August/September). Religiöse Feiern im heiligen Bezirk und Fantasias in der Zeltstadt vor Moulay Idriss.

■ **Touristoffice** (ONMT), Place Administrative, Tel. 244 26 (bunte Stadtkarte).

■ **Syndicat d'Initiative**, Esplanada de la Foire, Tel. 308 27.

■ **Wochenmarkt**, mittwochs auf dem Place Hedim.

■ **Post**, Place Administrative.

■ **Polizei**, Av. Hassan II, Tel. 201 24.

Ausflüge/Weiterreise

■ Ein Muß sind Ausflüge nach **Moulay Idriss** (30 km nördlich) und zu den **Volubilis-Ruinen** (nahe Moulay Idriss). Beschreibung siehe oben.

■ **Bus/CMT-LN:** Täglich Busse nach Fès 11, 17, 19, 21 und 23 Uhr; Casablanca über Rabat 8, 9.30, 13, 16, 18 und 20 Uhr; Kenitra 7 und 16 Uhr; Ifrane, Azrou 16 Uhr; Rissani 22 Uhr; Errachidia 23.30 Uhr und Tanger um 19 Uhr. Dienstags fahren Busse um 21 Uhr nach Frankreich (950 Dh) und Brüssel (1480 Dh). Platzreservierung: 9–12 und 15–18 Uhr, Tel. 225 83.

■ **Bus/Privatlinien:** Von der Busstation der Privatlinien verkehren Busse zwischen 7 und 19.30 Uhr jede Stunde nach Fès und Moulay Idriss/Volubilis. Mehrmals tgl. Verbindungen nach Tétouan (über Volubilis), Quezzane, Chefschaouen, nach Casablanca (über Rabat), Marrakech (über Azrou, Kasbah Tadla), Beni Mellal, Tanger (über Larache, Asilah) und nach Rissani über Azrou, Midelt, Errachidia, Erfoud.

■ **Zug:** Auskunft Tel. 210 60. Täglich Züge nach Fès 10mal zwischen 0.38 und 21.14 Uhr; Casablanca über Rabat 7mal zwischen 4 und 19.28 Uhr; Marrakech über Rabat und Casablanca

6mal; Oujda über Taza 5mal zwischen 0.38 und 17.43 Uhr; Tanger über Asilah 4mal zwischen 5.52 und 17.41 Uhr; Safi über Casablanca, El Jadida 4mal zwischen 4 und 15.22 Uhr, Nachtzug um 1.45 Uhr.

Fès

Vor 1200 Jahren als Hauptstadt gegründet, strahlte Fès, Herz des Islams, über das Reich der Rechtgläubigen. 1912, nach dem „Vertrag von Fès", der die Franzosen zu „Protektoren" des Landes machte, wanderte die Macht zwar nach Rabat ab, doch die Ausstrahlung der alten Kapitale blieb bis heute ungebrochen.

789 gründete *Idris I.* Fès am rechten Flußufer des Oued Fes (heute andalusisches Viertel). Sein Sohn *Idris II.* wollte seine eigene Stadt und gründete diese 808 am gegenüberliegenden Flußufer. Die neue Stadt entwickelte sich schnell, besonders als sich Jahre später politische Flüchtlinge aus *Kairouan* (im heutigen Tunesien) ansiedelten und die fromme *Fatima* die Moschee *Djemaa al-Karaouijjin* (859) erbauen ließ. Am rechten Flußufer siedelten sich zur gleichen Zeit Hunderte von einflußreichen, aus dem spanischen Cordoba geflohenen Familien an und erbauten mit dem Geld *Myriams*, der Schwester von Fatima, die andalusische Moschee *Djemaa al-Andalous*. Die beiden Siedlungen „Aduat al-Andalous" und „Aduat al-Karaouijjin" entwickelten sich in den folgenden Jahrhunderten mehr gegen-

als miteinander. Sie umgaben sich je mit dicken Mauern und bekämpften sich. Erst die Fès im Jahre 1069 einnehmenden *Almoraviden-Berber* machten aus der Doppelstadt wieder eine Einheit und entfernten die Trennmauern restlos. Von nun an, insbesondere unter der späteren Herrschaft der *Almohaden*, entwickelte sich Fès zur schönsten und größten Stadt des Maghreb.

Die *Meriniden*, neue Machthaber in Marokko, gründeten 1248 auf dem Plateau direkt vor Fès ihr neues Zentrum *Fès al-Djedid*. Dort siedelten später auch die verfolgten Juden an, und es entstand innerhalb der Mauern eine „Mellah", ein Judenviertel.

Nach einem neuerlichen maurischen Flüchtlingsstrom aus Spanien erreichte Fès Anfang des 16. Jh. die größte Einwohnerzahl seiner Geschichte (200 000) und wurde zur unumstrittenen Metropole des westlichen Islam. In der Doppelstadt gab es mittlerweile 700 Moscheen, 600 öffentliche Brunnen, 100 öffentliche Bäder, 200 Schulen und über 3000 Handwerksbetriebe.

Die dritte Stadt, *La Ville Nouvelle*, wurde 1912 von den Franzosen gegründet und bildet mit ihren modernen Straßen und Häusern einen vollkommenen Gegensatz zur Baukunst der beiden Altstädte. Das Fès des 20. Jh. spielte als geistiges Zentrum des Unabhängigkeitskampfes noch einmal eine historische Rolle, bevor es 1956, nach der Entlassung der Marokkaner in die Unabhängigkeit, seine politische und wirtschaftliche Bedeutung an die gro-

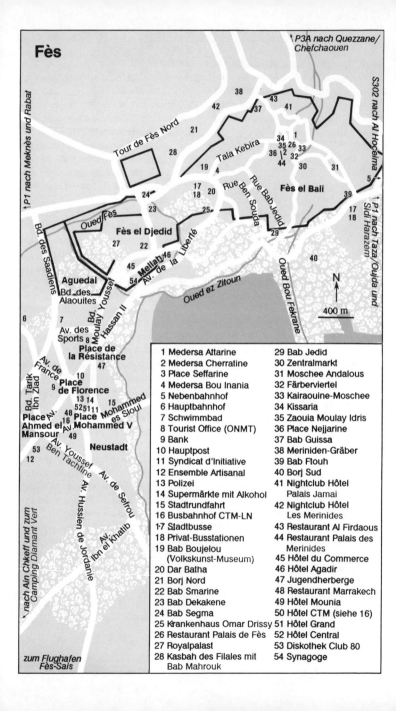

Fès

↗ P3A nach Quezzane/Chefchaouen

↑ P1 nach Meknès und Rabat

S302 nach Al Hoceïma

Tour de Fès Nord

Tala Kebira

Fès el Bali

↑ P1 nach Taza/Oujda und Sidi Harazem

Rue Ben Souda

Rue Bab Jedid

Oued Fès

Fès el Djedid

Av. de la Liberté

Mellah

Aguedal

Bd. des Saadiens

Bd. des Alaouites

Bd. Moulay Youssef

Hassan II

Oued ez Zitoun

Oued Bou Fekrane

Borj Sud

N

400 m

Av. des Sports

Place de la Résistance

Av. de France

Place de Florence

Bd. Tarik Ibn Ziad

Place Ahmed el Mansour

Av. Youssef Ben Tachfine

Place Mohammed es Slaoui

Place Mohammed V

Av. Mohammed V

Neustadt

Av. de Sefrou

Av. Hussien de Jordanie

Av. Ibn el Khatib

nach Aïn Chkeff und zum Camping Diamant Vert

zum Flughafen Fès-Saïs

1 Medersa Attarine	29 Bab Jedid
2 Medersa Cherratine	30 Zentralmarkt
3 Place Seffarine	31 Moschee Andalous
4 Medersa Bou Inania	32 Färberviertel
5 Nebenbahnhof	33 Kairaouine-Moschee
6 Hauptbahnhof	34 Kissaria
7 Schwimmbad	35 Zaouia Moulay Idris
8 Tourist Office (ONMT)	36 Place Nejjarine
9 Bank	37 Bab Guissa
10 Hauptpost	38 Meriniden-Gräber
11 Syndicat d'Initiative	39 Bab Ftouh
12 Ensemble Artisanal	40 Borj Sud
13 Polizei	41 Nightclub Hôtel Palais Jamai
14 Supermärkte mit Alkohol	42 Nightclub Hôtel Les Merinides
15 Stadtrundfahrt	43 Restaurant Al Firdaous
16 Busbahnhof CTM-LN	44 Restaurant Palais des Merinides
17 Stadtbusse	45 Hôtel du Commerce
18 Privat-Busstationen	46 Hôtel Agadir
19 Bab Boujelou (Volkskunst-Museum)	47 Jugendherberge
20 Dar Batha	48 Restaurant Marrakech
21 Borj Nord	49 Hôtel Mounia
22 Bab Smarine	50 Hôtel CTM (siehe 16)
23 Bab Dekakene	51 Hôtel Grand
24 Bab Segma	52 Hôtel Central
25 Krankenhaus Omar Drissy	53 Diskothek Club 80
26 Restaurant Palais de Fès	54 Synagoge
27 Royalpalast	
28 Kasbah des Filales mit Bab Mahrouk	

ßen Küstenstädte Rabat und Casablanca abgeben mußte.

Bis zur Unabhängigkeit gab es drei säuberlich getrennte Städte mit Menschen dreier verschiedener Religionen und Kulturen. *Fès al-Bali*, die Medina mit ihren engen Gassen, fensterlosen Mauern und verschlossenen Türen; *Fès al-Djedid*, die Mellah, mit den alten Häusern der Juden und dem Königspalast sowie *La Ville Nouvelle* mit breiten Straßen, Autos, Parkanlagen und Häusern, in denen der Komfort der Moderne herrscht.

Von den knapp 560 000 Einwohnern wohnen fast die Hälfte in der 300 Hektar großen Medina. Abgesehen von der schwierigen Anfahrt zum Platz R'cif ins Herz der Altstadt nahe dem Fluß, gibt es keinerlei moderne Wunden, die den Autoverkehr in die Medina lassen. Von diesem Platz bis in das Mittelalter sind es nur wenige Schritte: Schönheit und Dreck, Erhabenheit und Fron, Allah und das Irdische, kostbares Schnitzwerk und schwarze Rauchschwaden, bombastische Paläste und fast nackte Gestalten im Morast der Färbergasse, Kairaouine-Moschee und Lohnhandwerker. Hier hat die Touristen-Folklore noch keinen Einzug gehalten, es herrscht noch immer die althergebrachte Tradition. Während der Protektoratszeit wanderten mit den reichen Einwohnern auch viele arbeitslose Handwerker in die Neustadt oder in andere Städte ab. Vorher wohnten 30 000 Handwerksmeister in Fès. Die stärkste Zunft neben der Weberei waren die Lederhersteller. Ob nun Töpfer,

Schneider, Schmiede, Sattler, Brokatweber, Teppichknüpferinnen, Pantoffelhersteller, Schnitzer, islamische Bauhandwerker, Mosaikenleger, Stukkateure usw., sie waren und sind noch heute begehrte Spezialisten ihres Faches. In den ehemaligen Warenlagern des Mittelalters werden noch täglich Tausende von Hammel- und Rinderhäuten versteigert und in der Gerberei wie vor tausend Jahren wochenlang in stinkenden Laugen aus Kalk und Taubendreck gebadet, um sie geschmeidig zu machen. Dabei werden die Häute mit Safran, Granatapfelschalen und Dattelkernen gelb und mit Klatschmohnblüten rot gefärbt.

Bildung ist eine andere fundamentale Säule der Stadt. Die *Karaouijjin*, eine der ältesten Universitäten der Welt, formt bis heute die intellektuellen Kader des Landes und machte viele Fasi-Familien zur herrschenden Elite Marokkos.

Nach der Unabhängigkeit 1956 räumten die Franzosen die Ville Nouvelle und die Regierungsämter in Rabat. Die Reichen von Fès zogen in die modernen Wohnungen der Neustadt und die Mächtigen besetzten die Ämter in Rabat. Einige der alten Paläste entkamen dem Schicksal des Zerfalls durch ihre Umwandlung in Teppichbasare und extravagante Touristenlokale, sie bieten dem Reisenden so eine willkommene Möglichkeit, die Pracht alter Zeiten und die Pracht im Innenbereich eines Palastes zu besichtigen. Nur sehr wenige hochgelegene Dachterrassen ermöglichen Einblicke in die oft kunstvoll gestalteten Innenhöfe der anderen Häuser.

Die Architektur der Medina läßt erkennen, daß der Rat Mohammeds befolgt wurde: „Baue dein Haus so, daß du deinem Nachbarn nicht in den Hof schauen kannst, aber daß er seine Balken auf deine Mauern legen kann!" So wird äußere Diskretion und Nachbarschaftshilfe bewahrt. Viele der alten Türen in der Medina bestehen aus einem großen Portal, in das eine kleine Tür eingearbeitet ist. Auf ihr sind zwei voneinander unabhängige Messingklopfer angebracht. Der große wird von Autoritätspersonen benutzt: So weiß man innen gleich, wer zu Besuch kommt. Das große Portal wird zeremoniell nur zu den vier großen Ereignissen des Lebens geöffnet: Geburt, Beschneidung, Hochzeit und Tod. Die verschlossenen Häuser wirken von außen abweisend, doch hat man vielleicht einmal Glück und das letzte Tor durchschritten, erweisen sie sich mit ihren zum Himmel offenen Höfen als einladend und freundlich.

Ankunft

■ **Bus/CTM-LN:** Der Bahnhof liegt in der Neustadt an der Av. Mohammed V (nahe Kreuzung Av. Youssef Ben Tachfine).

■ **Bus/Privatlinien:** Privatstationen in Fès el Bali an der Place Boujeloud in der Av. des Français. Hauptverbindungen für den *Süden* und *Westen*.

Außerdem Privatstation in Fès el Bali am Bab Ftouh (südlich des Stadtteils El Andalous). Hauptverbindungen in den *Norden* und *Osten* und stündlich nach *Sidi Harazem*.

■ **Zug:** Der Hauptbahnhof Gare Principale liegt nördlich der Neustadt an der Av. des Almohades. Ein Nebenbahnhof liegt am Bab Ftouh, südlich des Stadtteils El Andalous.

■ **Flug:** Der Flughafen *Fès-Saiss* liegt 15 km südlich. Flughafen-Bus Nr. 16 fährt in die Av. Hassan II.

■ **Sammeltaxi:** Man findet sie an allen Busbahnhöfen und an den Märkten.

■ **Mit eigenem Fahrzeug:** Parkplätze findet man vor allem um El Djedid, aber auch im Herzen der Stadt an der Place R'cif, die man südlich von der Pl, am Bab Jedid vorbei, findet. Da sich aber ringsum der Gemüsemarkt befindet, kann man nur im Schrittempo zwischen Eseln, Lastwagen und Menschen hindurch hingelangen. Man zahlt Parkgebühr. Im Neustadtzentrum ist kaum ein Parkplatz zu bekommen, doch 500 m entfernt und von den Hauptadern weg, ist dies kein Problem.

■ **Stadtbusse:** Die wichtigsten Linien zwischen den drei Stadtteilen verkehren zwischen den Busstationen: Nr. 1 Bab Boujelou (El Bali) – Place des Alouites (El Djedid); Nr. 3 Bab Ftouh – Place de la Résistance (Neustadt); Nr. 12 Bab Boujelou – Bab Ftouh; Nr. 16 Av. Hassan II (Neustadt) – Flughafen; Nr. 17 Bd. Mohammed V – Ain Chkef (Campingplatz); Nr. 18 Bab Ftouh – Place Batha (Volkskunstmuseum).

Orientierung

Es ist nicht einfach, die Labyrinthe der Altstadt zu durchkreuzen, und hier ist man gut beraten, einen vertrauenerweckenden Führer zu engagieren. Gewöhnlich beginnen solche Führungen zunächst mit der Umrundung der Stadt *Fès el Djedid* und *Fès el Bali* auf der 16 km langen Straße außerhalb der Stadtmauern. Dabei kommt es im wahrsten Sinne des Wortes auf die „Standpunkte" an. Imposante Aussichtspunkte befinden sich auf der Nordseite hoch über Fès bei den **Meriniden-Gräbern** und im Süden bei der **Borj Sud**. Je nach Richtung der Sonneneinstrahlung verändert sich der Eindruck. Hinter trutzigen Mauern ergießen sich die Dachterrassen der Medinahäuser kaskadenhaft an den südlichen Ausläufern des Cheraga-Gebirges ins Tal des Oued Fès hinab. Im Zentrum dieser kompakten Masse krönen die grünen Ziegeldächer der *Karaouijin-* (heute Kairaouine-)Moschee und das pompöse Grabmahl von **Moulay Idris II.** das grandiose Stadtpanorama. Erst beim zweiten Blick erkennt man einige größere und kleinere Paläste.

Die Medina hat bei aller vermeintlichen Verworrenheit eine planmäßige Struktur: Durch das prächtige, mit blauen Fayencen an der Außen- und grünen an der Innenseite geschmückte Haupttor **Bab Boujeloud** (zwischen Fès el Djedid und Fès el Bali am Ende der Av. des Français) betritt man die **Talaha al-Kebira**, die große Straße der Basare und Händler. Nach dem Tor rechts abzweigend und nach mehreren hundert Metern wieder auf sie stoßend, verläuft die **Talaha al-Seghira**, die kleine Basarstraße. Auf beiden gelangt man zum großen **Darb**, dem religiösen und sozialen Zentrum der Stadt. Hier befinden sich die Gemeinschaftsanlagen: Moschee mit Koranschule, Brunnen, Bäckerei, Bäder, Waschanlagen und Toiletten. Die kleineren *Durubs* zweigen in alle Richtungen ab und enden oft in einer Sackgasse, an deren Ende ein *Dar al-Kebir*, ein Herrenhaus oder Palast, steht. Die anderen Gassen ziehen sich wie ein Geflecht durch die gesamte Stadt und enden nicht selten als Stichgassen an der Stadtmauer (ohne Tor).

Unterkunft/Neustadt

■ **Hôtel CTM** °, Bd. Mohammed V (Busbahnhof), Tel. 228 11, 25 Räume, einige mit Badezimmer.

Ein Haus der Busgesellschaft, direkt über dem Busbahnhof. Günstig für Busreisende, die hier gut untergebracht werden. Die Einrichtungen der großen Zimmer sind stark abgenutzt, aber sauber wie das ganze Haus. Man sollte sich mehrere Räume ansehen und möglichst hoch oben wohnen. In der Halle lauern Guides auf potentielle Opfer.

■ **Hôtel Central** °, Bd. Mohammed V (Ecke Rue Nador), Tel. 223 33, 34 Zimmer.

Das Drei-Etagen-Hotel bietet DZ wahlweise mit Waschbecken, DU und komplettem Baderaum, einige haben Balkon. Die Räume nach hinten sind wesentlich ruhiger. Die Betten aus Eisen sind für die Ewigkeit gebaut. DU/WC auch auf den Gängen.

■ **Hôtel Grand** °°, Bd. Abdallah Chefchaouni (100 m von der Place Mohammed V), Tel. 255 11, 30 DZ.
Komplett eingerichtete Zimmer im rustikalen Stil mit eingebauten Spiegelschränken und einem Kachelbad. Wen es nicht stört, daß die Bedienung lieber Karten spielt, wohnt ganz gut. Das Restaurant – na ja.

■ **Hôtel Mounia** °°°, 60, Rue Asilah (ex Cuny), Tel. 218 38 und 50 771, 87 DZ und 8 EZ.
Unser Tip: Juni 1989 eröffnetes, fünfstöckiges Eckhaus an der Av. Mohammed es Slaoui, etwa in der Hälfte zwischen Place Mohammed V und Place Ahmed el Mansour. Verkehrsgünstig und ca. 150 m vom CTM-Bahnhof entfernt. Man erkennt es an der hell- und dunkelbraunen Fassade. Hübsch eingerichtete Zimmer mit allem Komfort, jedoch ohne Balkon, meist mit zwei Einzelbetten. Im Restaurant spricht man auch Deutsch. Im Nachtclub werden Folkloreaufführungen gezeigt. Ein Frühstück kostet 23, ein Menu 83 Dh.

Unterkunft/El Djedid

In der Altstadt von El Djedid und El Bali befinden sich weitere einfache Hotels an den Hauptgassen. Die meisten findet man am Bab Boujeloud und Bab Ftouh bzw. den Eingängen in die Medina El Bali. Für Busbenutzer und auch für die Altstadterkundung sehr günstig gelegen. Sie kosten ca. 30 Dh pro Person oder 40–50 für ein DZ.

■ **Hôtel du Commerce** °, Place des Alaouites (gegenüber Königsplatz), Tel. 222 31, 30 verschiedene Zimmer.

Unser Tip: Das alte Haus wurde 1989 renoviert. Die Zimmer mit Waschbekken und Kleiderschrank sind geräumig und gut, besonders die vier mit großer Terrasse zum Platz hin. Touristenbusse parken hier und Gruppentouristen schwärmen über den Platz mit den 7 Eingangstoren in den Palastbezirk. Einige DU/WC an den verschachtelten Gängen. Ein kleines Restaurant serviert Frühstück und kleine Snacks.

■ **Hôtel Agadir** °, Rue Bou Ksissat (100 m vom Bab Smarine am Busplatz), 8 Räume (Familienbetrieb).
Am Ende der Straße, die vom Königsplatz zwischen El Djedid links und der Mellah rechts durchführt. Die liebenswürdige Familie sorgt sich sehr um ihre Gäste und hält das Haus peinlich sauber. Im gekachelten Innenhof liegen DU/WC. In der kleinen Küche gibt es Frühstück und Familiengerichte. Den kleinen Aufenthaltsraum hat man mit blau-weißem Sternenmuster gekachelt.

■ **Jugendherberge,** 18, Rue Moussa Ibn Noussair (Parallelstraße zum Bd. Abdallah Chefchaouni) in der Neustadt.
Gestrenger Herbergsvater versucht, Zucht und Ordnung durchzusetzen.

■ **Camping Diamant Vert,** im kleinen Wald vom Vorort Ain Chkef, etwa 5 km südlich der Stadt; Bus Nr. 17.
Anfahrt aus dem Süden: Keine Beschilderung. 6 km vor Fès nach links abbiegen und bis zu der Kreuzung, an der ein Schild linkerhand zum Campingplatz weist.
Anfahrt von Meknès: Etwa 5 km vor der Stadt nach rechts in die Umgehungs-

straße abbiegen (Richtung Sefrou/ Imouzzer). Man sieht rechts in der Ferne einen hohen Fernsehmasten, dort etwa liegt der Campingplatz. Die Umgehungsstraße mündet in die Av. Hassan II, von dort ist der Weg zum Campingplatz beschildert.

Der Platz liegt neben der schön angelegten Pool-Anlage mit Liegewiesen und Restaurant (relativ teuer). Der Zeltplatz selbst ist enttäuschend, eigentlich nur für Caravans und Wohnmobile geeignet. Zelter quälen sich im Wald auf schrägem Boden ab. Ein kleiner Shop verkauft Brot, alkoholfreie Getränke und Konserven. Camper haben freien Eintritt zum Poolgelände. Zelt oder Caravan, Person je 10 Dh, Strom 5 Dh. Saubere Sanitäranlage mit heißer Dusche.

Vor dem Campingeingang tummeln sich zahlreiche „Guides", die aber den Platz nicht betreten dürfen, unter ihnen auch offizielle vom ONMT. Da sie vor allem Profit durch Verkaufs-Vermittlungen machen, bieten sie sich halbtags für 30–50 Dh an. Auf keinen Fall mehr bezahlen. Die Preise gelten für eine Gruppe bis zu 4 Personen.

Essen und Trinken

An allen Plätzen, in der Regel an den Toren in die Medina, wird man viele kleine Restaurants antreffen, wo u.a. Einheimische gut und preiswert essen. Gegen Abend kommen fahrbare Essensstände hinzu, an denen man leckere Hammelspieße bekommt. Andere gestylte Touristenlokale befinden sich in der Medina in alten, sehenswerten Palais. In der Neustadt findet man im Bereich der Boulevards, insbesondere zwischen den Plätzen Mohammed V und de la Résistance, eine gute Auswahl.

■ **Restaurant Marrakech** (Neustadt), zwischen Hôtel Mounia und CTM in der Verbindungsgasse. Durchgehend geöffnet.

Kleines, sauberes Restaurant mit rotkarierten Deckchen unter Tischglasplatten. Gute und sehr preiswerte Auswahl von Grillgerichten, Fisch oder Fleisch, z.B. Filet Merlan, Brochette Oriental, Steak de Foie und Garni, aber auch Poulet Rôti und Provinciale oder Tajine de Viande für 20 Dh. Softdrinks, Café und Tee für 3 Dh.

■ **Restaurant Palais des Merinides** (Medina El Bali), 99, Zkak Ruoah (in Moscheenähe), von der Tala Kebira rechts abzweigend (siehe Medinabummel); 19–22.30 geöffnet.

Ein 300jähriger Palast mit herrlicher Innenarchitektur wurde zu einem Restaurant umgebaut. Der hohe Innenhof ist eine Besichtigung wert. Dabei kann man versuchen, auf die Dachterrasse zu steigen, die einen überwältigenden Blick auf das Gewirr der Medina gewährt (für einen 10-Dh-Softdrink sollte man die Erlaubnis bekommen). Im Sommer deckt man die Tische wegen der Kühle unten im großen Innenraum, im Winter in der oberen Etage, wo ein Raum mit Brokatbahnen zeltähnlich hergerichtet ist. Man bietet zwei Menus (80 und 115 Dh), aber auch etwas preiswertere A-la-carte-Gerichte.

■ **Restaurant Al Firdaous** (Medina El Bali), 10, Rue Jenifour am Bab Guissa, tgl. 12.30–15 und 19–22 Uhr geöffnet.

Typisch marokkanisches Restaurant mit einem Brunnen im Innenhof. Man sitzt oder liegt in aufgereihten Sitzkissen und wartet auf ein *Tajine* oder *Couscous* (50 Dh).

■ **Restaurant Palais de Fès** (Medina El Bali), 16, Rue Boutouil Kairaouine (Seitengasse bei der Großen Moschee). Tgl. 12.30–15.30 und selten abends 19–21.30 Uhr geöffnet.

Ein umgebauter Palast aus dem 14. Jh., den reiche Fasi nach 1956 verließen, um in die Neustadt umzuziehen. Von außen fast unscheinbar, jedoch innen reich verziert. Im Untergeschoß ist ein Teppichladen untergebracht, während man im Obergeschoß das Restaurant findet. Eine geschäftstüchtige Kombination, zur Besichtigung allemal gut. Ein typisch marokkanisches Gericht bekommt man für 50 Dh.

■ **Selbstverpfleger:** *Supermärkte,* Bd. Abdallah Chefchaouni, links und rechts im Bereich vom Grand-Hotel. Bier und Wein: zweite Querstraße links hinter dem Hôtel Grand in Richtung El Djedid. *Zentralmarkt*, Place R'cif, (andalusisches Viertel).

Treffpunkte

Besonders viele Cafés in der Neustadt im Geschäftsviertel an der Kreuzung Av. Mohammed V und Av. Mohammed Slaoui.

■ **Café-Restaurant La Noria** (an den Jardins de Bou Jeloud), Zugang vom Vieux Mechouar oder vom Weg zur Kasbah des Cherarda, im Norden von Fès el Djedid. Ein beliebter Studententreffpunkt, auch während der Mittagspause. Geeigneter Ort, um eine Freundschaft anzubahnen und dabei viel über Fès zu erfahren.

■ **Diskothek Club 80,** im Hôtel Volubilis (Neustadt), Av. Allal Ben Abdallah, südliche Verlängerung der Av. Hassan II.

■ **Nightclub** im Hôtel Grand (Neustadtzentrum). Billigster Club in der Stadt, gut besucht.

■ **Nightclub** im **Hôtel Palais Jamai**, Fès el Bali, am Bab Guissa.

Ein ehemaliger Palast des Wesirs *Ben Larbi Jamai,* der unter Hassan I im 19. Jh. Premierminister war. Wenn man sich auch ob der Preise verschluckt, sollte man sich einmal in diesem Juwel umsehen, denn das 5-Sterne-Luxushotel gehört zu den schönsten Marokkos.

■ **Nightclub** im **Hôtel Les Merinides**, hoch über Fès el Bali, an der Nordumgehung (Borj Nord). Gewaltiges Panorama von der Aussichtsterrasse oder aus dem Kuppelrestaurant.

Fès el Bali

Den Haupteingang in die Medina von Fès el Bali bildet das **Bab Boujeloud** aus dem Jahre 1913. Es ist mit blauen (außen) und grünen (innen) Fayencen verziert und gibt ein reizendes Fotomotiv ab. Links vom Tor liegt hinter Mauern die **Kasbah des Filales** mit dem **Bab Mahrouk**. Hinter dem Tor nach rechts gelangt man zur Place de l'Istiqlal, wo der Palast Dar el Batha mit Museum liegt.

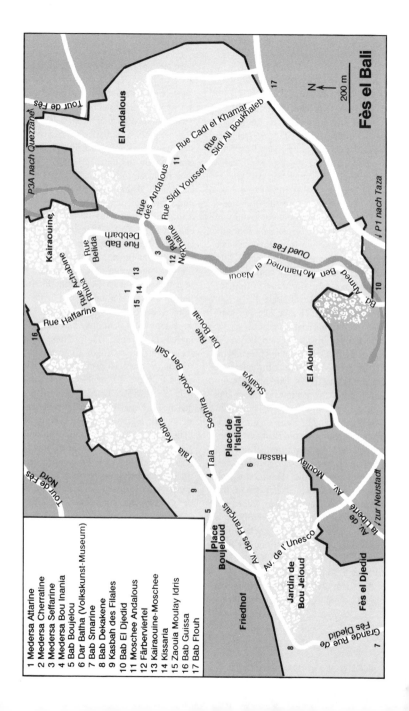

Fès el Bali

1 Medersa Attarine
2 Medersa Cherratine
3 Medersa Seffarine
4 Medersa Bou Inania
5 Bab Boujelou
6 Dar Batha (Volkskunst-Museum)
7 Bab Smarine
8 Bab Dekakene
9 Kasbah des Filales
10 Bab El Djedid
11 Moschee Andalous
12 Färberviertel
13 Kairaouine-Moschee
14 Kissaria
15 Zaouia Moulay Idris
16 Bab Guissa
17 Bab Flouh

N
200 m

■ **Museum Dar el Batha**: Im ehemaligen Palast von *Moulay el Hassan* und *Abd el Aziz* (1809 bis 1894 erbaut) wurde ein großes Museum eingerichtet. Für die Besichtigung sollte man mindestens 1–2 Stunden einkalkulieren. Der Besucher findet eine außerordentliche Fülle der schönsten Erzeugnisse marokkanischer Handwerkskunst vor. Antike Objekte, Schmuck, Waffen, Holzschnitzereien, Töpfereien, Teppiche und vieles andere mehr gewähren einen umfassenden Einblick in vergangene Zeiten.

Zurück zum Bab Boujeloud erreicht man rechterhand die Hauptgasse Tala Kebira. Fleisch- und Gemüseläden säumen den Weg zur Medersa Bou Inania.

■ **Medersa Bou Inania**: Die theologische Hochschule liegt gleich anfangs der Tala Kebira an der rechten Seite. Ihr Bau begann 1350 durch die Meriniden. Sie ist die schönste und bedeutendste aus dieser Zeit in Fès. Durch eine hufeisenförmiges Tor gelangt man über eine kleine Treppe in den ersten Innenhof. Dort kann man Gläubige bei ihren rituellen Waschungen am Brunnen beobachten, denn die Medersa wird als einzige noch heute auch als Gebetsmoschee genutzt. Durch das Haupthaus mit großem Gebetssaal erreicht man das Dach des zweigeschossigen Gebäudes. Von dort hat man einen guten Blick auf die kläglichen Reste eines Glockenspiels aus Bronze, das 1357 am Ende der Bauzeit der Medersa angelegt wurde (Eintritt beträgt 3 Dh).

Auf dem weiteren Weg sollte man links einen Blick in eine der **Brotbäckereien** werfen. Dort liefern Einheimische ihr Brot zum Backen ab, mit einem speziellen Familienmuster versehen, um es nach Fertigstellung unter Hunderten von Broten auch wiederzufinden (2 Brote 1 Dh). Unmittelbar danach passiert man einen blaugekachelten Brunnen, an dem die Bevölkerung ihre Gefäße füllt. Ein Stück weiter rechts das ehemalige **Wohnhaus von Ibn Khaldoun** (bedeutender Sozialwissenschaftler und Historiker im 14. Jh.). Durch einen weißen Torbogen geht es weiter abwärts. Man passiert das **türkische Bad** *(Hammam)* auf der rechten Seite hinter großer, weißer Wand. Ein Gang in den Heizraum zeigt den schweißtriefenden Heizer, der unablässig Hobelspäne in den Ofenschlund schaufelt. Etwas weiter sieht man links blaue Fässer in einem kleinen Hof: Hier wird Fleisch in Butterschmalz eingelegt und für Jahre haltbar gemacht. Danach wandelt man auf neuen Zementsteinen, die 1978 mit Unesco-Geldern gegen die bei Regen sehr rutschigen Basaltsteine ausgewechselt wurden. Man geht dabei unter Spitz- und Rundbögen und gelangt an einen links liegenden, fürchterlich dreckigen Hof. Es handelt sich um eine **Gerberei**, in der ein mittelalterlicher Arbeitsprozeß beibehalten wurde: Eine Woche hält man die Felle der Tiere mit Kalk bedeckt, dann werden sie mit einem Stock oder Draht abgefusselt. Die Wolle ist nicht mehr verwertbar, weil sie von geschlachteten Tieren stammt. Einzig die Felle werden weiterverarbeitet.

Der Weg führt an eine Gabelung mit

einem Rieddach über der Gasse, dort zweigt man nach rechts ab und ist sogleich im **Teppich-** und **Lederviertel.** Der Weg führt unter vier Torbögen hindurch auf das grüne Minarett einer Moschee zu. Etwas weiter trifft man rechts auf das Palais-Restaurant des Merinides (siehe „Essen und Trinken"). Von der Gasse weiter nach links gelangt man zu einem anderen Palast (Schild „La Bahia"); darin ist ein Teppichladen eingerichtet. Wundervolle Holzportale und Deckenbalken (offizielle Preisliste für Qualitätsware vorhanden). Die Verkäufer sprechen Deutsch. Der Weg führt weiter durch die überdeckte Gasse, dann nach rechts abwärts abbiegen, die nächste links, und wieder rechts bis zur Place Nejjarine. Über die Kreuzung mit rechtem Drall, aber geradeaus, gelangt man zur *Zaouia* des Stadtgründers.

■ **Place Nejjarine**: Er wird als der schönste Platz der Stadt gepriesen. Malerisch der *Souk der Tischler,* die mit kleine Schachfiguren anfertigen, und der *Fondouk* (Großhandelslager und Herberge für Mensch und Lasttier) im Hintergrund, der aus dem 12. Jh. stammt. Schön auch der verzierte Brunnen *(Fontaine de Nejjarine).*

■ **Zaouia Moulay Idris**: Ein prachtvolles Portal schmückt den Eingang in die Grabmoschee des Heiligen und Gründers der Stadt. Sie ist überreich geschmückt. Da es sich um eines der größten Heiligtümer des Landes handelt, sind Touristen Zutritt sowie Fotografieren streng verboten. Man erhascht dennoch einen Blick auf das Grabmal,

an dem Männer um den Segen des Heiligen bitten. Frauen dürfen den Raum nicht betreten, sie bleiben im Vorraum. Zu jeder Zeit trifft man zahlreiche Pilger an, die sich vom Schutzheiligen *Baraka* (göttliche Gnade) erhoffen. Armen Gläubigen ersetzen sieben Wallfahrten die Pilgerfahrt nach Mekka. Man kann Frauen beobachten, die hoffnungsvoll und ergeben ihre Hand in eine sternenförmige Außenwandplatte stecken. Die Umrundung des Heiligtums lohnt sich.

Zwischen der Zaouia und der großen Moschee liegt breitfächerig das wichtigste Geschäftsviertel von Fès, die

■ **Kissaria**: Dabei handelt es sich um ein unglaubliches Labyrinth von kleinen Gäßchen mit Verkaufsräumen, in denen wertvolle Handelsware, aber auch Gebrauchsgegenstände aufgestapelt sind. Am Abend wird das „größte Warenhaus" der Medina an den großen Portalen zugesperrt und bewacht.

■ **Große Moschee**: Die Kairaouine-Moschee ist eine der größten Moscheen der Welt (Platz für 20 000 Menschen). *Mohammed Ben Abdallah El Fihri el Kairouani,* ein Abkömmling aus der Familiensippe des Propheten, hinterließ seinen beiden Töchtern Fatima und Myriam ein Vermögen. Fatima ließ damit die Moschee erbauen. Sie darf von Andersgläubigen zwar nicht betreten werde, doch ist immerhin ein Blick durch das offene Hauptportal in den Innenhof auf das fantastisch verzierte Innenhofportal möglich. Durch enge Gassen kommt man zu den Seitentoren. Sehr beachtenswert ist ein Zwischentor mit überreichen alten Dekorationen und niedrigem Türbalken; man ist so gezwungen, sich schon beim Betreten des Bezirks zu verneigen und dem Heiligtum Ehre zu erweisen. Geht man links um die Moschee herum, vorbei an einigen der insgesamt 14 Eingangstore, gelangt man zu einer weiteren Attraktion:

■ **Medersa Attarine:** Neben der Moschee liegt die zweitwichtigste Medersa der Stadt. Sie ist noch 25 Jahre älter als die *Bou Inania* und weist ebenfalls herrlichen Schmuck auf. Besonders reizvoll ist die Aussicht vom Dach, da man sich jetzt genau im Herzen der Stadt befindet und zudem eine Einsicht in den Innenhof der Moschee hat. Umrundet man die Moschee weiter und zweigt nicht links ab, kommt man am Restaurant Palais de Fès vorbei (siehe „Essen und Trinken"). Danach trifft man auf die

■ **Place Seffarine:** Auf dem Weg von der Großen Moschee zur Moschee Andalous, jenseits des Flusses, überquert man die Place Seffarine. Dort sieht man, wie die Handwerker ihre Kupfer- und Messinggegenstände bearbeiten. Kinder schrubben die großen Metallgefäße sauber, in denen Couscous für die Festlichkeiten zubereitet werden, die manchmal auf diesem Platz stattfinden. Von dort findet man auch den Zugang in die gleichnamige Medersa aus der Merinidenzeit, in der eine Bibliothek untergebracht ist.

Links an der Medersa vorbei und etwas später nach rechts gelangt man zur Brücke über den Fluß und steuert so auf ziemlich geradem Weg durch das andalusische Viertel zur Moschee hoch. Will man sich diesen Weg ersparen, trotzdem aber noch das Färberviertel sehen, muß man von der Medersa Seffarine den Weg nach rechts gehen. An der Einmündung wieder links und nach rechts nahe dem Fluß entlang, bis man links auf die kleine Gasse *Rue des Teinturiers* trifft. Will man nicht durch das Labyrinth zurück, gelangt man am schnellsten nach draußen, wenn man die Gasse Richtung Moschee R'cif entlanggeht (Geschäfts- und Marktviertel). Von dort fahren Busse und Sammeltaxis in andere Stadtteile zurück.

■ **Moschee Andalous:** Diese Moschee ließ *Myriam*, die jüngere Schwester *Fatimas*, erbauen. Sie stammt auch aus dem 9. Jh. und darf von Touristen nicht besucht werden.

■ **Stadttore:** Die verschiedenen *Babs* von Fès el Bali sind zwar interessant, doch nicht so eindrucksvoll wie jene von El Djedid. Durch das älteste Tor *Bab Guissa* (Ende 12. Jh.), gelangt man zur Bergseite, wo sich die Ruinen der Meriniden-Nekropole (nur wegen der Aussicht interessant) und das Merinides-Hotel befinden.

Fès el Djedid

■ **Place des Alouites:** Die Esplanade wird von Touristen am häufigsten besucht, denn hier befinden sich die vielfotografierten sieben Eingangstore in den Palais Royal *(Dar El Makhzen)*, der leider nicht besichtigt werden kann. Die kunstvollen Messingtore wurden in vieljähriger Arbeit von den besten

Handwerkern Marokkos angefertigt.

■ **Bab Smarine:** Es liegt zwischen Mellah (durch die eine der belebtesten Gassen von Fès zieht) und El Djedid und gibt ein reizendes Fotomotiv mit der Moschee im Stadtteil dahinter ab.

■ **Mechouar:** Zwischen hohen Mauern befinden sich vier Tore, das bewachte und prächtige *Bab Dekakene* führt in den Palastbezirk, den man nur einsehen darf. Das monumentale *Bab es-Seba* führt auf den Vieux Mechouar. Auf diesem von hohen Mauern eingegrenzten Platz fanden früher die Gerichtsversammlungen statt. Hier wurden auch die Köpfe der Hingerichteten ausgestellt. Heute dient der Platz Gauklern und Tänzern, die sich am späten Nachmittag einstellen, wenn die Eßbuden aufgestellt werden, als Bühne und Erwerbsquelle. Der Besuch lohnt sich vor allem donnerstags, wenn der große Viehmarkt abgehalten wird.

Sidi Harazem

Der Kur- und Wallfahrtsort (großer Moussem im August) liegt 10 km östlich der Stadt, an der S320 (Abzweigung von der P1 nach Taza). Busse fahren ab Bab Ftouh. Die **heißen Heilquellen** werden ständig von Leber- und Nierenkranken frequentiert. Ganze Familien wohnen entlang des baumumstandenen Wasserkanals oder im Bereich des öffentlichen Schwimmbads. Von hier stammt auch das Mineralwasser *Sidi Harazem*. Unterkunft im 4-Sterne-Hotel und in Bungalows, auch wildes Zelten möglich.

Verschiedenes

■ **Fête du Sultan Tolba:** Einwöchiges Fest im April, hauptsächlich von Studenten gefeiert. Es erinnert an die Krönung des Alaouiten-Sultans im 17. Jh., der den Studenten seine Machtübernahme verdankte und ihnen als Gegenleistung viele Privilegien einräumte. Bis heute feiert man den Tag im Beisein des Königs, der eine symbolische Übergabe der Krone an den „Sultan" zelebriert. Danach finden prächtige Umzüge und ausgelassene Studentenfeiern statt.

■ **Moussem:** Großes einwöchiges Fest zu Ehren des Stadtgründers *Moulay Idriss* im August/September. Prozessionen und Umzüge quer durch die Medina zur Place Nejjarine und zur *Zaouia*.

■ **Krankenhaus/Arzt:** Hôpital Omar Drissy, Place de l'Istiqlal, Tel. 345 51. Ambulanz: Ruf Nr. 15.

■ **Touristoffice** (ONMT), Place de la Résistance, Tel. 234 60.

■ **Syndicat d'Initiative,** Place Mohammed V, Tel. 247 69.

■ **Tour Villes,** Stadtrundfahrten, Av. Homman Fetouaki, nahe Place Mohammed V.

■ **Post,** Av. Hassan II, Kreuzung Av. Mohammed V.

■ **Polizei,** Bd. Mohammed V, Tel. 240 11. Notruf Nr. 19.

■ **Ensemble Artisanal,** Av. Allal Ben Abdallah (Neustadt). Kunsthandwerk mit Fixpreisen ausgezeichnet. Eine gute Möglichkeit zur Preisorientierung.

Weiterreise

■ **Bus/CMT-NL:** Auskunft Tel. 220 41. Di und Fr um 20 Uhr Busse nach Frankreich (950 Dh).

Die wichtigsten Verbindungen: nach Rabat und Casablanca 6mal zwischen 7 und 19 Uhr; Meknès 4mal; Taza 7.30 und 12.30 Uhr; Oujda 12.30 Uhr; Quezzane 8 Uhr; Marrakech 6.30 und 21 Uhr: Tanger 18 Uhr.

■ **Bus/Privatlinien:** Privatlinien verbinden die gleichen Städte. Vom Bab Ftouh hauptsächlich in den Norden und Osten des Landes, von der Place am Bab Boujelou, nahe Kasbah, in die anderen Landesteile.

■ **Zug:** Von beiden Bahnhöfen Verbindungen in den Osten nach Oujda und in die andere Richtung nach Meknès, Rabat und Casablanca, von dort nach Marrakech, sowie, über Sidi Kacem, nach Tanger.

■ **Flug:** Auskunft Tel. (06)247 12 und 204 57 oder in der Stadt: Royal Air Maroc, 54, Av. Hassan II, Tel. 255 16/17. Internationale und nationale Flüge nach Casablanca 1mal tgl. außer Fr und weiter nach Agadir; Marrakech außer Mi und Fr tgl. 1mal, nur Di und So direkt; Oujda Do um 22.30 und So 17.30 Uhr; Tanger So um 10.30 Uhr; Rabat über Casa Do um 7.25 Uhr; Laayoune Mo über Casa um 18 Uhr und Errachidia Di um 10.55 Uhr; Sa unterschiedlich um 11.10 oder 14.10 Uhr.

Im Färberviertel von Fès.

Zwischen Mittelmeer und Rifgebirge

Die Mittelmeerküste von Marokko erstreckt sich über eine Länge von etwa 470 km. Sie ist steil und reich an schöngeschwungenen Buchten. An der östlichen Einmündung in die Straße von Gibraltar ragt das Vorgebirge **Ceuta** *(Punta de la Almina)* in das Meer vor, westlich davon, in der Straße selbst, taucht die kleine Insel **Peregil** auf. In östlicher Richtung **Ras Tarf** *(Cabo Negro)*, Rif **Ghomara** *(Peñón de Vélez de la Gomera)*, **Cabo Nuevo**, der kleine Archipel der Inseln **El Houzama** *(Alhucemas)*, **Cabo Quilates**, **Ras el Querk** *(Cabo Tres Forcas)*. Südlich von Melilla, zwischen dem Cabo Tres Forcas und dem Wasserkap, dehnt sich die **Sebkha Bou Areg** *(Mar Chica)* aus, eine etwa 25 km lange Lagune. Weiter östlich liegen die **Chafarinas-Inseln** vor der Mündung des **Oued Moulouya**. Er ist der wichtigste Fluß der Abdachung zum Mittelmeer. Sein rund 450 km langer Lauf beginnt im mittleren Teil der beiden Atlasgebirge, wo ihn nur eine schmale Wasserscheide vom Becken des *Oued el Abid* (Oum er-Rbia)

trennt. Seine Mündung erreicht im Frühling eine Breite von 100 m, seine Wasserführung schwankt um ein Hundertfaches zwischen Hoch- und Tiefstand. Etwas östlich davon mündet der **Oued Kiss**, der die Grenze zwischen Marokko und Algerien bildet.

Mittelmeerküste

Eines Tages wird die *S608* an der Küste entlang direkt von Tétouan nach Al Hoceima führen. Schon heute kann man auf gut ausgebauter Straße ohne Probleme bis Z. Bouahmed fahren. Ab dort fehlen noch einige Brücken. Es gibt aber Wasserdurchfahrten, die im Sommer auch mit einem normalen Pkw bewältigt werden können. Im Winter besteht erhöhte Hangrutschgefahr, denn die Straße mußte mitunter spektakulär in den Fels geschlagen werden. Man will den Touristen die unglaublich kurvenreiche Anfahrt über Kétame ersparen und gleichzeitig neue Küstenlandschaften für den Fremdenverkehr erschließen. Heute findet man noch einsame Fischerbuchten mit langen Sandstränden und wenigen Häusern, versteckt zwischen bizarren Bergflanken.

Autorouten und Camping

Allrad- und Motorradfahrern sei die ca. 180 km lange Strecke bis **El Jebha** am Meer entlang und dann über die *8500* nach **Souk Tenin d'Uxgan** bis zur Einmündung der *P39* etwa 12 km östlich hinter **Kétama** auch während der Wintermonate empfohlen. Offizielle Campingplätze findet man 16 km hinter Tétouan (sofern die Brücke östlich der Stadt befahrbar ist) vor dem **Cap Mazari** an Plage Ansa, genau im Mündungsdelta eines kleinen Flußtales, das man weiträumig umfahren muß. Man entdeckt diesen ummauerten Platz mit viel Baumbestand schon von der Anhöhe aus. Die Anfahrt hüben wie drüben bedeutet zwar ein wenig Aufwand, doch der wilde Strand entschädigt einen dafür.

Der zweite und vorläufig letzte offizielle Campingplatz liegt in der kleinen Stadt **Oued Laou**, einem Nest, das nur einmal im Jahr, während der Wasserfeste von Tarsha am 15. Juli, auflebt. Der Campingplatz liegt – nachdem die Straße nach rechts in Richtung Inland abknickt – auf der linken Seite hinter einer Mauer. Der große, wiesenreiche Platz eignet sich besonders als Ausgangspunkt für den kunterbunten Samstagmarkt im 5 km entfernten **Es Sebt de Said**, an der Straße nach Chefchaouen. Sie führt am Oued Laou entlang durch wildromantische Schluchten. Wie alle Märkte im Rif ist auch dieser ein Genuß für das Auge. Rifbäuerinnen in ihren rotweiß gestreiften Gewändern, mit breiten, an vier Seiten mit einem Strang von Wollfäden und blauen Wollbällen dekorierten Strohhüten bieten Obst, Gemüse und tönerne Gebrauchsgegenstände an. Djellabah tragende Männer klappern in der Vormittagshitze Stand für Stand ab, handeln, keifen, lachen und kaufen schließlich. Bündelweise schleppen sie Waren mit Eseln oder Autos zum oder vom Markt. Die Straße nach Chefchaouen ist verstopft, der Markt hat Vorfahrt.

Einen weiteren offiziellen Campingplatz sucht man vergeblich, doch **Wildcampingplätze** gibt es reichlich entlang der Strecke am Meer. Militärs kontrollieren Camper, auch deren Reisepässe. Wenn man sich der Kontrolle zu entziehen versucht, hat man die Polizei auf dem Hals. In der Regel zahlt man 3 – 5 Dirham, reicht einige Zigaretten, plaudert ein wenig und wird in Ruhe gelassen. Bei Targa unterbrechen zwei gewaltige Felsen den langen Sandstrand. Der eine wird von Fischern bewohnt, der andere, hinter der Ortschaft, eignet sich hervorragend zum Campen. Um unangenehme Überraschungen in der Nacht zu vermeiden, sollte man immer und überall bei vorhandenen Polizeiposten oder bei den Bewohnern um Erlaubnis fragen. Die Menschen sind sehr freundlich, aber mißtrauisch. Man sollte bedenken, daß man sich inmitten des Schmuggelgebietes nach Spanien befindet. Sobald es dunkel geworden ist, kommen vereinzelt Haschhändler vorbei, doch Vorsicht: Unter ihnen befinden sich Polizeispitzel.

Von **Targa** bis El Jebha fährt man mal unten in Strandnähe, mal oben mit schönen Ausblicken auf das Mittelmeer mit Naturstränden, die nur mit einem Boot erreicht werden können. Jedes Flußtal bietet über Pisten die Möglichkeit, an den Strand zu kommen. **El Jebha**, ein kleiner aufstrebender Fischerort, gehört zu den schon erwähnten Neuerschließungen für den Tourismus. Die Ruinen eines spanischen Forts erheben sich über die malerische Bucht. Restaurants und Läden ermöglichen Wildcampern (am besten 3 km vor dem Dorf am Sand-/Kieselstrand, bevor man die Brücke überquert), sich zu verpflegen. Hotelunterkünfte sind für die nahe Zukunft geplant, überall wird gebaut. Der weitere Küstenabschnitt ist unzugänglich. Von El Jebha winden sich zwei Straßen auf die *P39* hoch: Die *8310* mündet 36 km westlich von Kétama, die *8500* 12 km östlich: sie ist die bessere von beiden.

Nicht weniger spektakulär für Pkw- und Campingwagenfahrer ist die derzeitige Hauptstrecke von **Chefchaouen** über die *P39* nach **Al Hoceima**. Direkt am Straßendreieck Quezzane – Al Hoceima darf man dem ersten Straßenposten der Polizei Rede und Antwort stehen, die sich hier noch nach dem Befinden und Zwischenfällen erkundigt. Später, auf der sogenannten *Haschischroute*, wird man, zumindest bei jüngeren Ausländern, in der Regel das Fahrzeug untersuchen. Bis Kétama sind es knapp 100 km, die dem Fahrer kaum Zeit lassen, richtig in die Landschaft hineinzuschauen. Hinter jeder Straßenkurve ein anderes Bild, herrliche Ausblicke, tiefe Schluchten und karge Felsen, dann wieder weite Felder, kleine Dörfer und grasende Ziegenherden. Zedern- und Korkeichenwälder wechseln sich ab. Hohe Gipfel und von Wasser zerfurchte Täler, und – Haschischhändler (siehe Kapitel „Drogen").

Kétama

Wenn man von Kétama spricht, dann meint man meist das Zentrum des Haschischanbaus und erwähnt nur nebenbei die herrliche Lage und Umgebung der Stadt, die über 1500 m hoch am Fuß des höchsten Berges des Rif, des 2448 m hohen **Djebel Tidighin**, liegt. Wilde Täler mit romantischen Wasserfällen, ausgedehnte Zedern- und Eichenwälder und Kletterrouten auf die Gipfel lassen Naturfans unzählige Varianten offen. Kleine, weiße Viereckgehöfte mit Dächern aus Stroh und Erde schmiegen sich vielerorts in Flußnähe an die Berghänge. Ringsum Felder mit *Cannabis Indica*, aus dem Haschisch hergestellt wird, was oft die einzige Erwerbsquelle der Bevölkerung ist. Schade nur, daß besonders europäische Drogentouristen ab den siebziger Jahren diesen Ort zu ihrer Kif-Hochburg machten und Kunden der Einheimischen wurden. Als die „Aussteiger" nach und nach verschwinden mußten, flaute das Geschäft für die kleinen Haschhändler ab, ihr Verdienst ging zurück, und um so verzweifelter wurde ihre Jagd auf Kunden. Dabei bedienen sie sich mitunter Tricks, die betrügerische Formen annehmen (siehe Kapitel „Drogen"). Wir empfehlen jüngeren Leuten im Konvoi oder mit dem Bus nach Kétama zu fahren. Ältere Reisende werden weniger bedrängt. Fotografieren vertreibt die Händler: So findig wie die Haschhändler sollte man sein, um in Ruhe gelassen zu werden.

Unterkunft

Einladungen in Privathäuser strikt ablehnen. In den Billighotels an der Durchgangsstraße werden manchmal Polizeirazzien durchgeführt.

■ **Hôtel Tidighine** °°°°: Reisende sind gut beraten, im komfortablen Hotel unterzuschlüpfen. Man hat seine Ruhe und sogar einen Swimmingpool. Man wählt zwischen Haupthaus und Bungalows. Das DZ kostet zwischen 235 und 292 Dh. Das Essen ist relativ teuer (Menu 100, Frühstück 31 Dh plus Steuer), doch bieten sich als Alternative die kleinen Restaurants im Zentrum an.

Tips für Naturfans

Bester Ausgangspunkt für Gipfelstürmer des **Djebel Tidighin** ist Tleta Kétama, 8 km südlich von Kétama. Von dort gibt es einen markierten Aufstiegspfad. In Verbindung mit der Wanderung durch das Tal des **Oued Sra** ein Naturerlebnis, das man nicht missen sollte. Der kleine Ort Tleta Kétama liegt an der schmalen Teerstraße S302 (*Route de l'Unité*), über die man auf 160 eindrucksvollen Staßenkilometern Fès in direkter Nord-Süd-Verbindung erreichen kann.

Die P39 schlängelt sich von Kétama in schwindelerregenden Kurven weiter durchs Rif. Nach 37 km gelangt man an die Abzweigung der 8501 nach **Cala Iris** zum Mittelmeer hinunter. Diese Bucht, rund wie ein Regenbogen mit einer Felsunterbrechung in der Mitte, ist mit ihrer Verlängerung zur Ortschaft **Taghazoute** im Westen und zur spanischen Felseninsel **Peñon de Velez de la**

Gomera im Osten einer der *malerischsten Strandabschnitte Marokkos*, der mit dem Auto gut erreichbar ist. Am kleinen goldgelben Strand tummeln sich allerdings während der Sommerzeit viele Spanier und Marokkaner, die den Strand in einen Campingplatz verwandeln (offizieller Campingplatz etwas landeinwärtsl unter Eukalyptusbäumen). Schon im 14. Jh. benutzten die reichen *Fasi* aus Fès die Bucht am Bades-Fluß als Handelshafen. Außerhalb der Saison ist der Abstecher an diesen Traumstrand besonders Wildcampern und Schnorchlern ans Herz zu legen. Dabei sollte man nicht versäumen, bis zu den obengenannten Ortschaften links und rechts vorzudringen. Der wehrhafte Gomerafelsen war früher Ausgangspunkt türkischer Piraten und ist bis heute von spanischen Soldaten besetzt; man kann ihn über eine 20 m lange Landzunge erreichen. Autofahrer gelangen von der S610 Richtung Al Hoceima kurz vor Had Raoud links über eine Piste zum Felsen.

Das Rif ist im östlicheren Gebiet wesentlich karger, der Baumbestand nimmt stark ab. Auf der Hauptstrecke passiert man etwas abseits liegend die kleine Ortschaft **Tarquist**, die als Zufluchtsort des Berberführers *Abd El Krim* (1882 bis 1963) Bedeutung erlangte. In Ait Youssef ou-Ali hat man auf dem Weg von Chefchaouen über 200 km anstrengende, kurvige Strecke hinter sich und findet Erholung in der schönen Bucht von Al Hoceima, der 8 km abseits liegenden Touristenstadt.

Al Hoceima

Internationales Seebad, vorwiegend von Franzosen und Spaniern besucht. Die deutschen Reiseunternehmen NUR und TUI sind ebenfalls vertreten. Die Stadt mit ihren 35 000 Einwohnern liegt in einer langgeschwungenen und geschützten Bucht. Weil Al Hoceima über Land schwer zugänglich ist, findet man hauptsächlich eingeflogene Pauschaltouristen in entsprechenden Hotels. Es ist ein relativ neuer Ort mit modernem Stadtbild und bester Infrastruktur. 1925 landeten hier spanische Soldaten, um die Rif-Rebellen zu bekämpfen. 100 m vor der Bucht liegt die lange umkämpfte, beeindruckende Festungsinsel **Peñon de Alhucemas**. Sie ist noch heute von spanischen Militärs besetzt. Bis 1956 wohnten viele Spanier im Ort. So überrascht es nicht, daß man überwiegend spanische Bauten vorfindet. Besondere Sehenswürdigkeiten fehlen.

In der Hochsaison sind die Hotel-Bungalows meist ausgebucht. Das Stadtzentrum befindet sich in etwa 60 m Höhe auf einem Plateau. Kleine Straßen und breite Treppen führen hinab zu den Buchten rund um die Stadt und zum Fischerhafen. Die Hänge sind mit Bungalowdörfern und der direkte Strandbereich mit langen, 2 – 3stöckigen Hotels verbaut. Zwischen Felsnasen macht es Spaß, im glasklaren Wasser zu schnorcheln. Östlich der Stadt erstreckt sich der kilometerlange Strand vorbei am Ort **Ajdir**. Am schönsten Abschnitt der Club Méditer-ranée (ca. 10 km von Al Hoceima entfernt) bis unterhalb des Djebel Hadid. Danach weitere 10 km, die Strandläufern und Wildcampern einsame Möglichkeiten bieten.

Ankunft

■ **Bus:** Der Busbahnhof liegt an der Place du Rif (Zentrum).

■ **Flug:** Der Flugplatz Côte du Rif liegt 17 km östlich (3 km Zufahrt von P39 nach Melilla). Taxi ca. 30 Dh, keine Zubringerbusse.

Unterkunft

■ **Hôtel Maghreb el Jadid** °°–°°°, Bd. Mohammed V, Tel. 25 04. 40 Zimmer. Direkt an der Hauptstraße mit gut eingerichteten Zimmern inkl. Bad/WC, nur wenige haben eine Stehdusche. Im Restaurant bietet man preiswerte französische und marokkanische Küche (ab 40 Dh). Ein Frühstück kostet 23 Dh, ein Menu 83 Dh.

■ **Hôtel Karim** °–°°, 27, Av. Hassan II. 51 Zimmer. Mittelklasse-Haus mit Bar und Restaurant. Die meisten Zimmer haben DU/WC, andere nur Dusche. Man serviert ein Frühstück für 15 Dh und ein Menu für 61 Dh; à la carte ab 35 Dh.

■ **Camping**, Bucht Plage de Jamil (1 km vor der Stadt). Toiletten ohne Wasserspülung, kalte Außenduschen.

Treffpunkte

■ **Fischlokale:** Vier preiswerte am Fischerhafen. Sie sind zwar spartanisch eingerichtet, bringen aber gute Gerichte auf den Tisch (ca. 20 Dh). Am Abend viele Einheimische.

■ **Cafés:** Die zwei besten Cafés liegen an der Av. Mohammed V und an der Place Florido; dort fast nur einheimische Männer.

■ **Nightclub Hôtel Mohammed V:** Hoch über der Quémado-Bucht auf einer Terrasse.

Verschiedenes

■ **Krankenhaus/Arzt:** Hôpital Mohammed V, Av. Hassan II, Tel. 20 24.

■ **Frauenmarkt:** Ummauertes Gelände, für Männer nicht erlaubt. Frauen reagieren heftig gegen fotografierende Touristinnen. Die Rifbäuerinnen verkaufen Schmuck, Stoffe, Stickereien, Gewürze usw.

■ **Touristoffice (ONMT),** 156, Av. Mohammed V.

■ **Syndicat d'Initiative,** im Province-Gebäude, am Quémado Beach mit Maroc-Tourist.

■ **Post,** Rue Idriss I.

■ **Polizei,** Tel. 24 76.

Weiterreise

■ **Mit dem eigenen Fahrzeug:** Die P39 verläuft nun wieder weit inlandig am Oued Nekor entlang, passiert einige Schluchten und verliert nach der Abzweigung der S312 nach Taza an Reiz. Bei **Selouane** erreicht man die Abzweigung der P27 nach Oujda. Die P39 verläuft über **Nador** nach Melilla zurück ans Mittelmeer.

■ **Bus:** Wenige Verbindungen nach Kétama – Fès, 2mal nach Tétouan, Nador, Melilla und Oujda mit Anschluß nach Taza über die S312. Tolle Strecken mit langen Fahrzeiten.

■ **Flug:** Flugauskunft Tel. (098)20 05 und 06, oder RAM am Flughafen, Tel.76 10 18.

Internationale Flüge nach Amsterdam, Brüssel und Madrid. Direkte Inlandflüge nur nach Tétouan (Mo 12.45, Fr 14.30 Uhr) und Tanger (Di 15.45 Uhr und Mi verschieden). Alle anderen über Casablanca mit Anschlüssen nach Marrakech und Agadir (Mo 12.45 Uhr und Fr verschieden), Ouarzazate (Fr 14.30 Uhr) und Laayoune (Fr verschieden).

Nador

Nador war lange Zeit ein verträumtes Fischerdorf an der Lagune **Sebkhat Bou Areg.** Der lange Sandstrand machte das Dorf jedoch schnell zum Ziel vieler Ausflüge von Melilla. Durch den Bau eines großen Stahlwerkes erlangte die Stadt wirtschaftliche Bedeutung und wuchs auf eine Bevölkerung von heute 45 000 heran. Der Ausfuhrhafen und die Eisenbahnverbindung sind von großer Bedeutung.

■ **Verbindungen:** Der Busbahnhof liegt im Stadtzentrum, von dort Verbindungen nach Oujda und westlich nach Al Hoceima. Richtung Melilla nur bis zur marokkanischen Grenze 5 km vor Melilla.

■ **Unterkunft:** *Hôtel du Parc* (nahe Busbahnhof). 34 einfache Zimmer, teils mit DU/WC (70 und 86 Dh).

■ **Campingplätze:** *Nador Plage* (beschildert). Am flachen Sandstrand an der Lagune Sebkhat Bou Areg, vor Nador. Ein weiterer liegt 25 km entfernt am Ende der Lagune, nahe dem Ort *Qariat Arkmane*, den man über die Abzweigung 8101 erreicht.

Von dort gelangt man über eine Piste am Meer entlang zum *Cap de l'Eau*. Schöner, etwa 10 km langer Strand bis nach Saida mit Campingplatz. Dazwischen das Mündungsdelta des *Oued Moulouya*.

Melilla

Zwischen Nador und dem Cap des Trois Fourches liegt die 12,3 qkm große spanische Enklave mit etwa 70 000 Einwohnern. Melilla ist neben Ceuta ein weiterer wichtiger Passagier- und Fährhafen. Das zollfreie Gebiet zieht viele Pendler aus Marokko an, und entsprechend überfüllt ist der Grenzübergang bei Beni Enzar auf der P39. Die anderen Straßen führen ins Cap hoch (marokkanisches Hoheitsgebiet), wo man besonders vom Leuchtturm einen schönen Blick auf die Küste hat. Auf dem Rückweg kann man die Grenze von Melilla umfahren.

Die Medina der Stadt stammt mit ihrer Kasbah noch aus marokkanischen Tagen des 16. Jh., andere Stadtteile sind typisch spanisch angelegt, denn mittlerweile ist die Stadt seit beinahe 500 Jahren mehr oder weniger im Besitz der Spanier. Auseinandersetzungen zwischen der dort lebenden marokkanischen Minderheit und den Spaniern sind an der Tagesordnung.

Ankunft

■ **Bus:** Der Busbahnhof liegt an der Plaza de España (zwischen Neustadt und Medina Sidonia). Busse nur bis zur spanischen Grenze. Bis zur marokkanischen Grenze etwa 2 km Niemandsland (kein öffentlicher Verkehr). Nach Nador weitere 8 km mit Busverkehr.

■ **Flug:** Nur Iberia-Gesellschaft, Avenida del Generalissimo Franco.

■ **Fähren:** Die Anlegestelle der Fähren liegt geschützt hinter der Medina-Halbinsel direkt am Paseo del Général Macias, der an der Neustadt vorbei über die Grenze (3 km) nach Nador in Marokko führt.

Unterkunft

■ **Hôtel Cazaza** °°, Calle de José/Primo de Rivera, von der Plaza de España etwa 1 km über die Avenida del Generalissimo Franco, dann links in die Seitenstraße.

■ **Hôtel Nacional** °°, Calle de José/Primo de Rivera (nahe Hôtel Cazaza).

Verschiedenes

■ **Tourist-Office,** Paseo del Général Macias (nahe Hafen).

■ **Post,** Calle de Pablo Vallesca (rechts neben dem Fremdenverkehrsamt hoch).

Weiterreise

Über die P27 nach Oujda passiert man den *Pont International*, am ehemaligen Grenzfluß Oued Moulouya zwischen Spanisch- und Französisch-Marokko. 21 km hinter dem Fluß lohnt sich ein Abstecher von etwa 25 km über die S403 in die Schlucht **Gorges du Zezgel** mit Besuch der Tropfsteinhöhle **Grotte du Chameau** (Abzweigung S5308 bei Taforalt). Die Tour führt südlich durch das herbe **Beni-Snassen-Gebirge** nach **Berkane** zurück. Von dort bietet sich ein Abstecher (auch Busse) durch das fruchtbare Anbaugebiet ans Meer an, nach **Saidia**. Die kleine Grenzstadt liegt im Mündungsgebiet des Oued Moulouya an einem 10 km langen Sandstrand, der sich westlich bis zum kleinen Cap de l'Eau hinzieht, dem die spanischen Inseln **Chafarinas** vorgelagert sind. Einige Ferienbungalows und preiswerte 1–2-Sterne-Hotels sowie ein Campingplatz säumen den guten Strand. Busse entlang der Grenze nach **Ahfir** (Grenzübergang für Touristen nur mit Sondererlaubnis) und in die Großstadt **Oujda**.

Oujda

Die Provinzhauptstadt (450 000 Einwohner) liegt 500 m hoch in einer weiten Ebene und ist ein wichtiges Handelszentrum im östlichen Marokko. Wichtig auch für Reisende nach Algerien, zum Mittelmeer, nach Fès und in die Weite der ostmarokkanischen *Meseta* (Hochebene), die größtenteils noch zu den „touristisch weißen Flecken" des Landes gehört. Die Neustadt erdrückt die kleine, sehenswerte Medina. Für Algerienfahrer heißt es, sich hier noch mit Verpflegung einzudecken.

In der Vergangenheit war Oujda die heißestumkämpfte Stadt Marokkos.

Oft war sie in Besitz Algeriens. Schon 1844 besetzten sie die Franzosen zum erstenmal, als ihr Heer wenige Kilometer westlich die Schlacht von Isly gewann.

Von Tétouan über die Rifroute nach Oujda muß man ohne Abstecher 540 km einkalkulieren. Über Fès und Taza sind es zwar ca. 40 km mehr, insgesamt geht es aber wesentlich schneller und unproblematischer. Von Oujda in den Süden an die algerische Grenze nach Figuig kommen nochmals 380 km dazu.

Ankunft

■ **Bus:** Der Busbahnhof liegt an der Rue de Sidi Brahim (nahe Place du 16 Août), im Zentrum der Stadt.

■ **Zug:** Der ONCF-Bahnhof liegt westlich am Ende des Boulevard Zerktouni, der vom Bd. Mohammed V abzweigt.

■ **Flug:** Der internationale Flughafen Les Angads liegt 15 km nördlich der Stadt an der P27 Richtung Mittelmeer.

■ **Sammeltaxi:** an der Place de la Gare (Bahnhof) und am Busbahnhof.

■ **Mit eigenem Fahrzeug:** Von Nador kommend auf dem Weg nach Taza, streift man die Stadt westlich und kommt am Bahnhof vorbei. Will man nach Algerien, biegt man am Platz Square S. Pichon links in die Rue Gambetta ein, dann von der Place du 16 Août wieder nach links in den Boulevard Mohammed V (P1 nach Algerien).

Unterkunft

Einige einfache Hotels in der Umgebung des Busbahnhofs und um die Place du 16 Août im Bereich des Bd. Mohammed V, dort auch das **4-Sterne-Hotels Oujda** (Tel. 40 93).

■ **Hôtel Royal** °, 13, Bd. Zerktouni (zwischen Medina und Bahnhof), Tel. 22 84. 52 Zimmer.

Das Hotel hat einen Parkplatz. Saubere Zimmer, teilweise mit DU/WC, andere mit Bad.

■ **Camping:** *Park Lalla Aicha,* hinter der Kasbah. Anfahrt ab der Place du 16 Août über Rue de Marrakech immer an der Medinamauer entlang (beschildert).

Verschiedenes

■ **Touristoffice (ONMT),** Place du 16 Août, Tel.43 29 (*Auskunft über Algerienausreise*).

■ **Markt,** 100 m westlich von der Place du 16 Août.

■ **Post,** Bd. Mohammed V.

■ **Polizei,** Place de la Victoire.

Weiterreise

■ **Bus:** Täglich mehrere Verbindungen über die P1 nach Taza, Fès, Meknès, Rabat und Casablanca. Regionale Busse nach Saida an die Küste und Richtung Maghnia an die algerische Grenze (Aus- und Wiedereinreise nur mit Sondergenehmigung aus Rabat). Weiterreise-Genehmigung nach Algerien ohne Rückkehr auch in Oujda erhältlich oder mit einem Transit-Visum. Visazwang für Algerien. (Zwangsumtausch an der Grenze ca. 300 DM pro Person, miserabler 4:1-Kurs, normal ist 10:1, unbedingt Lebensmittel etc. mitnehmen).

1mal tgl. nach Al Hoceima, Kétama, Tétouan. 3mal wöchentlich über die P19 nach Bou Arfa, Figuig.

■ **Zug:** Täglich nach Casablanca über Taza, Fès, Meknès, (Umsteigebahnhof Sidi Kacem); Verbindung nach Tanger, Kenitra, Rabat. Am Wochenende Nachtzug nach Bou Arfa.

■ **Flug:** Auskunft Tel. 32 61 oder 47 11, außerdem bei der Royal Air Maroc in der Stadt, Hti Fonghad, Bd. Mohammed V, Tel. 39 09 und 39 63/64. Internationale Flüge nach Europa, Afrika und Arabien. Direkter Inlandflug nur nach Fès, Do 6 Uhr und So 19.05 Uhr. Alle anderen tgl. außer mittwochs über Casablanca mit Anschluß nach: Agadir und Marrakech Mo, Di und Do gegen 18 Uhr; Tanger Do 6 Uhr und Fr gegen 12 Uhr; Ouarzazate Mo 18.15 und Fr verschieden; Laayoune Fr 7.25 Uhr mit Zwischenlandung in Tan-Tan und Mo um 18.15 Uhr. Keine Busse zum Flugplatz, Taxi etwa 30 Dh.

Ostmarokko

Von Oujda nach **Figuig** an die 380 km südlich liegende Grenze zu Algerien führt die *P19* durch ein Hochland, das nur sehr dünn besiedelt ist. Erst in Bou Arfa (270 km) trifft man auf das Straßendreieck *P32* nach Errachidia, die Verlängerung der Straße der Kasbahs, die ebenfalls durch einsames Hochland führt.

Variante für Querfeldein-Fans und Wüstenfahrer mit einem starken Drang zum Abenteuer und mit entsprechenden Fahrzeugen: 110 km westlich von Oujda auf dem Weg nach Taza, bei **Taourirt** über die *S410*, dann *5348*, schließlich auf die *S330* zur *P19* fahren; von dort weiter nach Figuig.

Eine andere Variante bildet 44 km weiter Richtung Taza, vor dem von einer Festung überragten Ort **Guercif**, die *S329* und dann die *S330*, von der man auch über die *4555* über das **Plateau du Rekkam** abschwenken kann. Man fährt teilweise durch unberührte Flecken. Zwischen den genannten Straßen gibt es einige gute Pisten, die an Flußläufen tückisch werden können und daher nur mit einem Geländefahrzeug zu überwinden sind. Beste Abkürzung: ab Guercif nach **Fritissa**, vor dem

Ort nach **Debbou**, dabei erreicht man vorher die S410, die nach rechts über 12 km in den Ort führt. In Debbou liegt ein ursprüngliches und sehenswertes Judenviertel (Mellah). Über Serpentinen kommt man zum **Plateau Gaada de Debdou**, weiter durch das Jagdgebiet **El Ateuf** Richtung **Plateau du Rekkam**, das man nach links umfährt. Man überquert die S330 (etwas versetzt, durch Flußlauf-Änderung verursacht) und fährt 100 km durch fast menschenleere Steppe nach **Borj de Tarite**, wo man die P19 von Oujda nach Figuig erreicht. Tankstellen gibt es in Tendrara und Bou Arfa. Auf der gesamten Strecke fährt man stets auf über 1200 m Höhe und muß nachts mit empfindlicher Kälte rechnen.

Figuig

Bilderbuchoase mit mehr als 150 000 Dattelpalmen auf 900 m Höhe, 9 km vor der algerischen Grenze mit Zollübergang. Einige *Ksar*-Befestigungen umgeben die Stadt. Die schönste davon, **Ksar Zenaga** am gleichnamigen Berg, liegt rechts vor der Grenze. Es ist normalerweise Ausländern nicht gestattet, ohne Sondergenehmigung von Rabat die Grenze zu überschreiten. In Ausnahmefällen muß man bei der Polizeistation von Figuig um eine Erlaubnis kämpfen, was nicht billig ist. Mit einem Transitvisum nach Algerien hat man keine Probleme, wird aber nur noch unter großen Schwierigkeiten zurückgelassen. Als wir dort waren, versuchten es Holländer, die im Sandsturm mit ihrem Jeep kurz hinter der Grenze auf algerischem Boden schwer verunglückt waren. Es gelang ihnen erst nach einem vollen Tag, nachdem die Polizei mit Rabat telefoniert hatte. Die spektakulären Sanddünen beginnen erst auf algerischem Boden. Beim Übergang muß man ca. 300 DM pro Person eintauschen. Zurückwechseln ist nicht möglich.

■ **Unterkunft** findet man im *Hôtel Sahara* oder *Hôtel Elmeliasse* an der Shell-Tankstelle. Ein DZ ohne DU bis 50 Dh, mit DU 60 Dh.

Taza

Die Stadt liegt in einem Tal zwischen Rif und Mittlerem Atlas und ist seit jeher bedeutendster Zugang von Ost- nach Westmarokko. Als strategischer Punkt von großer Bedeutung, war Taza denn auch Schauplatz vieler Kämpfe. Von Römern über Almohaden, Mereniden, Türken, Araber und schließlich Franzosen (1914) geprägt, zeigt die aufstrebende Stadt heute moderne und traditionelle Seiten.

Sie teilt sich in zwei völlig verschiedene Bezirke auf: **Taza Ville** ist eine von den Franzosen gegründete Stadt mit nahezu rechtwinklig angelegten Straßen. Eine große Kaserne machte sie zur typischen Garnisonsstadt. Heute ist Tazaville auch ein Handelszentrum Ostmarokkos. Der Stadtteil liegt auf einem 480 m hohem Plateau und hat 45 000 Einwohner.

Taza Haut, die obere Stadt, liegt etwa 110 m höher und in 2 km Entfernung. Hier befinden sich die Medina und die Ruinen der Mellah. Die Altstadt ist von einem 3 km langen Mauerwall mit Türmen und Festungen umgeben. Die Gründung geht auf das 12. Jh. zurück. In der Altstadt leben ca. 25 000 Menschen. Die Rundblicke in die Ebene und auf den Djebel Tazzeka allein lohnen den Weg hinauf. Man sollte aber auch nicht versäumen, durch die Souks zu wandern, die zu den ältesten des Landes gehören.

■ **Unterkunft** bieten einige einfache Hotels in der Altstadt am Bab el Guebor oder in der Neustadt beim Busbahnhof im Bereich der Place de l'Indépendance sowie am Bahnhof. *Camping* zwischen Altstadt und Neustadt, nahe dem 3-Sterne-Hotel Friouato-Salam.

■ **Busse** auf der P1 zum Atlantik oder nach Oujda, nördlich über die S312 nach Al Hoceima und in den Tazzeka-Nationalpark bis Bab Bou Idir.

Nationalpark Djebel Tazzeka

Es handelt sich um ein 1980 m hohes Gebirgsmassiv mit tiefen Schluchten, in denen es große Tropfsteinhöhlen gibt.

13 km von Taza erreicht man ein malerisches Tal mit den kleinen Wasserfällen **Ras el Ma**. Ein Campingplatz lädt zum Bleiben ein (im Winter geschlossen). Im Tal liegt auch ein pittoresker Bergsee, bei dem eine Abzweigung zu den **Grottes du Chiker** führt. Die Tropfsteinhöhlen kann man besichtigen, doch dazu braucht man festes Schuhwerk und eine Taschenlampe. Besser begehbar sind die Grotten auf der an-

deren Seite der S311, über eine 1 km lange Zufahrt zum **Gouffre du Friouato** zu erreichen. Dabei handelt es sich um einen tiefen Felstrichter, aus dem man Zugang zu den bis zu 250 m tiefen Grotten und Tropfsteinhöhlen hat.

Die Straße windet sich über den 1540 m hohen Paß **Bab Taka**, von dem man beste Möglichkeiten hat, den Gipfel des **Djebel Tazzeka** zu erwandern.

Schließlich gelangt man in die Schlucht des *Oued Zireg*. Die Straße zieht sich über 10 km durch das enge, von steilen, rotbraunen Felsen eingefaßte Flußtal und mündet dann wieder in die P1 nach Fès ein.

Stausee Qued Hajera im nördlichen Rifgebirge.

Mittlerer Atlas

Am Südfuß des Rif erhebt sich, abgetrennt durch die Enge von Taza (558 m), die Kette des Mittleren Atlas. Sie erstreckt sich nach Südwesten und verbindet sich in den Beni-Mellal-Bergen mit dem Hohen Atlas. Im Osten wird sie vom oberen Tal des Flusses Moulouya begrenzt. Ihr höchster Gipfel ist der **Djebel Bou-Naceur** (3354 m). Im Westen fällt sie in die atlantische Küstenebene des **Gharb** ab.

Obwohl der Mittlere Atlas hohe Gipfel, Zacken und Grate besitzt, gleicht er vielerorts eher einer Ebene von überall mehr als 1000 Metern über dem Meer. Die Landschaft ist sehr vielfältig: So findet sich zum Beispiel in den oberen Flußbecken des *Oum er-Rbia* und des *Bou Regreg* vulkanisches Gestein, das von tiefen Schluchten zerschnitten ist, während weiter im Norden Kalkstein auftaucht, das von Dolinen durchlöchert ist und Seen beherbergt. Im allgemeinen sind die zum Atlantik verlaufenden Täler wasserreich und nehmen manchen der marokkanischen Hauptflüsse auf. Auch die Gebirgsfußregion zwischen Mittlerem und Hohen Atlas, **Dir** genannt, verdankt ihren landwirtschaftlichen Reichtum den Gewässern.

Auf der Fahrt in den Süden über die P24 steigt die Straße in die Gebirgslandschaft des **Djebel Abad** (1768 m) hinauf und gewährt einen schönen Blick in das zurückliegende Tal von Fès. Bester Ausgangspunkt für eine Wanderung auf den Berg ist der 1350 m hohe Luftkurort **Immouzer du-Kandar**. Ausgedehnte Wanderungen bieten sich auch nach **Sefrou** an. Vier einfache Hotels stehen für Übernachtungen zur Verfügung. Montags lohnt ein bunter Markt den Besuch.

Die Straße steigt vor **Ifrane** – ein von den Franzosen angelegter Wintersportort – auf 1650 m an. Eine 18 km lange Hochstraße führt von hier über den **Tizi-n-Tretten**-Paß (1934 m) nach **Mischliffen**, wo jährlich die Skirennen um den „Grand Prix de Fès" ausgetragen werden. Zwei Skilifte pendeln zu den Pisten des Ortes, und eine Wanderroute führt zum 2104 m hohen **Djebel Hebri**, dessen Gipfel ebenfalls mit einem Skilift erreicht werden kann. Eine Unterkunft im Doppelzimmer kostet im 5-Sterne-Hotel Mischliffen oder in einem der vielen Chalets zwischen 300 und 400 Dh.

In Ifrane wähnt man sich außerhalb Marokkos. Moderne Häuser aus Stein, Chalets und Hotels „zieren" den im Sommer ausgestorbenen Ort. Irgendwo hinter dicken Mauern stehen ein Sommerschloß des Königs mit großen Parkanlagen und einige Villen reicher Marokkaner. Kein Ort zum Bleiben, wenn nicht gerade Wintersaison ist.

Azrou

Der Luftkurort liegt 18 km von Ifrane entfernt und etwa 450 m tiefer. Gleich zwei Zentren knapp nebeneinander – marokkanisch, orientalisch, voller Leben – lassen das Herz wieder höher schlagen, besonders dienstags, wenn der große Markt stattfindet. 30 000 Bewohner beherbergt der von Hügeln und ausgedehnten Zedernwäldern umgebene Flecken. Die Zedernwälder erlangten nicht nur Berühmtheit ihrer großen und alten Bäume wegen (am größten die *Cèdre Gouraud*, 40 m hoch und 9 m Umfang), sondern auch durch die darin hausenden Berberaffen, die 1982 aus den Mustergehegen des *Barons von Turckheim* aus dem Elsaß in diese Freiheit ausgesetzt wurden. Es handelt sich um eine *Makaken*-Art, deren Eltern zuvor aus Gebieten des Mittleren Atlas zum Zweck der Erhaltung der örtlichen Population ausgesondert wurden, um sie in größerer Zahl heranzuzüchten. Die Patriarchen einzelner Gruppen erreichen eine Größe von über einem Meter und haben ein furchterregendes Gebiß. Die besten Chancen, Affen zu beobachten, bestehen 150 m oberhalb der Verkaufsstände. Sie sind nicht ganz so zutraulich wie ihre Vettern auf dem Felsen von Gibraltar, aber auch nicht aggressiv oder gar gefährlich. Im Gegenteil, bei Annäherung flüchten sie auf die Bäume.

Die Rundtour durch den Zedernwald beginnt 7 km außerhalb von Azrou auf der Straße nach Midelt.

Unterkunft

■ **Hôtel Sejour** °, am kleinen Marktplatz im Zentrum, etwa 300 m von der Busstation entfernt.
Die kleinen Zimmer sind einfach, sauber und preiswert (30 Dh).
■ Zu gleichen Bedingungen die Hotels **Atlas** und **Ziz**.
■ **Hôtel du Panorama** °°, am Rande der Stadt, rechts auf dem Weg nach Midelt, Tel. 10. 40 Räume.
Das Haus gleicht einem großen Forsthaus im schweizerischen Stil. Von einigen Zimmern mit kleinem und großem Balkon genießt man einen grandiosen Blick auf die Bergkuppe mit den Zedern. Man sollte versuchen, eines der 20 Zimmer im Anbau zu bekommen, denn sie sind größer als die im Haupthaus und haben zudem ein Bad. Dem Chef, Monsieur *Ferhi Hammadi*, entgeht kein Staubkorn. Frühstück 23 Dh, Menu 83 Dh.

Von Azrou nach Er-Rachidia

Über die einsame, kahle Bergwelt des Mittleren Atlas zieht sich die Straße P21 über 280 km nach Er-Rachidia. Man kommt an dem kleinen Stausee **Aguelmame de Sidi Ali** vorbei, wo Camper einen Stellplatz für die Nacht finden. Doch *Achtung:* Unter den Steinen auf der Wiese verbergen sich kleine Skorpione. Einen Campingplatz findet man im 1488 m hohen Ort **Midelt**.

Die P21 führt von Midelt über den **Tizi-n-Tairhemt** (1907 m), später durch das Flußtal des **Ziz** nach Er-Rachidia.

Midelt

Die Stadt bietet gute Einkaufsmöglichkeiten und Unterkünfte. Die 16 000 Einwohner ernähren sich hauptsächlich aus Arbeit in den Kupfer-, Zinn- und Bleiminen. Die Markthalle liegt direkt über dem Busbahnhof, die kleinen Souks an der Abzweigung zum Ksar und Franziskanerkloster. Zwei kleine Supermärkte, auch mit Alkoholika, findet man in Richtung Er-Rachidia, rechts am Rundgebäude.

Unterkunft

■ **Hôtel Roi de la Bierre** °, Av. des F.A.R. (an der Durchgangsstraße, gegenüber Alimentation Général). 11 Räume.
Kleines Eckhaus mit liebenswürdiger Besitzerfamilie, genau das Richtige für Budget-Reisende. Ein DZ für 60 Dh hat zwei große Doppelbetten (4 Personen) und ein Waschbecken. DU/WC auf dem Flur. Die Familie hält ihr Haus sehr sauber. Die anderen Billighotels im Ort (Central etc.) sind nicht zu empfehlen.

■ **Hôtel Ayachi** °°, Rue de Agadir (nahe Durchgangsstraße), Tel. (058)21 61. 28 Räume.
Ein gelber Rundbau auf einem Hügel zur Bergseite. Es geht geruhsam zu und her, obwohl es eine Bar im Haus gibt. 24 gut ausgestattete Zimmer mit Balkon haben zwei große Betten und einen Duschraum mit WC. Wichtig ist die Heizung, denn es wird sehr kalt in der Nacht. Das Management verkauft Landrover-Touren ins Ayachi-Gebirge. Auf dem großen Hotelplatz hat man ein Festzelt stationiert, dort werden „Berberabende" mit Essen und Folklore inszeniert (Reservierung notwendig).

■ **Camping Municipal:** Das große Wiesengrundstück grenzt an das Gelände des Hotels Ayachi (Einfahrt rechts am Hotel vorbei und links durch das Tor in der Mauer). Auch hier besorgt eine liebenswürdige Familie den Platz. Der alte Herr ist sehr stolz auf seine neue Sanitäranlage mit modernen Duschen und WC. Strom ist nur begrenzt erhältlich (Caravan 2 Dh, pro Person 1 Dh − kein Schreibfehler!).

Ausflüge in die Atlas-Region

Midelt eignet sich als Ausgangsort für Bergtouren zum 3737 m hohen **Djebel Ayachi** mit dem spektakulären **Cirque de Jaffar** (großartiger Felsenkessel in 2250 m Höhe). Anfahrt über die Pisten S3426 und S3424, ca. 25 km. Bergwanderer erreichen von dort den Gipfel des Ayachi. Führer mit Maultieren bekommt man im Bergdorf **Tattiouine**, am Ende der S3426. Weit vor Midelt führen von der P21 abenteuerliche Touren durch die Wildnis der Berge in das Gebiet des Hohen Atlas mit der bekannten Ortschaft **Imilchil**. Alle genannten Touren sind − wenn nicht zu Fuß − *nur mit Allradjeeps oder Geländemaschinen* möglich, im Konvoi. Von Imilchil erreicht man jenseits des Hohen Atlas die **Todra-Schlucht** oder über eine Abzweigung die **Dadès-**

Schlucht, die häufig in einer Rundtour von der *Straße der Kasbahs* eingeplant wird. Die genannte Atlas-Überquerung von Midelt bis zu den Schluchten ist bei schlechten Witterungsbedingungen *lebensgefährlich*.

Imilchil

Während der Festtage in Imilchil fahren Transport-Lastwagen vom Süden in die Bergwelt. Personen werden stehend auf den Ladeflächen transportiert. Auf dem Plateau von Imilchil entsteht dann eine riesige Zeltstadt, tagelang wird gefeiert.

Der Heiratsmarkt der Ait Hadiddou

Auf einem 2000 m hohen Seenplateau zwischen dem Mittleren und dem Hohen Atlas findet nach der Ernte eines der bedeutendsten Berberfeste statt, das in den letzten Jahren auch als „Heiratsmarkt der Ait Hadiddou" sehr bekannt wurde.

Die Ait Hadiddou gehören der großen Berbergruppe der *Beraber* an und leben als Halbnomaden im Hochtal des *Asif Melloul* und seiner Nebenflüsse. Der Stamm gliedert sich in mehrere Untergruppen, hauptsächlich die *Ait Yazza* und die *Ait Brahim*. Alle zusammen feiern in der 3. oder 4. Woche im September ein Moussem zu Ehren ihres Lokalheiligen an dessen Grab *(Koubba)* vor dem Dorf **Ksar Agoudal**. Im weiten Gelände entsteht dann eine Zeltstadt von enormer Ausdehnung. Von

weit her kommen alle Stammesangehörigen, Händler, Viehtreiber mit Hunderten von Dromedaren, Eseln, Ziegen, Schafen und Federvieh. Die Luft ist geschwängert vom Dung der Tiere und vom Rauch der Kohleöfen, auf denen unablässig gebraten und gebacken wird. Es wird am Tage geschwatzt und verhandelt, und am Abend beim dröhnenden Klang der Tamburine getanzt und gegessen. Später treten die traditionell geschmückten und geschminkten Frauen in ihren gestreiften *Handiras* auf und holen sich die Männer ihrer Wahl, die den *Kumiat*, den Krummdolch, in silberner Scheide über ihren *Djellabah* tragen. Gemeinsam wird der rhythmische Schreitanz *Haidous* aufgeführt, der die Zuschauer in Begeisterung versetzt. Die dunkle Nacht wird vom flackernden Schein der Lagerfeuer erhellt, und Trommelklang und Gesang zerschneiden die Stille der Hochebene. Die Fröhlichkeit und das wallende Blut lassen die bittere Kälte der Nacht vergessen. In den Zeltgassen ebbt das Leben erst weit nach Mitternacht ab, wenn sich alle erschöpft schlafen legen.

Verglichen mit den Arabern der Städte und den arabischen Nomaden, sind die Frauen dieser Bergstämme viel freier und selbständiger. Die Frauen können sich auf eigenen Wunsch scheiden lassen und auf dem Moussem einen Mann ihrer Wahl suchen. Zu erkennen ist eine Jungfrau an einer runden Kopfbedeckung, alle anderen tragen eine spitze Haube. Ungezwungen setzen sich beide Geschlechtergruppen zusammen und schäkern ungeniert miteinander. Dabei

◄ *Traditionelle Reiterprozession im Mittleren Atlas.*

lernt man sich näher kennen und erwähnt eine mögliche Heirat, über die dann ernsthaft diskutiert wird. Am letzten Tag der Feierlichkeiten wird der *Kadi* mit dem Hubschrauber eingeflogen und verheiratet die Brautpaare vor dem Grab des Lokalheiligen. Nach dem Unterschreiben des Ehevertrages schreiten Mann und Frau in die Grab-Koubba des *Marabouts* und erbitten den Segen des Heiligen.

Von Azrou nach Kasbah Tadla

Für Naturliebhaber mit etwas Zeit sei die Strecke **P24** nach Marrakech erwähnt. Von dieser zweigt nach knapp 20 km links die **S303** ab, sie führt im Halbbogen über den Holzfällerort **Ain Leuh** (schöner Montags- und Donnerstagsmarkt der Berber) auf immer schlechter werdender Straße zur Qelle des **Oum er-Rbia**. Er ist mit seiner Länge von etwa 600 km der bedeutendste Atlantikzufluß Marokkos. Das Wasser entspringt im Herzen des Mittleren Atlas und stürzt sogleich über eine hohe Kalkwand in einen kleinen Gebirgskrater. Das Gewässer fließt zunächst parallel zur Achse des Mittleren Atlas und wendet sich dann nach Nordwesten durch die *Meseta*. Zu seinen Nebenflüssen gehört der *Oued el Abid*, in dessen Schluchten die herrlichen **Wasserfälle von Ouzoud** stürzen. Der Oum er-Rbia versiegt nie und führt bei Hochwasser mehr als das 50fache seines normalen Wasservolumens. Da der Fluß Wildbachcharakter hat, ist er für die Schiffahrt nicht geeignet. Im Unterlauf nimmt sein Wasser eine rötliche Färbung an, und der Fluß beschreibt zahlreiche Mäander, bevor er sich etwas nördlich von El Jadida durch eine dünenverbaute Mündung in den Atlantik ergießt.

Auf dem weiteren Weg gelangt man an die etwas links liegende Talsperre **Aguelmame Arigza**. Dort trifft man auch auf Angler, die hier das Wochenende in malerischer Umgebung verbringen. Nach ca. 90 km erreicht man wieder die P24 bei Khenifra.

Khenifra

Der Ort hat 20 000 Einwohner, liegt 830 m hoch am Ufer des *Oum er-Rbia* in fruchtbarer Umgebung und ist ein wichtiger Marktflecken für die umliegenden Berberdörfer. Einige Festungen zeugen von bewegter Vergangenheit. Auf der rechten Seite des Flusses liegt die hübsche Medina (großer Mittwochs- und Donnerstagsmarkt). Busse nach Marrakech (nach Casablanca und Rabat umsteigen in Kasbah Tadla) und nach Fès bzw. Meknès.

■ Einfache Absteige: **Hôtel de France**, Av. F.A.R.

Kasbah Tadla

Ebenfalls am Fluß *Oum er-Rbia* gelegen, 100 km südlich am Straßendreieck von P24 nach Marrakech und P13 Richtung Atlantik. 15 000 Einwohner und ebenfalls wichtiger regionaler Marktort. Heute Landwirtschafts-

Mittlerer Atlas: Berberbäuerin in Schafwollumhang. ▶

zentrum mit Viehzucht, früher zu Zeiten *Moulay Ismails* strategisch wichtiger Punkt. Davon zeugt die sehr eindrucksvolle Kasbah als Wehrburg in 850 m Höhe. Hier kämpfte der damalige Herrscher mit seinen schwarzen Sklaven gegen berberische Aufstände. Im Jahre 1913 besetzten die Franzosen die Burg und kämpften fast 20 Jahre lang gegen die Berber. Oft verstärkt und ausgebaut, zählt die Wehrburg zu den eindrucksvollsten in Marokko. Eine Aussichtsterrasse gewährt einen prachtvollen Blick auf die tiefliegende Stadt, zu deren Medina eine alte Bogenbrücke über den Fluß hinüberführt.

Guter Standort für Touren in den Mittleren Atlas, auch nach **Imilchil**. Die P24 führt über Beni Mellal weiter nach Marrakech.

■ **Busse** fahren nach Marrakech, zu den Großstädten am Atlantik und nach Fès bzw. Meknès.

■ Kleine, billige **Hotels** findet man am Marktplatz in der Nähe des Busbahnhofs. **Campingplatz** außerhalb des Ortes.

Atlantikküste

Das verlockende Badeangebot marokkanischer Prospekte von 2500 km Atlantikstrand kann auf höchstens 1400 km zusammengestrichen werden, denn die spanische Westsahara ist, abgesehen von Laayoune (Club Méditerrannée), nicht für den Tourismus erschlossen. Die Marokkaner betrachten die Spanische Westsahara als Teil ihres Territoriums, doch die *Polisario* kämpft noch immer gegen die Einverleibung an. Das macht das Gebiet nicht gerade sicher, obwohl es bereisbar ist. Doch die Strände an der eigentlichen marokkanischen Atlantikküste reichen völlig aus, um jeden zufriedenzustellen. Buchten mit Steilküste oder kilometerlange Flachstrände und riesige Dünenlandschaften wechseln sich ab. Dazwischen liegen verträumte kleine Fischerorte und riesige Metropolen, Touristenorte und Campingplätze. Von den vielen Badeorten ist **Agadir** der bedeutendste für ausländische Besucher. Die Infrastruktur ist hervorragend, das Angebot reicht vom Campingplatz bis zum 5-Sterne-Luxus-Hotel, und entsprechendes gilt bezüglich Restaurants und Unterhaltungsangebot. Die Stadt wuchs außerdem zu einem ganz auf Touristenbedürfnisse zugeschnittenen Shoppingzentrum heran. Alles ist vorhanden, außer einer Altstadt: Diese wurde 1960 in wenigen Sekunden von einem fürchterlichen Erdbeben zerstört.

Leider ist die Küste bei Agadir manchmal nebelverhangen. Das bewirkt der kalte Kanarenstrom, der Sonnenhungrigen und Wasserratten dann die Laune verdirbt. Die Wassertemperatur ist selbst im Sommer niedriger als im Mittelmeer, erst im tiefen Süden fällt sie nie unter 16 Grad. Die Monate zwischen April und Oktober sind – im Gegensatz zu Anpreisungen in bunten Prospekten – als Reisezeit wenig geeignet. Sicher scheint fast jeden Tag die Sonne – von 14 bis 17 Uhr, nachdem sich der Nebel verzogen hat. An den offenen, ungeschützten Stränden spielen Brandung und Sog ein gefährliches Spiel.

Reisende, die eher auf Ausflüge und Erlebnisse erpicht sind, kommen auf ihre Kosten. Das Angebot ist vielfältig und reicht von Saharatouren bis zum Skifahren.

Zwischen Tanger und Rabat

Die Atlantikküste beginnt am **Cabo Spartel**. Vom Kap, das die Menschen des Altertums *Ampelusium* nannten, bis zum Hafen **Larache** an der Mündung des *Oued Loukkos* ist die Küste abwechselnd steil oder flach mit breiten Sandstränden, um sich dann bis zur

Mündung des *Oued Regreg* weitgehend flach fortzusetzen.

Asilah

Der Strand südlich der Stadt ist felsig und zerklüftet, im Norden befinden sich lange Sandstrände; dort auch ein halbes Dutzend Campingplätze. Die Strände sind stark von Teerklumpen verunreinigt.

Asilah, 46 km südwestlich von Tanger, wurde wie viele andere Städte Nordafrikas auf phönizischen Grundmauern errichtet. Nahebei liegen die Ruinen der Häuser römischer Kaufleute. In jüngerer Vergangenheit besetzten Portugiesen die Stadt (15. bis 16. Jh.). Sie bauten die Umwallung mit See- und Stadttoren. Zu Anfang des 20. Jh. ließ sich der arabische Freibeuter *Ahmed el Raissouni* einen gewaltigen Palast am Meer bauen. Spanische Unterstützung erhob ihn zum Sultan von Asilah, doch bald setzte man ihn wieder ab.

Bis in die heutige Zeit wurde die andalusisch wirkende Altstadt ständig renoviert und dadurch immer steriler. Gepflasterte kleine Gassen mit Eselkarrenverkehr führen zwischen kubisch weißen Häusern hindurch. Grüne und blaue, mit großen Nägeln beschlagene Holztore lassen Einblicke in schön gefliese Hausflure zu. Am südlichen Ende kann man auf zum Meer hinauslaufenden Wehrmauern spazieren gehen und den Kontrast zu den Mauern und Medinahäusern genießen. Der Palast des ehemaligen Sultans wurde in ein Kulturzentrum umgestaltet, in dem jedes Jahr im August *Moussem Culturel d'Asilah* stattfindet: ein kultureller Höhepunkt mit internationaler Bedeutung (zahlreiche Theatervorstellungen). Während dieser Zeit findet man im großen Umkreis keine freien Unterkünfte. Die Neustadt breitet sich immer weiter vom Viereck der Festungsmauern bis zu den Hügeln hinauf aus. Asilah ist schon auf 20 000 Einwohner angewachsen, aber trotzdem noch ein beschaulicher Flecken. Allerdings beginnen sich Freaks und Haschisch-Verkäufer vor der Medinamauer einzunisten – sehr zum Leidwesen der Travellers, die schon seit vielen Jahren nach Asilah kommen.

Ankunft

■ **Bus:** Der Busstopp der CTM-LN Gesellschaft liegt in der Neustadtmitte am *Bd. de la Marché Verte* (Hauptplatz).

■ **Zug:** Der Bahnhof befindet sich etwa 1 km nordöstlich der Stadt, in der Nähe des Strandes.

Unterkunft

■ **Hôtel Asilah** °, 79, Av. Hassan II, (gegenüber Medinamauer), Tel. (091)72 86. 11 Zimmer für 2 – 4 Personen.

Ein grüngetünchtes Gebäude mit einem Nähmaschinenladen im unteren Stockwerk. Der Eingang befindet sich in der Seitengasse. Die Zimmer auf der Dachterrasse sind die besseren, man hat viel Raum und einen prima Blick auf das Geschehen auf der Promenade, mit

Strassencafé unter mächtigen Eukalyptusbäumen vor der Längsmauer, wo man auch sein Frühstück bekommt.

■ **Hôtel Sahara** °, 9, Rue Tarfaya (an der Place des Nations Unies), Tel. (091)71 85. 25 DZ.
Das doppelstöckige Gebäude wirkt mit seinen schmiedeisernen Balkonbrüstungen andalusisch. Die frisch renovierten Zimmer sind einfach eingerichtet und haben ein Waschbecken. WC und DU auf dem Gang, für eine warme DU zahlt man 5 Dh. (Frühstück 13 Dh).

■ **Hôtel Al Khaima** °°°, 3 km nördlich der Stadt an der P2, zum Strand einige hundert Meter, Tel. (091)72 30 – 34, Telex 33992M. 75 DZ und 20 Suites.
Unser Tip: Vier doppelstöckige Flachhäuser mit Terrasse oder Balkon um den Pool mit Liegewiesen. Eine kleine Urlaubsoase mit guter Infrastruktur und Open-air-Disko. Vom 22. Juni bis Ende August fungiert das Hotel als Clubdorf für Leute zwischen 18 und 35 Jahren. In der Zeit zwischen Oktober und Februar bekommt man 30% Ermäßigung. Ein Frühstück kostet 23 Dh, Menu 83 Dh.

■ **Camping:** Am nördlichen Sandstrand befinden sich sechs Plätze auf ödem Gelände. Die wenigen Sanitäranlagen sind in der Saison total überlastet. Alle Plätze haben nahezu die gleiche Ausstattung, auch Hütten sind zu vermieten (30 – 40 Dh). Man baut ständig aus, so gibt es u.a. im *Camp Echrigui* auch schon eine Bar und einen kleinen Shop, andere haben ein Restaurant. Warme DU muß meist extra bezahlt

werden, außer im *Camp Al Saada*. 2 Personen mit Camper zahlen etwa 30 Dh pro Tag. Schönster, aber auch teuerster Platz ist der an den *Safari-Club* angeschlossene, zumal man die Einrichtungen des Clubdorfes mit benutzen kann.

Verschiedenes

■ **Restaurant Alcazaba,** gegenüber dem Nordtor der Medina, ist zur Zeit „in", jedoch von Drogenkonsumenten und -händlern überlaufen. Andere Restaurants liegen an der Längsseite der Medinamauer und in der Neustadt am Hauptplatz. Sie bieten nur einfaches Essen.

■ **Selbstverpfleger:** *Wochenmarkt,* jeden Dienstag auf dem Platz am Bab el Djebel, dem Haupttor in die Medina.

■ **Diskothek** im Hôtel Al Khaima und in der Neustadt am Hauptplatz.

■ **Moussem Culturel:** Findet im August statt und hat sich zu einem bedeutenden internationalen Festival gemausert. Es umfaßt Theaterveranstaltungen, Konzerte, Filmvorführungen und Kunstausstellungen. Während dieser Zeit hat man keine Chance auf ein freies Zimmer in Asilah und Umgebung.

Weiterreise

■ **Bus:** Mit CTM-LN vom Hauptplatz nach Tanger ¼ – ½stündlich von 6.30 bis 20.45 Uhr; nach Larache 7mal von 7 bis 20.30 Uhr; nach Tetouan 6.30 und 13 Uhr; nach Meknes 7.45 und 14.15 Uhr; nach Fès 6mal von 8.45 bis 18.45 Uhr; nach Kenitra 16.15 Uhr;

nach Rabat über Kenitra 9.15 und 11.15 Uhr; nach Ouezzane 9.45 und 14.45; nach Casablanca 5–8mal tgl. von 6 bis 20 Uhr.

■ **Zug:** Mehrmals täglich nach Tanger und in den Süden bis Casablanca über Sidi Kacem (dort evtl. umsteigen) und über Meknès, Fès nach Oujda.

Larache

40 km südlich von Asilah liegt Larache (50 000 Einwohner). Das Stadttor **Bab el Khemis**, inmitten der Arkaden, trennt die beiden Mittelpunkte der Neustadt (**Place de la Libération**) und der Medina (**Socco de la Alcaiceria**). Der kleine arkadenumsäumte Platz wird auch *Petit Souk* genannt. Die Medina stammt im wesentlichen aus dem 16. Jh., von Spaniern und Portugiesen erbaut. Über Gassen und Treppen erreicht man die tiefergelegenen Armenviertel. Dahinter ragen die Ruinen der spanischen Festung **Château des Cigognes** (Schloß der Störche) aus dem 17. Jh. auf, einst Schutz für die Bevölkerung, heute eine elende Abfallhalde der Armen.

Ankunft

■ **Mit eigenem Fahrzeug:** Man parkt günstig rund um den Stadtmittelpunkt, *Place de la Libération*: Dort wird das Fahrzeug von älteren Männern bewacht, die eine Messingplakette an ihren Djellabahs tragen. Es kostet nicht mehr als 1–2 Dh in der Stunde, und man ist vor Diebstahl geschützt.

■ **Bus:** Der Busbahnhof liegt etwa 500 m landeinwärts von der Place de la Libération entfernt, an der *Rue de Caire*, und kann über die Rue Mohammed Ben Abdallah erreicht werden.

■ **Zug:** Der Bahnhof **Varela Tzelata** liegt etwa 10 km landeinwärts an der Straße 8202, die nördlich des *Oued Loukos* nach *Souk Sebt des Beni Gorfet* führt.

■ **Sammeltaxis:** Die Taxistation befindet sich vor dem Busbahnhof.

Unterkunft

■ **Hôtel España** °–°°, 2, Av. Hassan II (an Place de la Libération). 70 Zimmer.

Ein unübersehbares Gebäude aus spanischer Epoche. Lange Flure, ungenutzte Salons, alles etwas heruntergekommen. Vielleicht ändert sich das, wenn der neue Besitzer das renovationsbedürftige Haus übernimmt. Dann würde sich wahrscheinlich auch der Name des Hotels ändern. Im 1. Stock befinden sich große Zimmer mit Sitzgruppe und DU oder Bad mit WC (102 Dh für 2 Pers.). Im 2. Stock muß man sich mit einem Waschbecken begnügen, WC und DU auf den Gängen, dafür zahlt man auch nur 68 Dh. Die buntgefliesten Treppenaufgänge und Flure sind mit alten Stoffgemälden geschmückt.

■ **Hôtel Riadh-Larache** °°, Rue Mohammed Ben Abdallah, Tel. (091) 26 26. 25 Zimmer.

Unser Tip: Der ehemalige Residenzpalast und das spätere Wohnhaus einer Prinzessin wurde von der Hotelkette *Kth* (Kasbah Tours) übernommen.

Das Haus liegt in einem Park hinter hohen Mauern. Man wohnt in den Palastzimmern zum Billigpreis eines 2-Sterne-Hotels, obwohl dem Haus seiner Austattung gemäß 4-Sterne-A zugeschrieben wurden. Preis, Leistung und Ambiente zusammengenommen, übertrifft dies viele Hotels in Marokko. Im gepflegten Restaurant wird man vorzüglich bedient. Man wählt zwischen den täglich neuen *Menus Touristiques* für 61 Dh und *Gastronomique* für 80 Dh. Gerichte wie z.B. Artichauts, Crevettes oder Tajine de Poulet sind sehr zu empfehlen. Ein DZ nach Wahl inkl. Frühstück kostet 145 Dh. Wer gerne in einer der zwei Suiten übernachten möchte, bezahlt 270 Dh für zwei Personen inkl. Fühstück. Die Anlage bietet einen Pool und einen Tennisplatz.

■ **Hostal Flora** °°, Tel. (091)22 50, Postbox 40, 3 km südlich von Larache an der P2.

Eine einfache Fernfahrerkneipe mit 10 schmucklosen Zimmern für 100 Dh die Nacht. Einzige Besonderheit sind die handgeschmiedeten Betten. Im Restaurant serviert man einfache, aber sehr gute marokkanische und französische Gerichte für zwischen 20 und 35 Dh. Eine Flasche Wein kostet 40, Bier 8 Dh.

■ **Camping:** *Hostal Flora* (siehe oben). Hinter dem Hostal liegt ein kleiner kreisrunder Sandplatz, der als Stellplatz für 30 Dh die Nacht vermietet wird, egal, für wieviel Personen. Er wird peinlich genau bewacht. Im Hof befindet sich ein kleiner Sanitärblock.

Essen und Trinken

Rund um die *Place de la Libération* und besonders in der *Av. Hassan II* findet man viele Cafés, Restaurants und Snackbars, letztere auch am Busbahnhof.

■ **Restaurant Tamsamane,** Place de la Libération (gegenüber Hôtel España), tgl. durchgehend geöffnet.

Das Zwei-Etagen-Restaurant mit den hübschen Stuckdecken wird hauptsächlich von marokkanischen Familien besucht. Ein Zeichen für die Qualität der zwei täglichen Menüs, die obendrein mit 25 Dh sehr preisgünstig sind.

Ausflüge/Weiterreise

■ **Bus:** CTM-LN und fünf Privatlinien unterhalten Verbindungen, z.B. nach Tanger von 8.15 bis 17 Uhr 11mal; nach Meknes 5mal; nach Fès 4mal; nach Rabat über Kenitra von 9 bis 18 Uhr 5mal; nach Ouezzane, Sidi Kacem, Tetouan und Souk el Arba 1–2mal tgl.; nach Casa 5mal tgl. von 6 bis 13 Uhr.

■ **Lixus:** Nördlich der Stadt, jenseits des breiten *Qued Loukos*, der hier in den Atlantik fließt, liegen die römischen Ruinen von Lixus. Bevor die Römer die Stadt 42 n.Chr. zu voller Blüte brachten, soll sie schon 1000 Jahre unter den Phöniziern existiert haben. *Herkules* soll hier sogar einige seiner zwölf Heldentaten vollbracht haben, die ihm auferlegt waren, um in die Hallen des Olymps eingehen zu können. Hier mußte er unter anderem den Riesen *Antäus* erwürgen und aus dem Garten der *Hesperiden* die drei goldenen

Äpfel des Lebens stehlen, die von den vier Atlastöchtern im äußersten Westen der Welt im Garten der Götter gehütet wurden.

Die Ruinen sind in der Unter- und Oberstadt teilweise freigelegt worden. Zwischen Kilometerstein 82 und 83 liegen zur Seeseite die Überreste der ehemaligen Fischfabrik, die zu den größten der antiken Welt zählte. Hier wurde die kostspielige Fischpaste *Garum* hergestellt, die weltweit zum Prestige der reichen Oberschicht gehörte. Weit rechts davon gelangt man über einen Aufgang zur Oberstadt. Bevor man den Mauerwall erreicht, gelangt man zum Amphitheater mit Thermen. Oben auf dem Hügel stand die Akropolis mit einigen Tempeln.

■ **Bademöglichkeit** nördlich der Stadt am gegenüberliegenden Flußufer. Mit einem Boot kostet die Überfahrt 1 Dh. Die Anfahrt mit dem Auto (9 km) ist jenseits der Brücke über eine schlechte Piste möglich.

■ **Ksar El Kebir**, die „große Festung", wie der arabische Name der Stadt sagt. Man erreicht den Handelsort, 36 km landeinwärts von Larache, über eine Abzweigung von der Umgehungsstraße. Die Stadt besitzt eine sehenswerte alte Medina aus dem 16. Jh. und Teile einer Almohadenmauer aus dem 12. Jh. Bedeutung erlangte sie aber erst im Jahre 1578, als das Heer des Sultans *Abd el Malek* 18 000 Soldaten unter der Führung des portugiesischen Königs *Sebastian* vernichtend schlug und damit der Herrschaft Portugals ein Ende setzte.

Vom **Socco**, den man in der Ortsmitte erreicht, lohnt sich ein Bummel durch die Gassen zu den zwei Moscheen und durch das Viertel **Bab el Oued** in Richtung Fluß. Auf der Weiterfahrt gerät man nach 6 km zur ehemaligen **Grenzstation** zwischen der spanischen und der französischen Zone. Hier sind immer noch Soldaten stationiert, die sich wie Grenzposten verhalten. Sie spekulieren auf einige Marlboros.

Kenitra

Eine der wenigen marokkanischen Städte, die nicht auf eine lange Vergangenheit zurückschauen können. Kenitra wurde erst 1913 unter französischer Verwaltung von *Marschall Lyautey* gegründet, einst als Wirtschaftszentrum des Landes geplant, später zum ungeheuren Aufschwung Casablancas zurückgebunden. Trotzdem wurde die Stadt nach der Unabhängigkeit eine wichtige Wirtschaftsmetropole, die mittlerweile 450 000 Einwohner zählt. Hier, am *Oued Sebou*, befindet sich der bedeutendste Flußhafen des Landes. Jährlich werden Hunderttausende von Tonnen Agrargüter aus dem fruchtbaren Sebou-Becken und Korkeiche aus den riesigen Wäldern des *Forêt de la Mamora* umgeschlagen.

Unterkunft

■ **Hôtel Marmora**, Av. Hassan II, großes Haus nahe der Post, mit Stadtbus 11 oder 12 erreichbar.

Ausreichend eingerichtete Zimmer. DZ ohne DU und WC ab 40 Dh. In der Umgebung findet man Cafés, Restaurants und Diskos.

■ **Camping:** *La Chenaie*, ein Touristenkomplex mit Freibad, Restaurant und großer Campingwiese unter Bäumen. Die Anlage findet man landeinwärts im Vorort *Charia Arriada*, nahe dem Bahnhof. Campmobile stehen auf Betonuntergrund, 2 Personen zahlen 20 Dh.

■ **Jugendherberge,** 22, Rue Mohammed Rharnit.

Ausflüge

Auf dem Weg nach Rabat führt die Hauptstraße der Stadt, die *Av. Mohammed V*, durch ein quadratisches Gitternetz von Straßen und wird mitten in der Stadt von der *Av. Mohammed Diouri* gekreuzt, die links zum Bahnhof und rechts zum Fluß und nach Mehdia an die Küste führt.

■ **Mehdia:** Dieser Vorort liegt 11 km westlich der Stadt an der Flußmündung und kann mit dem Bus ab Av. Mohammed Diouri oder mit den orangefarbenen Mercedes mit weißen Seitenstreifen erreicht werden. Mehdia war schon in der Vergangenheit ein militärisch umstrittener Ort; heute befindet sich dort der größte Kriegshafen Marokkos und eine US-Militärbasis. Die Amerikaner landeten während des zweiten Weltkrieges an dieser Stelle und zerstörten Teile der Kasbah, die von *Moulay Ismail* errichtet wurde und auf dem Hügel über den Fischfabriken steht. Die breiten Strände links und rechts der Flußmündung werden hauptsächlich von den Einwohnern Kenitras genutzt.

Der kleine Fischerort mit Wochenendhäusern und einigen Hotels ist etwas abgewirtschaftet und hat kaum Infrastruktur. Der **Campingplatz** *International Diafa* ist vergammelt und stinkt zum Himmel, zumindest in der Nähe der drei Sanitärblocks. Eigentlich schade, denn aus der 14 ha großen Anlage könnte etwas gemacht werden. Camper zahlen zwischen 20 und 30 Dh, und für die bunkerähnlichen Zimmer verlangt man dreist 100 Dh.

■ **Lac de Sidi Bouhaba:** So trist der Küstenabschnitt ist, so malerisch ist das Hinterland mit dem See Lac de Sidi Bouhaba inmitten einer Wald- und Buschlandschaft, an dem die Ringstraße entlangführt. Dort ist wildes *Campen* oder *Angeln* (Erlaubnis erfragen) ein Genuß.

■ **Mamora-Wald:** Im Südosten der Provinz-Hauptstadt leben Berbergruppen im 1200 qkm umfassenden Mamora-Wald, der zu den größten Eichenwäldern Marokkos zählt.

■ **Exotischer Garten:** Auf dem Weg in den Süden nach Salé fährt man an vielen Keramikständen vorbei, die hauptsächlich preisgünstige Gebrauchsgegenstände anbieten.

Badenden sei ein Abstecher zur *Plage des Nations* und Naturliebhabern ein Besuch der sehenswerten *Jardins exotiques*, eines Parks mit vielen exotischen Bäumen und Blumen beim kleinen Ort *Sidi Bouknadel*, empfohlen.

Rabat

Rabat, die letzterkorene der vier Königsstädte, ist zwar die Hauptstadt des Landes, hat aber eher den Charakter eines großen Dorfes. In ihr leben etwa 750 000 Einwohner und der König, der hier seinen Regierungssitz hat. Wie fast alle Städte des Landes teilt sie sich in Medina und Neustadt auf.

Rabats Wurzeln gehen wahrscheinlich auf phönizische Ursprünge, ganz gewiß aber auf eine römische Siedlung namens *Sala Colonia* zurück, deren Ruinen in der heutigen **Chella**, abseits der Stadt, zu besichtigen sind. Die Gründung der Hauptstadt wird auf das 10. Jh. datiert, als der muslimische Berberstamm der *Zenata* die Stadt **Salé** gründete und hier einen *Ribat* baute, woraus der heutige Name Rabat entstand. Im 11. und 12. Jh. gewannen die *Almohaden* die Oberhand, zerstörten Salé, bauten den Ribat um, und es enstand unter *Abd el Moumen* eine gewaltige Festung. Sein Enkel *Yakoub el Mansour* (1184–1199) baute sie zur Hauptstadt des Reiches aus und wollte die gewaltigste Moschee der Welt errichten. Von diesen Plänen zeugt heute der große **Hassanturm**. Doch der Herrscher starb und die unfertige Stadt mit ihm. Die neue Residenz wurde nach Marrakech verlegt.

Erst im 19. Jh. wurde Rabat wieder Königsstadt und 1912 Hauptstadt mit der Verwaltung des Landes. Seitdem entwickelte sich das „Neue Rabat" zu einer modernen Metropole mit dem Charme französischer Städte. Breite Boulevards mit hohen Palmen, Springbrunnen und imponierenden Residenzen mischen sich unter historische Gebäude. Elegante Geschäfte prägen das Gesicht der Innenstadt.

Ankunft

■ **Bus:** Busse aus dem Norden halten in Salé vor der Medina, der Busbahnhof in Rabat liegt 3 km südlich der Stadt auf dem Weg nach Casablanca.

■ **Zug:** Es gibt 3 Bahnhöfe im Bereich Rabat-Salé: in Salé (nahe Bab Fès) Richtung Kenitra; den Hauptbahnhof in der Stadtmitte Rabat (Bd. Mohammed V) und im Südwesten des Stadtteils Agdal.

■ **Flug:** Der Flugplatz liegt 10 km nordöstlich an der Straße nach Meknès. Stadtzubringer-Busse kosten 10 Dh und fahren über Salé (Busanschluß zum Busbahnhof) nach Rabat bis zum Bahnhof in der Innenstadt (Hôtel Terminus).

■ **Sammeltaxi:** vom Busbahnhof auch nach Salé (2 Dh).

■ **Stadtbusse:** Sammelstelle am Markt gegenüber der Medinamauer am Bd. Hassan II. Wichtige Linien sind Nr. 30 zum Busbahnhof; Nr. 1, 2 und 4 über den Außenstadtring zur Chellah; Nr. 6 zum Hassanturm und weiter nach Salé; Nr. 3 nach Agdal (Bahnhof); Nr. 14 von Salé am Fluß vorbei zur Kasbah.

■ **Mit eigenem Fahrzeug:** Besucher von Rabat parken günstig und ohne Gebühren auf den Parkplätzen am Fluß, an der Straße zur Kasbah.

■ **Orientierung:** In der kleinen Medina

befinden sich kaum Sehenswürdigkeiten. Sie wird von einer Almohadenmauer zur Seeseite und von einer Andalusiermauer zur Stadtseite begrenzt. Die geschäftigsten Soukgassen sind die **Rue Souika** vom Markt an der *Av. Mohammed V* bis zur **Großen Moschee**, danach nach links die **Rue des Consuls**. An der Mündung des Oued Bou Regreg steht die mächtige **Almohaden-Kasbah** des Oudaia aus dem 12. Jh. mit einem der schönsten Stadttore Marokkos, dem **Bab el Oudaia**, das unter *Jakoub el Mansour* erbaut wurde und einzigartige Reliefverzierungen aufweist. Im Innern der Kasbah ist das archäologische Museum untergebracht. Der tropisch angelegte Garten wird von hohen, zinnenbewehrten Mauern umgeben und ist ein Lieblingsort lernender Studenten.

Unterkunft

■ **Hôtel Majestic** °, 121, Av. Hassan II (gegenüber Medina und Markt), Tel. 229 97. 32 Zimmer.
In einem Häuserblock gelegen. Die Clubsessel im Aufenthaltsraum sind der ganze Stolz des Besitzers, die bescheidenen Zimmer werden vernachlässigt. Hier sind jene mit DU/WC zu empfehlen, die anderen sind muffig. Touristen gibt man 25% Ermäßigung.
■ **Hôtel Gaulois** °, 1, Angle Zankat Hims (an der Av. Mohammed V, Tel. 230 22 und 305 73. 58 Zimmer. (Gegenüber dem modernen Hochhauskomplex Centre Commercial.)
Ruhiges 3-Etagen-Haus mit hübscher Einrichtung in der Empfangshalle.

Hell und freundlich eingerichtete Zimmer, teils mit DU, Waschbecken haben alle. Günstig zur 150 m entfernten Medina gelegen.
■ **Hôtel Splendid** °°, 24, Angle Zenkat Ghazza (Seitenstraße der Av. Mohammed V, mit der Medina im Rücken auf der linken Seite, vor Hôtel Balima), Tel. 232 83. 41 Zimmer.
Unser Tip: Ein maurisch gekachelter Halbrundbogen führt in das Doppelhaus. Der idyllische Innenhof mit Palmen- und Bananenbäumen trennt Hotel und Restaurant. Das Frühstück (15 Dh) und Essen (ab 30 Dh) kann man sich im Hof servieren lassen. Über eine Marmortreppe erreicht man die gut eingerichteten und sauberen Zimmer, selbst Sessel und Schreibtisch sind vorhanden. Alle Zimmer haben DU, wenige auch WC. Der Aufenthaltsraum ist allerdings kein Aushängeschild.
■ **Hôtel Balima** °°, Av. Mohammed V, Tel. 677 55 und 679 67 und 686 25. 71 DZ.
Unser zweiter Tip: Von außen ein häßlicher Betonklotz an der palmenbestandenen Promenade, unübersehbar mit einem riesigen Durchgangstor in der Mitte zur hinteren Straße. Doch innen entsprechen die Ausstattungen der Räumlichkeiten einem ehemaligen Spitzenhotel, auch wenn hier und da der Putz abblättert. Das kümmert die Besucher wenig, denn bis heute ist hier der Treff Nr. 1, ob nun tagsüber auf der Terrasse bei einem Tee oder nachts im Nachtclub beim Whisky. Die großen, rotausgelegten Zimmer mit modernem

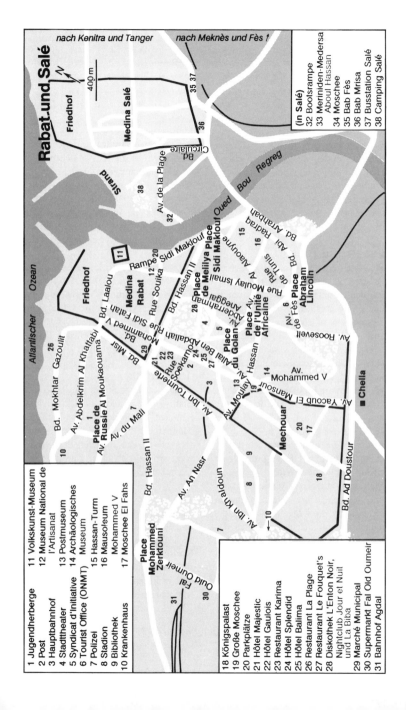

Rabat und Salé

nach Kenitra und Tanger   *nach Meknès und Fès ↑*

400 m

Atlantischer Ozean

Friedhof

Medina Salé

Strand

Oued Bou Regreg

Bd. Circulaire

Av. de la Plage

Friedhof

Medina Rabat

Rampe Sidi Maklouf

Place Sidi Maklouf

Place de Melilya

Place de l'Unité Africaine

Place du Golan

Place Abraham Lincoln

Bd. Mohammed V
Bd. Misr
Bd. Laalou
Bd. Hassan II
Rue Souika
Rue Sidi Fatah
Rue Al Moukaouama
Av. Abdelkrim Al Khattabi
Bd. Mokhtar Gazouili
Rue Moulay Ismail
Av. Moulay Rachid
Rue de Tunis
Av. Abi Arrahman
Bd. Abdelrahman Anegaai
Alal ben Abdallah
Soekarno
Rue
Av. Ibn Toumerte
Av. Moulay Hassan
Av. Yacoub El Mansour
Av. Mohammed V
Av. de Fès
Av. Roosevelt
Av. Ad Doustour
Av. du Mali
Bd. Hassan II
Av. An Nasr
Av. Ibn Khaldoun
Fal Ould Oumeir

Place de Russie
Place du Golan

Mechouar

■ Chella

Place Mohammed Zerktouni

1 Jugendherberge	11 Volkskunst-Museum
2 Post	12 Museum National de l'Artisanat
3 Hauptbahnhof	13 Postmuseum
4 Stadttheater	14 Archäologisches Museum
5 Syndicat d'Initiative	15 Hassan-Turm
6 Tourist Office (ONMT)	16 Mausoleum Mohammed V
7 Polizei	17 Moschee El Fahs
8 Stadion	
9 Bibliothek	
10 Krankenhaus	

18 Königspalast	
19 Große Moschee	
20 Parkplätze	
21 Hôtel Majestic	
22 Hôtel Gaulois	
23 Restaurant Karima	
24 Hôtel Splendid	
25 Hôtel Balima	
26 Restaurant La Plage	
27 Restaurant Le Fouquet's	
28 Diskothek L'Enton Noir, Nightclub Jour et Nuit und La Biba	
29 Marché Municipal	
30 Supermarkt Fal Old Oumeir	
31 Bahnhof Agdal	

(in Salé)

32 Bootsrampe	
33 Meriniden-Medersa Abou! Hassan	
34 Moschee	
35 Bab Fès	
36 Bab Mrisa	
37 Busstation Salé	
38 Camping Salé	

Kachelbad haben zudem Clubsessel, Schreibtisch und Heizung. Auf Wunsch Essen aufs Zimmer. Wem es vergönnt ist, in der 5. Etage zu wohnen, hat zudem eine fantastische Stadtübersicht. (DZ 200 Dh.)

■ **Jugendherberge,** 43, Rue Marassa (ziemlich in der Mitte zwischen Bab el Had und Bab el Alou auf der anderen Straßenseite, vom Bd. Misr abzweigend). Sauberes und sehr gut ausgestattetes Haus.

■ **Camping:** Siehe Salé.

Essen und Trinken

■ **Restaurant Karima,** neben Hôtel Gaulois, tgl. 7−23 Uhr geöffnet.

Empfehlenswertes Haus mit sauberer und preiswerter Küche. Man ist besonders auf alle Arten Tajine spezialisiert, aber auch Gegrilltes, z.B. Entrecôte oder Fischfilet de Merlan, ist gut (35−40 Dh). Alkohol gibt's nicht; Cola, Wasser, Tee (3 Dh).

■ **Restaurant La Plage,** Bd. Mokhtar Gazoulit (ca. 500 m von der Kasbah am Atlantik), tgl. 12.30−15 und 19.30−23 Uhr geöffnet.

Dort, wo die Küste in schroffe Felsen übergeht, wird das Haus seitlich von einem Wellenbrechersteg geschützt. Man sitzt auf einer Aussichtsterrasse und betrachtet bei einem exquisiten Fischgericht die Urgewalt der See, die manchmal mit mächtigen Wellen das Ufer attackiert. Ein gutes Ablenkungsmanöver für das Überreichen der Rechnung, die bis zu 100 Dh betragen kann (es sind aber auch kleine Gerichte für 40 Dh zu haben).

■ **Restaurant Le Fouquet's,** Bd. Mohammed V (direkt schräg gegenüber vom Hauptbahnhof in einer Passage), täglich 12.30−15 und 19.30−23 Uhr geöffnet.

Man erkennt das zweistöckige Restaurant an den markanten Holzstreben, die sich quer über die Fenster ziehen. Hier ist man ganz auf Fisch spezialisiert, für Auge und Gaumen in bester Manier serviert (40−100 Dh). Nicht billig, aber das Geld wert. Außerdem serviert man die Gerichte innerhalb eines Menus zu 60 Dh, was besseren Gegenwert bedeutet.

■ **Selbstverpfleger:** *Supermarkt,* Fal Old Oumeir (nahe Bahnhof in Agdal). Ein großer Komplex, etwas von der Straße zurückgelegen, mit Eßwaren aller Art, Alkohol und Haushaltsgeräten. *Marché Municipal,* Bd. Hassan II (Ekke Medina am Bab el Had).

Treffpunkte

■ Die **Cafés** rund um die Plätze der Stadt und vor allem in der Av. Mohammed V sind der tägliche Treff der Männer der Stadt. Doch am Abend werden von den Jüngeren Bars bevorzugt, wo sie sich unter Europäer mischen können, die ihre Frauen mitbringen.

■ Einer dieser Treffs ist das schon erwähnte **Hôtel Balima** (Bar, Nightclub und Terrasse am Gehweg). Seine Terrasse liegt im optisch schönsten Teil der Stadt, dort, wo efeuumschlungene Palmen wie Säulen in den Himmel ragen und Springbrunnen plätschern. Ein Menschenmeer vom Treppenaufgang

Einst konnte man die 44 m des Hassan-Turms mit dem Pferd hochreiten. ▶

bis in den Nightclub, der um 22 Uhr öffnet und bis morgens um 4 Highlife bietet. Bis zur Türöffnung hat man Zeit, sich auf der Terrasse oder im Restaurant ein delikates Gericht munden zu lassen: *Filet Grillé Béauaise* (40 Dh); *Filet de Soles au Vermouth* (46 Dh); oder ein täglich wechselndes Menu für 83 Dh.

■ Die meisten **Nachtclubs** findet man um die *Place Mélilya*, neben dem großen Park *Jardins Triangle de Vue* an der Medina. Zum Beispiel Diskothek L'Enton Noir, Nightclub Jour et Nuit, Nightclub La Biba.

Rundgang

Zu den Sehenwürdigkeiten der Stadt gehören der 44 m hohe **Hassanturm**, dessen Großartigkeit, aus der Nähe betrachtet, relativiert wird, zumal er mittlerweile nicht mehr bestiegen werden kann. Einst konnte man mit dem Pferd hinaufreiten. Vom Turm gelangt man über den großen Platz der Säulen zum schönsten und prächtigsten Bauwerk neuester Zeit, zum **Mausoleum Mohammed V.**, des 1961 verstorbenen Vaters des jetzigen Königs. Der Eintritt ist frei, man gelangt auf eine hochgelegene viereckige Ballustrade, die den Blick hinunter zur Grabkammer mit dem Sarkophag aus Carrara-Marmor freigibt. Einige rot uniformierte Grabwächter geben gegen Trinkgeld gerne Auskunft. Die Grabkammer ist harmonisch gestaltet und reich mit Mamorplatten aus aller Welt, einem immens großen Kronleuchter aus Bronze und vielen anderen Details aus Gold ausgestattet. Der gesamte Gebäudekomplex

enthält zudem eine Moschee und ein kleines Museum, das die Lebensgeschichte des verstorbenen Herrschers illustriert.

Fährt man auf der Umgehungsstraße ca. 2 km weiter, erreicht man linker Hand die Auffahrt zur **Chellah**, einer Totenstadt der *Meriniden* aus dem 13.–14. Jh., die auf der römischen Siedlung *Sale Colonia* aufgebaut wurde. Das Gelände senkt sich hinter der Almohadenmauer mit dem monumentalen Eingangstor zu den Ruinen der Meriniden-Nekropole hinunter. In ihr befinden sich u.a. die Gräber des „schwarzen Sultans" *Abu el Hassan* und seiner Frau, eine Moschee, eine Medersa, ein Minarett und ein Brunnen. Auf der danebenliegenden Grabkuppel nisten Störche, dahinter liegt eine Quelle, in der heilige Aale hausen sollen. Seitlich der Grabstätten befindet sich ein schöner Garten mit Blumen und Gemüse.

Weiter auf der Umgehungsstraße gelangt man rechts durch den Mauerdurchbruch zum **Königspalast**, dessen Vorderfront vom riesigen Versammlungsplatz *(Mechouar)* aus zu besichtigen ist. Gegenüber liegt die **Sunna-Moschee** mit Parkplatz dahinter. Seitlich des verschachtelten Palastes das Gelände der Universität. Alle zwei Stunden wechselt die Palastwache, ein farbenfrohes Schauspiel. Vor dem Prunktor des Palastes, der **Porte des Ambassadeurs** (Tor der Botschafter), stehen die Negerwachen wie ehemals beim Sklavenschinder *Moulay Ismail.*

Der Weg in die Stadt zurück führt über die breite Av. Mohammed V, die vor oder hinter der Medina nach rechts zum Fluß auf die Rampe *Sidi Maklouf* führt oder links nach Casablanca. Die beschriebene Tour sollte unbedingt mit eigenem Fahrzeug oder Bus unternommen werden, weil die Besichtigungspunkte weit auseinander liegen.

Museen

Allgemeine Öffnungszeiten 8.30 – 12 und 15 – 18.30 Uhr, Eintritt 3 Dh.

■ **Volkskunst-Museum:** Zugang vom Garten im Innenhof der Kasbah des Oudaias. Der Hof ist für jedermann frei zugänglich, einige Typen lungern an den Toren herum und behaupten das Gegenteil: einfach sanft lächelnd beiseite schieben. Das Museum enthält eine Sammlung aus prähistorischer, punischer und römischer Zeit. Ein Berberzelt mit allen Details veranschaulicht das Leben der Nomaden.

■ **Museum National de l'Artisanat:** 6, Rue el Marsa, Gegenüber vom Fluß an der Medina, auf dem Weg zur Kasbah. Kunstwerke aus verschiedenen Landesteilen und Völkergruppen. U.a. Holzschnitzereien, Teppiche, Keramiken. Ein Besuch des gegenüberliegenden *Ensemble Artisanal* empfiehlt sich für potentielle Käufer, denn dort sind Kunsthandwerke käuflich zu erwerben und mit Fixpreisen versehen (auch als Preisorientierung nützlich).

■ **Archäologisches Museum:** 23, Rue el Brihi, an der großen Moschee nahe Königsgelände. Wenn man nicht bis in die Wüste fahren möchte, um prähistorische Felszeichnungen an Ort und Stelle zu besichtigen, kann man es hier in diesem Nationalmuseum tun. Außerdem zeigt man Funde aus der Steinzeit und aus der römischen Epoche. Besonders Saal 2 ist sehenswert: ein Bodenmosaik, in Volubilis gefunden, Statuen und Vitrinen voller Grabbeilagen. Im Innenhof und durch den Garten zum 2. Gebäude trifft man auf gravierte Steine der Urbewohner und Marmorkapitelle aus römischer Zeit. Im 2. Gebäude Bronzeplastiken von römischen Hoheits- und Götterpersonen aus Volubilis.

Verschiedenes

■ **Krankenhaus/Arzt:** Hôpital Ibnou Sina, Tel. 744 11 und 731 94.

■ **Moussem:** Laternenfest in Salé (s.u.), am Vorabend des Mouled-Tages (Geburtstag des Propheten), und das Osterfest der Juden.

■ **Tourist-Office (ONMT),** 22, Rue d'Alger (nahe Place Abraham Lincoln), Tel. 212 52 – 54.

■ **Syndicat d'Initiative,** Rue Patrice Lumumba (nahe Stadttheater), Tel. 232 72.

■ **Royal Air Maroc,** Av. Mohammed V, Tel. 322 96.

■ **Post,** Av. Mohammed V.

■ **Polizei,** ex Place Pietri, Tel. 202 31, **Notruf 19.**

Weiterreise

■ **Bus:** CTM und Privatlinien teilen sich den modernen Busbahnhof an der Ausfallstraße nach Casablanca an der Av. Hassan II, etwa 2 – 3 km vom Bab el Had (Medina) entfernt. Nahe Bab el Had auch Stadtbusse zum Busbahnhof

(Nr. 26 und 30). Für Busse Richtung Norden auch Busstopp in Salé vor der Medinamauer beim Bab Fès. Auskunft Tel. 751 24.

■ **Zug:** O.N.C.F-Bahnhöfe: Stadtmitte am Bd. Mohammed V und im südlichen Stadtteil Agdal. Train Navett Rapide (TNR) pendelt als Schnellzug zwischen Rabat und Casablanca (Gare du Port), etwa 20 Dh. Weitere Verbindungen, auch ab Bahnhof Salé, über Sidi Kacem, entweder nach Meknès, Fes und Oujda, oder nach Tanger. Einige Preisbeispiele für die 2. Klasse: Tétouan 73,50 Dh; Nador 139 Dh; Beni Mellal 70,50 Dh. Auch Zug-Bus-Verbindung der Eisenbahngesellschaft nach Agadir 128 Dh, Tiznit 149, Guelmine 172,50, Tan-Tan 199, Tarfaya 256,50 und Laayoune 281 Dh.

■ **Flug:** Alle Flüge gehen über Casablanca. Täglich außer samstags um 17.25 Uhr. (Anschlüsse in andere Städte siehe ab Casablanca.) Auskunft: RAM, Av. Mohammed V, Tel. 697 10.

■ **Mit eigenem Fahrzeug:** Nordöstlich von Rabat und des Oued Bou Regreg führt die P1 nach Meknès, Fès und weiter nach Oujda. Über die südliche Umgehung, am Hassanturm vorbei, gelangt man auf die P32 nach Oued Zem ins Landesinnere. Auf der Straße gibt es Abzweigungen auf die P22 und zur Küstenstraße P1 nach Casablanca, besser zu finden, wenn man über die Brücke zwischen Salé und Rabat gleich rechts zur Kasbah und immer am Meer entlang fährt.

Salé

Bevor man die nominelle Hauptstadt des Landes, Rabat, erreicht, gelangt man in die Stadt Salé, die durch den Fluß *Oued Bou Regreg* von Rabat getrennt ist. Obwohl sie zur Großpräfektur (Provinz) Rabat gehört, hat sie mit ihren 200 000 Einwohnern eine eigenständige Verwaltung und blickt auf eine bewegte Vergangenheit bis ins 10. Jh. zurück, als die *Zeneten* den Ort besiedelten. Im Mittelalter wuchs die Stadt zum wichtigsten Hafen an der Westküste heran und wurde später von Seeräubern beherrscht, die Sklavenhändlern Vorschub leisteten. Heute geht es draußen vor der großen Medinamauer, wo der massige Autoverkehr über die Brücke *Point Hassan II* nach Rabat hinüberrollt, recht hektisch zu. Doch drinnen in der Medina erscheint dem Fremden die Atmosphäre wie vor vielen hundert Jahren. Man schätzt den Tourismus nicht, man geht ihm aus dem Weg. Neugierig allein die Kinder und träge einige Jugendliche, die vielleicht schon etwas vom großen *guide*-Geschäft in den Königsstädten gehört haben.

■ **Camping Salé,** Ein trister, großer Platz, der mit Zementmauern eingefaßt und mit einem brauchbaren Sanitärblock versehen wurde. 2 Camper mit Auto zahlen 30 Dh. Der Platz liegt zwischen Medina und Fluß, nahe der Flußmündung und dessen Sandstrand. Gegenüber liegt Rabat und inspiriert mit seiner *Kasbah des Oudaia* die Gedanken an Seeräuber vergangener Tage und den Beginn der abenteuerlichen Geschichte des Robinson Crusoe, den der Schriftsteller Daniel Defoe von hier in sein Inselparadies starten ließ.

Am Ende der *Av. de la Plage* ist eine kleine Bootsrampe, für Fährboote nach Rabat.

■ In der verwinkelten Altstadt gibt es bis auf das Stadttor **Bab Mrisa**, das in die *Mellah* führt (letztes Tor auf dem Weg zur Brücke), und die Meriniden-Medersa Aboul Hassan in der Rue de la Grande, nur verschlossene Sehenswürdigkeiten. Hinter der Moschee erstreckt sich der Friedhof zum Meer hinunter. In der Nähe liegen die **Marabouts** (Heiligengräber) von *Sidi Abdallah Ben Hassoun* und *Sidi Ahmed Ben Achir*, die am Vorabend des *Mouled*-Tages (Geburtstag des Propheten) Schauplatz eines bedeutenden Laternenfestes sind. Lohnend auch die Sicht von der Aussichtsplattform der **Kasbah**. Große Freude macht das Umherschweifen durch die alten Souks der Medina. Überall eröffnen sich neue Perspektiven: Gemüsestände wechseln mit Gewürzmärkten und Trödelmärkte mit Fischhallen. Zur Sklavenzeit wurden die Menschen auf dem heutigen **Souk el Kebir** angeboten und verkauft. Der belebte Platz liegt ungefähr in der Mitte der Medina, vom Bab Fès an der Busstation über die Rue Souika zu erreichen. Während der Ramadan-Zeit gart man vielerorts die begehrte *Harrira*-Suppe, das billigste Essen in der Stadt: 1 Dh pro Kelle. Das Reisgemisch mit Linsen oder Erbsen wird kräftig gewürzt und mit allerlei Zutaten angereichert. Es vergeht sahnig auf der Zunge, liegt aber mitunter schwer im Magen (besser eigenes Geschirr mitbringen).

■ Die **Meriniden-Medersa Aboul Hassan** vor der großen Almohaden-Moschee ist die herausragende Sehenswürdigkeit von Salé und stammt aus den 14. Jh. Ehemals eine theologische Hochschule, heute ein historisches Monument, das man für 3 Dh besichtigen darf. Man betritt die Medersa durch ein reichgeschnitztes Holzportal und kommt nacheinander in zwei Innenhöfe, die zum Himmel sind. Über zwei Etagen, in denen sich die ehemaligen Zellen der Schüler befinden, kommt man zum Dach hinauf. Direkt daneben das Minarett der Moschee. Man genießt einen umfassenden Blick auf Salé und vor allem hinüber nach Rabat mit seiner Kasbah hoch über der Flußmündung des Bou Regreg, der im Mittleren Atlas entspringt.

Die Meseta

Südlich des Flusses *Bou Regreg* erstreckt sich die marokkanische *Meseta*, so genannt wegen ihrer Ähnlichkeit mit der spanischen Meseta. Indessen ist ihre Höhe bescheidener, in den Küstenregionen zwischen 150 und 200 m, in der inneren Zone zwischen 700 und 900 m. Es handelt sich um eine kristalline Rumpfebene, die unter einem mehr oder weniger dicken Sedimentmantel liegt und zum Meer hin von einem Streifen mit jungen Dünen gesäumt ist.

Der nördlichste Teil der Meseta zwischen dem Bou Regreg und Oum er-Rbia umfaßt die Ebene der **Chaouia**, einer Küstenleiste von etwa 20 km Breite, die aus kalziumphosphatreichen Sanden aufgebaut ist. Die **Outa**, die Ebenenzone, die über etwa 30 km ins Hinterland reicht, besteht dagegen aus Tonen, die reich an Pottasche, Stickstoff und aus phosphorhaltigen Sanden sind. Es folgt dann die höhere Zone, die das Hochland des **Ouled Abdoun** umfaßt: reich an Phosphatschichten, die durchschnittlich 1,80 m mächtig sind und etwa 40 m tief in Sandstein liegen. Weiter im Innern dehnt sich das Hochland **Tadla** aus. Es neigt sich leicht zum Tal des Oum er-Rbia und wird vom Mittleren Atlas überragt.

Auf dem linken Ufer des Oum er-Rbia beginnt in der Küstenebene das Land der *Doukkala*. In dieser fruchtbaren und reichbebauten Gegend stehen einheimische Betriebe neben modernen, von den Europäern eingerichteten. Weiter zurück dehnt sich die Landschaft **Haouz** um Marrakech aus, eine eintönige, weite Ebene, die kaum zu einem Drittel bebaubar ist. Die kleine Kette des **Djebilet** mit 1057 m als größter Erhebung, die als westlichste Verzweigung des Mittleren Atlas gilt, durchbricht die Ebene. Sowohl die Hänge des Djebilet wie auch die Ebene des Haouz werden von Bergbächen durchzogen.

Von Rabat nach Casablanca führen gleich mehrere parallel verlaufende Straßen, darunter die einzige Autobahn des Landes. Besser man meidet sie und fährt westlich von ihr, so nahe wie möglich an den Stränden auf der S222. *Temara-Plage* ist der populärste Strand bei den Einheimischen, mit großem Campingplatz und einigen Restaurants. Weitere Strandabschnitte folgen bis Mohammedia, meist über Stichstraßen erreichbar. Die Badeorte sind hauptsächlich Wochenend- und Ferienziele der Städter.

Mohammedia

Die Stadt hat ca. 70 000 Einwohner und besitzt ein **Casino**, daneben das komfortable **Hôtel Miramar**. Ein etwa 5 km langer Strand zieht sich vor der Bucht **Fedala** zwischen Hafen und der nördlichen Landzunge mit Leuchtturm hin. Außer einigen schönen Parks bietet die Stadt keine Sehenswürdigkeiten. Sie wurde von den Franzosen als Industriezentrum mit Hafen ausgebaut.

Der Mannesmannstrand, nach dem deutschen Unternehmen benannt, ist eigentlich der einzige, der auch von ausländischen Touristen besucht wird. Er ist vielleicht durch den **Campingplatz Loran** – auch Loran ist ein ehemaliger Deutscher – bekannt geworden. Es handelt sich dabei um einen Herrensitz etwa 5 km nördlich von Mohammedia, der mittlerweile zu einem Bungalowdorf ausgebaut wurde, an das der große Campingplatz angrenzt. Entgegen anderer Beschreibungen liegt die Anlage nicht mehr am Strand, weil ein breiter Gürtel zwischen Campingplatz und Meer von Einheimischen bebaut wurde. Der sichelförmige Strand ist nicht der sauberste. Der von Loran mustergültig und liebevoll aufgebaute Campingplatz mit vielen exotischen Gewächsen ist leider von anderen Besitzern heruntergewirtschaftet worden. Ein neuer Besitzer ließ neue Sanitärblocks bauen und bemüht sich, wieder Ordnung zu schaffen. 2 Personen 20 Dh, warme DU 5 Dh, ganzjährig geöffnet. Die 23 sehr schönen Bungalows mit eigenem Gärtchen werden je nach Saison zwischen 150 und 170 Dh vermietet (Monatspreis 2500 Dh).

Gute Verbindung von Casablanca: Züge etwa ½stündlich und Bus Nr. 900 nach Mohammedia. Weitere Busse ab Camping Bernoussi: Bus Nr. 06 und Nr. 800.

Casablanca

Kilometerlange Fabrik- und riesige Hafenanlagen säumen die Straße, die Mohammedia mit Casablanca verbindet. Kommt man über die Autobahn in die Stadt, drücken die Armenviertel, die *Bidonvilles* (Kanisterstädte) aufs Gemüt. Wer möchte, kann die 2,5-Millionen-Stadt buchstäblich links liegenlassen, indem er direkt auf den Hafenboulevards zu den südlichen Bädern fährt. Wer allerdings erzählen möchte, in Casablanca gewesen zu sein, der muß sich am modernen, mit Geschäftspassagen und Restaurants ausgebauten Hafenbahnhof (*Gare du Port* und *Centre 2000*) links orientieren und wird über den Bd. Mohammed el Hansali, entlang der Medinamauer, auf die moderne Place Mohammed V treffen. Die halbrunde Glaskuppel in der Mitte des Platzes wirft Licht in die unterirdischen Fußgängerzonen, die in alle Richtungen verzweigen. Beste Parkmöglichkeiten findet man, wenn man sich am Kreisel rechts hält und um den Markt vor der Medinamauer herumfährt. Oder auf den großen, bewachten Parkplätzen hinter dem hypermodernen Hôtel Hyatt Regency. In diesem befindet sich die Bar „Casablanca", die ein bißchen mit dem Kultfilm kokettiert.

Kaum eine Stadt genoß je einen schnelleren Aufschwung als *Casa*, wie sie heute überall genannt wird. In kurzer Zeit verhundertfachte sich die Einwohnerzahl. Nach vielen Zerstörungen

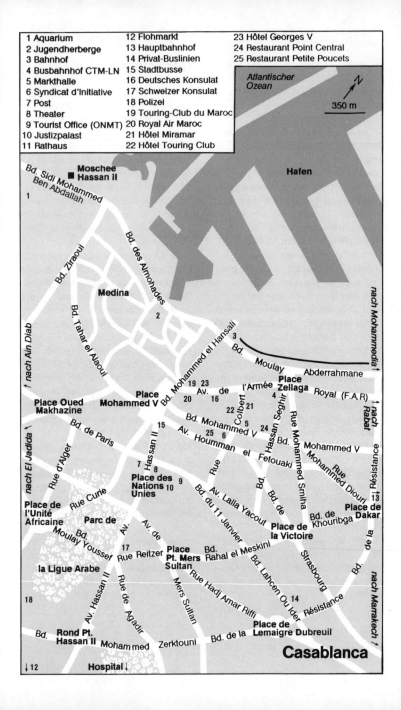

zwischen dem 12. und 18. Jh. war es *Sultan Mohammed Ben Abdallah*, der 1757 die Stadt unter dem Namen *Dar el Beida* neu aufbauen ließ. Erst als 1907 französische Truppen landeten und nach dem 1. Weltkrieg wurde der Hafen ausgebaut wurde, ging es voran. Die Stadt wuchs bis 1943 von 1000 auf 25 000 Einwohner, hauptsächlich als Folge der neuen Arbeitsplätze, die zur Ausfuhr der in der *Khouriga-Mine* abgebauten Phosphate geschaffen wurden. Nachdem im 2. Weltkrieg die Alliierten gelandet waren, wurde der Hafen auch als Kriegshafen ausgebaut. Danach waren es zunächst waren es Franzosen, später mittellose Marokkaner vom Land, die Arbeit in der Stadt suchten. Neben den berüchtigten Slums entstand eine moderne Wirtschaftsmetropole in der Innenstadt. Der Hafen wurde größter Nordafrikas. Über 50% aller Industrieanlagen Marokkos stehen heute im Bereich der Stadt. Selbst im Hotelwesen verzeichnet die Stadt mehr Übernachtungen als jede andere marokkanische, was allerdings auf Besuche von Geschäftsleuten und einheimischen Touristen zurückzuführen ist. Erholungssuchende findet man nur auf der Durchfahrt.

Ankunft

■ **Bus CTM-LN:** An der Place Zellaga an der Av. F.A.R. (nahe Zentrum). Modernes Gebäude mit Ankunft- und Abfahrthallen, Restaurants, Autovermietung etc. Informationen in mehreren Sprachen.

■ **Bus Privatlinien:** 1½ km vom Stadt-zentrum am Bd. Lahcen Ou Ider, etwa 100 m vor der Kreuzung Bd. de la Résistance an der linken Seite (auch Bushalt der Linie 6 von Place Mohammed V).

■ **Zug:** *Gare du Port*, am Hafen vor der Medina. *Gare des Voyageurs*, Tel. 24 58 01, ein zweiter Bahnhof, etwa 2 km nordöstlich vom Zentrum an der Place Pierre Sémard (Busstopp der Linie 2 ab Place Mohammed V).

■ **Flug:** Der Flughafen Mohammed V, liegt 33 km südöstlich der Stadt. Ein Bus pendelt halbstündlich bis stündlich von 5 bis 23 Uhr zwischen Flughafen und der Rückseite des CTM-Bahnhofs (20 Dh). Einige Zubringer auch direkt nach Rabat (50 Dh).

■ **Taxi:** *Petits Taxis* an allen Bahnhöfen der Stadt; *Grands Taxis* an den beiden Fernbus-Bahnhöfen.

■ **Stadtbusse:** Ab Place Mohammed V Nr. 9 fährt in die südlichen Badeorte Anfa und Ain Diab. Nr. 11 zum Schwimmbad.

■ **Schiffverbindungen**: Fährverbindung nach England und Portugal mit *Normandy Ferries*, 28, Rue de Lille. Infos über andere Verbindungen auch bei den Touristenbüros. Nach Sète in Frankreich über Tanger: Comanav, 43, Av. des F.A.R., Tel. 31 20 50.

Unterkunft

■ **Hôtel Miramar** °, 22, Rue Léon l'Africain (50 m vom CTM-Busbahnhof), Tel. (03)31 03 08. 58 Zimmer. Schönes 4stöckiges Eckhaus mit Dachterasse, neben dem Luxushotel Sheraton. Vom Verhältnis Preis/Ausstattung gut in Casa (DZ 52 Dh). Betten aus Blechgestell, Spülstein, Tisch und BD im Raum okay. Die heiße Etagendusche kostet 3 Dh extra. Das Haus besitzt ein einfaches Restaurant. In der Umgebung weitere Billighotels, Restaurants und Reisebüros. Zum Zentrum etwa 200 m.

■ **Hôtel Touring Club** °, 87, Rue Allal Ben Abdallah (Seitenstraße der Rue Colbert, nahe CTM-Busbahnhof), Tel. 31 02 16. 68 Zimmer.

Gutes Haus mit hellen, großen Zimmern mit Spülstein und BD, entweder ruhig zum Innenhof oder nach außen gelegen. Vor den Fenstern schmiedeeiserne Brüstungen. WC und DU auf den Fluren. Viele algerische Touristen. Neben dem Hotel ein kleines Restaurant. Frühstück 14 Dh; Gerichte ab 20 Dh.

■ **Hôtel Georges V** °°, Rue Sidi Belyout, zwischen Hafen und Place Mohammed V linkerhand.

Großes Gebäude aus der Kolonialzeit. Gutes Standardhotel mit 3 Kategorien. Zimmer allerdings sehr laut. Weitere 3–4-Sterne-Hotels in der Umgebung.

■ **Jugendherberge,** 6, Place Admiral Philibert (in der Medina an der Hafenseite am Bd. des Almohades).

Großes und sauberes Haus.

■ **Camping:** Nur wildes Campen möglich und erlaubt südlich von Ain Diab in der Dünenlandschaft. Für Caravan-Fahrer dort große Parkplätze. Am Wochenende allerdings sehr überlaufen. Der nächste Campingplatz liegt bei Dar Bouazza (16 km) und 5 km weiter bei Tamaris in Richtung El Jadida. Die Plätze liegen ummauert mitten in

der Landschaft und 500 m vom Strand entfernt. Richtung Marrakech bzw. Flugplatz Camping Oasis, etwa 10 km bis zum Meer.

Essen und Trinken

■ **Restaurant Point Central,** bei der Markthalle nahe CTM-Busbahnhof.

Es wirkt zwar etwas schmuddelig, ist aber populär, weil das Essen gut und preiswert ist. Ein Tajine oder gegrillter Fisch ab 20 Dh sind zu empfehlen.

■ **Restaurant Petit Poucet,** 86, Bd. Mohammed V. In der Passage, ca. 200 m von der Place Mohammed V kommend, auf der rechten Seite.

Hinter der Eingangstür fällt eine Glasdecke mit verschlungenen Ornamenten ins Auge. Gedämpfte Atmosphäre und dezente Bedienung bei leckeren Fleisch- und Fischgerichten zwischen 45 und 60 Dh. Jeden Tag bringt man unterschiedliche Menus für 60 Dh auf den Tisch.

Sehenswert

Gegenüber dem Komplex des Hyatt mit seiner undekorativen rotbraunen Farbe, die der „weißen Stadt" zumindest farblich nicht gerecht wird, liegt der Hauptzugang der **alten Medina**. Sie entstand erst Ende des 18. Jh. und kann keine besonderen Sehenswürdigkeiten vorweisen. Größter Anziehungspunkt ist der **Markt** an der *Place Marrakech*, den man ebenfalls von der Ringstraße *Bd. Tahar el Alaoui* erreicht. Wegen der enormen Zuwanderung mußte in den 20er Jahren eine weitere Medina (**Nouvelle Medina**) gebaut werden. Sie befindet sich weit östlich der alten und kann mit dem Bus Nr. 6 erreicht werden. Obwohl von den Franzosen erbaut, findet man dort ausgezeichnete Bauwerke im traditionellen maurischen Stil. Die beiden Moscheen der neuen Medina (**Moulay Youssef** und **Sidi Mohammed**) spiegeln die sakrale Bauweise der Almohaden wieder. Ein schönes Beispiel variantenreicher islamischer Kunst bietet das **Mahakma**, einst Residenz des Paschas, heute teils Gerichtshof, teils Residenz. Verschiedene Räume können besichtigt werden. Man findet den Palast am *Bd. Victor Hugo*, der rechts von der Route de Mediouna (auch Ausfallstraße Richtung Marrakech) abzweigt.

Auf der Hauptgeschäftsstraße **Bd. Mohammed V** gelangt man in Richtung Rabat auch zum Hauptbahnhof (*Gare des Voyageurs*). Dabei erreicht man unweit hinter dem Platz Mohammed V auf der rechten Seite, vor der Abzweigung der Rue Colbert, das **Syndicat d'Initiative**. Es hält brauchbare Stadtkarten bereit. Hinter der Kreuzung liegt links der **Marché Central**. Will man zum Busbahnhof **Gare Routière des CTM**, muß man bis zur Kreuzung Bd. Hassan Seghir und dieser nach links zur Place Zellaga.

Will man in die Innenstadt, hält man sich gleich zu Anfang des Bd. Mohammed V nach rechts durch die *Av. Moulay Abdallah* und trifft bald auf die moderne Fußgängerzone mit teuren Geschäften und vielen Cafés. Oder man benutzt die andere Innenstadtader, die **Av. Hassan II**. Dafür eignet

sich die Mittagspause der Städter, die dann die grünflächigen Parkanlagen mit Springbrunnen an der **Place des Nations Unies** belagern. Von vielen Plätzen der Stadt ist er der schönste, zumal er von den palastartigen Gebäuden der Stadtverwaltung, des Gerichts, der Polizei, des Theaters und der Hauptpost umgeben wird. Eine 50 m hohe Turmuhr beherrscht den Platz. Etwas weiter gelangt man zur Rechten der *Av. Hassan II* in die größte Parkanlage der Stadt, in den **Parc de la Ligue Arabe**, zur Hälfte vom dem *Bd. Moulay Youssef* durchschnitten, der über einige Kreisel zum riesigen **Meerwasser-Schwimmbad** (*Piscine Municipale*) an die Küste führt. Schräg gegenüber des Schwimmbads befindet sich das sehenswerte **Aquarium** mit einer großen Auswahl von Meereslebewesen und einigen Krokodilen. Auf der Weiterfahrt sieht man links die monumentale **Mosquée Hassan II**.

Fährt man dagegen nach links, befindet man sich bald auf dem Bd. de la Corniche, der sich nach **Ain Diab** an der Küste entlangwindet und viele moderne Strandbäder verbindet. Hochtrabende Namen wie *Eden Roc, Les Sables d'Or, Anfa Plage, Le Lido, Tahiti, Miami, Sun Beach* und *Kon Tiki* lassen auf ein Urlaubsparadies mit bester Infrastruktur schließen. Die Gegend wird diesem Anspruch denn auch teilweise gerecht. Südlich von Ain Diab endet das turbulente städtische Treiben auf dem breite **Sandstrand Sidi Abderrahmane**. Während auf der Plage Hunderte Fußball spielen und von der Aufnahme in Marokkos Nationalmannschaft träumen, trifft man 5 km weiter nur noch auf einsame Dünenlandschaften, in denen sich höchstens vereinzelte Liebespärchen verirren.

Verschiedenes

■ **Autopanne**: *Touring-Club du Maroc*, 3, Av. des F.A.R., Tel. 27 13 04, oder *Royal Automobil Club*, Côte d'Emeraude Anfa, Tel. 36 60 14.

■ **Krankenhaus**: *Hôpital Foch*, 4, Rue de Lucerne, Tel. 26 16 31, oder *Hôpital Mers Sultan*, 64, Rue Omae el Idrissi, Tel. 27 80 34.

■ **Arzt**: Doktor Saadi, Angle Rue de Washington, am Bd. d'Anfa, Tel. 27 03 88.

■ **Tourist-Office (ONMT)**, 55, Rue Omar Slaoui (nahe Kreuzung Bd. de Paris und Rue du Moulay Abdallah), Tel. 27 11 77.

■ **Syndicat d'Initiative**, 98, Bd. Mohammed V, Tel. 22 15 24.

■ **Royal Air Maroc**, 44, Av. de l'Armée Royal, Tel. 31 11 22.

■ **Post**, an Place des Nations Unies.

■ **Polizei**, Bd. Brahim Roudani, Tel. 19.

■ **Deutsches Konsulat**, 42, Av. des F.A.R., Tel. 31 48 72 – 74.

■ **Schweizer Konsulat**, 79, Av. Hassan II, Tel. 26 02 11 und 12.

■ **Österreichisches Konsulat**, 26, Bd. de la Résistance, Tel. 27 96 15.

■ **Leihwagen**: Einige Firmen am Bd. des F.A.R.

■ **Shopping**: Centre 2000 am Hafenbahnhof, größtes Shoppingcenter Marokkos, sowie andere im Bereich Bd.

Mohammed V und Bd. de Paris (Fußgängerzonen).

Weiterreise

■ **Bus**: Ein internationaler Busverkehr nach Europa verkehrt 3 – 4mal wöchentlich.

Der Inlandverkehr wird von beiden Busbahnhöfen in alle wichtigen Städte Marokkos abgewickelt. Die Vielzahl der Abfahrten erübrigt hier genaue Angaben, zumal die Pläne 3mal jährlich wechseln. Es fahren Nachtbusse der CTM-LN nach Agadir; damit erspart man sich eine Übernachtung in Casa. Sie fahren um 21 Uhr ab und treffen frühmorgens ein (ca. 80 Dh), nach Essaouira ca. 50 Dh. Auskunft Tel. 31 20 61.

■ **Zug/Gare du Port**: Eine Art Metrobahn, *Train Navette Rapide (TNR)*, verkehrt ständig zwischen Gare du Port und Rabat (45 Min.). Auskunft Tel. 22 30 11. Weitere Verbindungen mehrmals täglich nach Oujda über Meknès und Fès, nach Tanger, nach Marrakech und nach El Jadida, Safi.

■ **Zug/Gare des Voyageurs**. Ein Direktzug verkehrt nach Paris über Tanger, Algeciras, Madrid, Bordeaux. Er fährt normalerweise 7.45 Uhr ab und benötigt etwa 50 Stunden. Auskunft Tel. 24 58 01.

■ **Flug**: Auskunft und Reservierung Tel. 31 41 41, oder in der Stadt bei *Royal Air Maroc*, 44, Av. de l'Armée Royal, Tel. 31 11 22 und Place Mohammed V. Tel. 27 32 11.

Verschiedene Airlines bieten täglich mehrere Flüge nach Europa und auch

Weite Strandzonen befinden sich südlich und nördlich der Metropole ▶ Casablanca. Gebadet wird allerdings meistens in mehr oder weniger luxuriösen Pools an der Küste.

anderen Kontinenten an.

Ins Inland starten täglich 2−5 Maschinen nach Agadir, nach Rabat außer samstags tgl. um 9 Uhr, nach Fès von Mo−Do und So 1mal tgl. und freitags 3mal, nach Tétouan je 1mal Mo und Fr, nach Al Hoceima Mo 1mal, Di 3mal und Fr 2mal, nach Oujda Mi und Fr 2mal, nach Er-Rachidia Di 1mal und Sa 3mal, nach Tanger (tgl. 1−5mal), nach Marrakech (tgl. 1−3mal), nach Ouarzazate je 1mal Mo, Fr und Sa, nach Tan-Tan 1mal Mo, Mi und Fr, in die Westsahara nach Laayoune Mo 3.45 Uhr in der Nacht, nach Dakhla 1mal Mo, Di und Do um 8.15 Uhr, nach Smaara Mo und Mi 1mal. Die Preise liegen knapp über 1 Dh pro Kilometer, sind also 4−5mal höher als mit dem Bus.

Ain Diab

■ **Hôtel Tarik** °°°, Bd. de la Corniche, Tel. 36 70 73. 58 Zimmer.
Das Hotel überragt zumindest an Höhe alle anderen an der Küste. Nahebei der öffentliche Pool mit Rutsche und Umkleidekabinen für die badende Kundschaft. Endlos erscheinende Strände, auf denen sich begeisterte Fußballer in Massen austoben, machen den Flair dieses Küstenabschnittes aus. Doch auch Einsamkeit in den Dünen findet man (1−2 km südlich). Die vollausgerüsteten Zimmer mit Balkon kosten 230 Dh (je höher die Etage, desto besser), ein Frühstück 24 Dh, ein Menu 80 Dh.
■ **Restaurant La Tonkinoise**, Av. de la Côte d'Emeraudes, Tel. 36 31 87. Hervorragende internationale Küche mit einem vietnamesischen Touch. Da es sich um ein vietnamesisches Restaurant handelt, sollte man seine Spezialitäten probieren: z.B. Hühnchen mit Sojabohnen und Bambussprossen (40 Dh) oder eine Seezunge mit Pilzen und sahniger Soße (50 Dh).

Azemmour

Kurz vor Azemmour trifft die S130 auf die P8, die Hauptverbindung in den Süden. Die von einer hohen Mauer umgebene Medina stellt zusammen mit dem Fluß *Oued Oum er Rbia* eine malerische Szenerie dar. Man erreicht die Altstadt über eine Brücke und fährt die Hauptstraße neben der Medina hoch. Die **Place du Souk** ist mit Cafés und dem Medina-Tor **Bab el Souk** Treffpunkt der Stadtbewohner. Dienstags und freitags scheinen alle 20 000 Stadtbewohner auf den Beinen zu sein, wenn der große Markt abgehalten wird: Gemüse, Obst und Fisch hauptsächlich. Die Stadt liegt schließlich nur 3 km vom Meer entfernt, mit einem sehr fruchtbaren Flußtal im Rücken.

Die rotummauerte Medina mit den Ruinen der **Kasbah** und den guterhaltenen weißen Häusern stammt aus der Zeit der Portugiesen (16. Jh.) und war vor El Jadida wichtiger Handelsplatz. Später nahmen die *Saadier* die Stadt ein.
■ **Syndicat d'Initiative** an der Rue Mohammed Zerktouni, an der sich

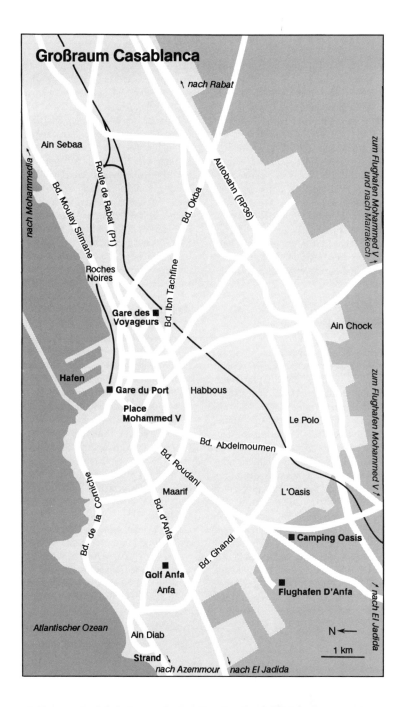

auch die Post befindet, stellt gegen Bezahlung Führer zu den verschlossenen Sehenswürdigkeiten (Pulverhaus, Kasbah, Kommandantenhaus etc.).

■ **Unterkunft:** zwei kleine Hotels an der Rue Mohammed Zerktouni.

■ Am Strand soll sich ein Campingplatz befinden, der sich aber als Jugendcamp mit Wochenendhäusern entpuppt. Außerhalb der Sommermonate kann man sich einen Schlüssel im Verwaltungshaus besorgen. Die Réception befindet sich im Häuserblock. Es besteht keine Einkaufsmöglichkeit. Lange, einsame Dünenwälle ziehen sich links und rechts der Wochenendanlage hin.

El Jadida

Früher nannte man die Stadt *Mazagan*, womit ein Fort der Portugiesen gemeint war, das an dieser günstigen Stelle den Seeweg zwischen Afrika und Europa kontrollierte. Heute ist noch eine vollständig umschlossene Altstadt unter dem Namen *Cité Portugaise* vorhanden. Um diese hat sich eine moderne Provinzhauptstadt entwickelt, die mittlerweile 75 000 Einwohner zählt. Ein guter, breiter Sandstrand im Norden der Stadt soll in Zukunft Grundlage für den Tourismus sein. Jedenfalls bereiten sich die Stadtväter gründlich auf einen Aufschwung des Fremdenverkehrs vor, denn die umfangreiche Restaurierung der Altstadt bzw. Planung und Bau großer Hotels laufen derzeit auf Hochtouren. Die restaurierten

braunen Wände in Rauhputz und die neugepflasterten Hauptstraßen wurden steril gestaltet.

Die frühe Geschichte der Stadt liegt noch immer im verborgenen. Spärliche Funde deuten auf eine Faktorei der *Karthager* hin. Die belegte Geschichte der Festungsstadt beginnt 1502 mit den Portugiesen. Ständig belagert und bekämpft, konnten sie sich bis ins Jahr 1769 erfolgreich wehren, um dann doch vor dem *Sultan Sidi Mohammed Ben Abdallah* die Waffen zu strecken. Die fast völlig zerstörte Festungsstadt wurde vom neuen Herrscher als El Jadida, „die Neue", in erweiterter Form neu aufgebaut.

Ankunft

■ **Bus:** Der Busbahnhof befindet sich an der Av. Mohammed V im Norden der Stadt, etwa 300 m landeinwärts des Parks Mohammed V, der zwischen Strand und Av. Al Jamia Arabia liegt.

■ **Zug:** Die Eisenbahnstrecke führt weit außerhalb der Stadt vorbei, wo ein neuer Bahnhof entstand.

■ **Mit eigenem Fahrzeug:** Parkmöglichkeiten findet man rund um die *Cité Portugaise*. Der Campingplatz liegt nördlich der Stadt, 400 m vom Strand. Er ist gut ausgeschildert.

Unterkunft

Einige 2- und 4-Sterne-Hotels liegen nördlich der Stadt, nahe dem Strand, an der Av. Al Jamia Arabia, die Billighotels befinden sich alle in der Stadt.

■ **Hôtel d'El Jadida** °, 77, Bd. Zerktouni (etwa 150 m vor der Medina),

Tel. 401 78. 15 Zimmer.

Ein absolutes Billighotel mit entsprechender Ausstattung in der Nähe der Großen Moschee. Schlechte Betten und unsaubere Bettwäsche; eigener Schlafsack angebracht. Ein Plastikdach überspannt den doppelstöckigen Innenhof, an dem sich die WCs befinden. Für eine Dusche muß man in das öffentliche Bad der Stadt, direkt neben dem Hotel. Waschbecken auf den Zimmern. Für kaum 25 Dh die Nacht kann man sich nicht beklagen.

■ **Hôtel Suisse** °–°°, 145, Bd. Zerktouni (etwa 400 m vor der Medina), Tel. 28 16. 35 Zimmer.

Unser Tip: Die DZ mit DU und WC kosten 98 Dh, mit Spülstein und WC 66 Dh: selbst für Marokko sehr preiswert. Das Frühstück für 14 Dh wird je nach Wetterlage entweder im kleinen Salon oder auf der Terrasse im großen Innengarten serviert, wo sich auch die abgeschlossenen Parkplätze des Hotels befinden. Die gepflegten, ruhigen Zimmer liegen um den Patio und zum Garten hinaus.

■ **Camping:** *Caravaning Internationanal*, Av. des Nations Unies, 3 – 4 km nordöstlich der Stadt (Seitenstraße von der Ausfallstraße nach Casablanca). Sehr schöner und großer Platz mit vielen Bäumen und sauberen Sanitäranlagen. Der gehobene Standard drückt sich in Pool (15 Dh), Tennisplatz (20 Dh), Strom (10 Dh) und komplett eingerichteten Bungalows in zwei Kategorien (120 Dh 2 Pers. und 210 Dh 4 Pers.) aus. 2 Camper zahlen 30 Dh.

Essen und Trinken

Neben der Post und an der angrenzenden Place Mohammed V befinden sich einige preiswerte Restaurants, in denen sich v.a. Marokkaner ein Stelldichein geben. Man serviert Fleisch-, Fischund Snackgerichte.

■ **Restaurant El Khaima,** Av. des Nations Unies (neben Campingplatz), normal 12 – 15 und 18 – 23 Uhr geöffnet. Hinter einer Mauer liegt der marokkanische Rundbau mit einer zeltähnlichen Inneneinrichtung. Die leckeren Spezialitäten des Hauses sind: *Friture de Poisson* (45 Dh) oder *Sole Grillé aux Champignons* (55 Dh). Budgetbedachte bekommen Couscous oder Pizzas ab 25 Dh.

Sehenswertes

Die Altstadt besitzt zwei Sehenswürdigkeiten, die man mit einem Führer des *Syndicat d'Initiative* besichtigen kann.

■ **Zisterne**: Die unterirdischen Zisternen liegen in einem von vielen gotischen Säulen getragenen Raum, der 34 m im Quadrat mißt. In der Mitte des Sammelbeckens befindet sich die Einlauföffnung des Wassers. Früher stand das Wasser 2,50 m hoch, heute nur wenige Zentimeter in der Mitte, weshalb man nun im Raum spazieren gehen und die faszinierende Spiegelung des Kreuzrippengewölbes im Wasser sehen kann (Eintritt 3,50 Dh). Über Mittag bleiben die Gebäude geschlossen.

■ **Museum**: Direkt neben der Zisterne wurde ein kleines Museum eingerichtet.

Ausflüge

Die Städter bevorzugen den 5 km südlich der Stadt gelegenen Strand von **Sidi Bouzid**, an dem sich gute Restaurants befinden. Südlich des Dorfes erhebt sich eine Steilküste, auf deren Plateau ein Friedhof mit dem Kuppelgrab des *Sidi Bouzid* liegt. Einige Kilometer südlich kommt man über die *Route Touristique* zum Fischerdorf **Moulay Abdallah**.

Verschiedenes

■ **Souvenirs:** Die gepflasterte Hauptgasse wurde 1989 restauriert und ist von kleinen Souvenirläden gesäumt, die ein attraktives Warenangebot zur Auswahl bereithalten, z.B. im Alibaba-Shop: *Mohammed* verkauft vom einfachen Stein bis zum wertvollen Teppich alles, was das Sammlerherz begehrt. Ob nun einen blauen Schal der Tuaregs (70 Dh) oder eine Djellabah (300 – 500 Dh); oder Figuren aus Speckstein (30 – 150 Dh) oder Tuja-Wurzelholz- Einlegearbeiten für große und kleine Geldbeutel.

■ **Krankenhaus/Arzt:** *Hôpital Mohammed V*, Av. Pasteur, Tel. 20 04.

■ **Touristoffice (ONMT)**, Av. Ibn Khaldoun, Tel. 27 04.

■ **Syndicat d'Initiative**, Av. Al Jamia Arabia, nahe Post, Tel. 20 80.

■ **Post**, Place Mohammed V.

■ **Polizei**, Tel. 27 46.

Weiterreise

■ **Bus:** Häufige Verbindungen nach Casablanca und in den Süden zu den Küstenstädten, weniger ins Landesinnere und nach Marrakech.

■ **Zug:** 3 – 4mal täglich nach Casablanca.

Moulay Abdallah

Südlich von El Jadida verläuft die Küstenstraße C1301 im Bogen auf die S121 zu. Es bieten sich schöne Ausblicke von der Steilküste und den Dünen auf den fast 17 km langen Sandstrand. In den Sommermonaten wogt hier ein Menschenmeer. Überall entlang der Strandstraße werden Schalentiere zum Verzehr angeboten. Ende August, nach der Ernte im fruchtbaren *Oum-er-Rbia*-Tale, erlebt Moulay Abdallah als Urlaubsziel vieler Marokkaner seinen Höhepunkt. Dann gesellen sich zu den Badenden noch Hunderttausende von Pilgern, die sich hier zu einem der größten Moussems des Landes am Grab des Almohaden-Nachfahren *Sidi Moulay Abdallah* einfinden. Großartige *Fantasias* begleiten das Fest.

Neben dem Dorf befinden sich die Ruinen der ehemaligen **Klosterfestung Tit**, die vor ca. tausend Jahren von den *Almohaden* errichtet wurde, um den diesem Gebiet den Namen gebenden Berberstamm der *Doukkala* zu überwachen.

Abstecher
Kasbah Boulaouane

Für Reisende mit eigenem Fahrzeug lohnt sich eine Rundtour zur Kasbah Boulaouane, etwa 90 km landeinwärts. Es handelt sich dabei um eine zinnenummauerte Ruine ohne besondere Innengebäude, die sich allerdings märchenhaft schön auf einem Hügel erhebt, der auf drei Seiten vom Oued Oum er Rbia umgeben wird. Auf der vierten Seite liegt die 7 km lange Zufahrtsstraße durch einen Forst. An den Hängen des Flusses wächst der gleichnamige Wein. Die Kasbah ließ der Alaouiten-Sultan *Moulay Ismail* gegen Ende des 17. Jh. erbauen. Im guterhaltenen Tor fristet ein Wärter den größten Teil seines kargen Daseins. Der freundliche Mann führt den Besucher gegen ein Trinkgeld herum (10–15 Dh), zeigt die Moschee, ermuntert einen, das Minarett zu besteigen oder die Wehrgänge, flitzt Schutthalden hinunter, um in das Burggefängnis zu gelangen, zeigt die unterirdischen Getreidesilos und die ehemaligen Pferdeställe. Dabei erzählt er die Geschichte dieser Wehrburg, die den wasserreichsten Flußlauf Marokkos kontrollierte, führt den Besucher dann hinaus an der Mauer entlang, hoch über dem Fluß. Camper können den Abend genießen und vor dem Tor ihr Zelt aufschlagen. Dabei wird man gegen Abend die Hirten aus den Wäldern und Wiesen mit holzbepackten Eseln heimkommen sehen, mit all ihrem Vieh mitten durch die Kasbah ziehend, um auf die anderen Seite zu ihrem kleinen Dorf zu gelangen.

El Oualidia

Vorbei an Salzseen, Landwirtschaftszonen, Salinen und einsamen Strandabschnitten kommt man in den Fischerort Oualidia. Im Ort befinden sich die **Kasbah** des ehemaligen Sultans *El Oualid* aus dem Jahre 1634 und eine Sommerresidenz des Königs. Nördlich der schönen Lagune liegt ein Campingplatz und die einfache **Auberge de la Lagune**. Im südlichen Abschnitt liegt der weit auseinander gezogene **Complexe Touristique Chems**. Er besteht aus Hotel, Bungalows, Restaurant, Bar und Campingplatz. Man vermietet Wassersportgeräte und hat einen Tennisplatz. Die Preise für die Übernachtung sind gestaffelt. Das Restaurant empfiehlt sich mit seinen Fischspezialitäten (Poissons Crustacés 30 Dh). Die 4000 Einwohner des Ortes leben hauptsächlich von Austernzucht, Fischerei und ein wenig vom Fremdenverkehr.

An verschiedenen Stellen der Küstenstraße von El Jadida nach Safi ist Wildcamping erlaubt, doch im Sommer oder an Wochenenden bleibt man nicht ungestört, weil die gesamte Strecke an der von Einheimischen gerne befahrenen *Route Touristique* liegt. Eine gute Möglichkeit bietet der Strandabschnitt an der Felsenbucht von **Lalla Fatma** (15 km vor Safi), wo sich ein Café befindet. 5 km vor Safi erreicht man den Steilfelsen von Sidi Bouzid: guter Ausblick auf Safi.

Safi

Sieben Straßen und die Eisenbahnlinie laufen fingerförmig auf die Industriestadt mit dem zweitgrößten Hafen Marokkos zu. Im großen Umkreis der Stadt gibt es keine Touristenstrände, es herrschen Steilküsten und Fabriken vor. Die kleine ummauerte Medina zieht sich im Dreieck zur Küste hin und wird zur spitzen Landseite von der Festung Kechla beherrscht. Den ca. 250 000 Einwohnern bietet sich viel Arbeit, denn neben der Chemie-, Textil- und Fischindustrie besitzt die Stadt Töpfereien und Keramikbetriebe.

Die Gründung der Stadt geht auf eine portugiesische Festung aus dem Jahr 1480 zurück; im Jahrhundert darauf zerstört durch die Araber, bauten diese den Ort im 17. bis 18. Jh. zum wichtigen Handelshafen aus. Weiterer Ausbau durch die Franzosen ab dem Jahr 1925. Nach der Unabhängigkeit kamen moderne Phosphat- und Chemiefabriken hinzu. Heute bilden große Sardinenfangflotten und -verarbeitungsfabriken die Haupterwerbsquellen.

Ankunft

■ **Bus:** Der Busbahnhof liegt an der Place Ibnou Sina, an der Rue el Khadir Rhilane, die zwischen Hospital und Busbahnhof von der Av. de la Liberté südlich des Stadtkerns in den Vorort Trabsini führt.

■ **Zug:** Der Bahnhof liegt etwas südlich des Busbahnhofs an der Rue du Caid Sidi Abderrahman.

Unterkunft

Safi wird von Touristen selten als Ferienort besucht, sondern meistens schnell besichtigt und wieder verlassen. Vielleicht hat diese Tatsache der Stadt ihre besonderen Reize gelassen, die man allabendlich rund um die *Place de l'Indépendance* am Meeresfort und in der *Rue du Marché* in der Medina genießen kann. Sicher, die Strände liegen weit weg, aber für Automobilisten ist das kein Handicap. Es gibt einfache Hotels in der Unterstadt und exklusive, wie das hoch über der Stadt liegende Hôtel Safir, in der Oberstadt.

■ **Hôtel de L'Avenir** °, Impasse de la Mer (direkt an der Seeseite der Medina).

Von der Hotelterrasse, auf der man auch unter dem Sternenhimmel schlafen kann, hat man den schönsten Blick auf das Schloß am Meer und die Medina.

■ **Hôtel Essaouira** °, in der gleichen Gasse, und

■ **Hôtel de Paris** °, daneben, bieten alle DZ für 30 Dh an. Für eine heiße Etagendusche zahlt man 4 Dh.

■ **Hôtel Anis** °–°°, im 2 km landeinwärts gelegenen Vorort R'Bat in der Rue de Falaise, 50 m von der Hauptstraße Rue du R'Bat, die zum Meer hinunterführt.

Hinter grünweißer, greller Fassade verbirgt sich ein straff geführtes 2-Sterne-Hotel mit blitzsauberen Räumlichkeiten. Im verschachtelten Haus befinden sich 10 DZ mit DU/WC (138 Dh), 8 Studios (2 Zimmer, Bad und Küche ohne Herd) und 6 Appartements (3 Zimmer, Küche und Bad). Sie kosten jeweils ab 3 Personen 40 Dh zusätzlich pro Person zum Doppelzimmerpreis. Im Restaurant bekommt man ein Frühstück für 15 und ein Menu für 61 Dh, das aber aber einem teuren 4-Sterne-Menu für 100 Dh entspricht.

■ **Hôtel Atlantide** °°, Rue Chawki, unweit neben dem Hôtel Safir in der Oberstadt, Tel. 21 60 und 61.

Unser Tip: Man kommt einfach nicht darum herum, dieses ehrwürdige, alte Hotel zu erwähnen. Früher unter dem Namen *Marhaba* bekannt, stammt es aus dem Jahre 1932. Das ehemalige Luxushotel sieht äußerlich zwar reichlich angegriffen aus, doch innen ist es noch immer, was es einmal war: ein erstklassiges Haus mit edler Ausstattung. Und weil es nur den Preis eines 3-Sterne-Hotels kostet, ist es sehr zu empfehlen. Man kann drei Kategorien buchen: Mit DU/WC 240 Dh; nur mit DU 190 Dh; mit Waschbecken 135 Dh. Die Küche ist ausgezeichnet, doch für ein Menu verlangt man 100 Dh. Das Frühstück kostet 25 Dh.

Essen und Trinken

Zum Essen und Plaudern trifft man sich an der Place de l'Indépendance, nach Möglichkeit vor dem

■ **Restaurant El Bahia**, am Kopfende der Place de l'Indépendance unschwer zu erkennen.

Die aufwendige Aufmachung mit grünglasierten Dachziegeln, buntgekachelten Wänden fordert ihren Preis. Während man draußen unter Sonnenrollos

beim Tee das Geschehen am Platz im Auge behält, ißt man drinnen wie ein Gourmet gegrillten Fisch, Muscheln oder gar Langusten. Für die normalen Leckereien zahlt man zwischen 60 und 80 Dh und ist damit bestens bedient. Da es wenig Touristen gibt, hat man bisher keine Alkohollizenz.

■ **Restaurant de Safi**, Place de l'Indépendance/Ecke Rue de la Marine: viele Einheimische, die gute Hausmannskost zu günstigen Preisen zu schätzen wissen.

■ **Bierkneipe**, gleich daneben: Immer voll, wie auch ihre muslimischen Gäste, denen solches Tun eigentlich nicht erlaubt wäre.

■ **Selbstverpfleger**: *Neustadtarkaden*, ein langer Straßenzug mit großen Gebäuden und vielen kleinen Geschäften parallel zur Strandstraße. Sie bieten von Obst und Gemüse bis zum Souvenir alles.

Sehenswertes

Quer durch die kleine Medina zieht sich vom nördlichen Eingangstor *Bab Chaaba*, unterhalb des Töpferviertels, die Hauptgeschäftsstraße *Rue du Marché* zur Uferstraße hin. Auf dem Weg gelangt man zur **Großen Moschee**, auf deren Rückseite sich der Zugang zur sehenswerten **Chapelle Portugaise** befindet. Der reichverzierte Chor ist ein Teil der portugiesischen Kathedrale aus dem Jahre 1519.

Außerhalb der Medina kommt man nach links zur *Place de l'Indépendance*, dem Mittelpunkt der Unterstadt mit Post und Restaurants. Rechts vor dem

Platz steht die Burg **Dar el Bahr** direkt auf dem steilen Felsenufer am Meer. Die Verteidigungsanlage wurde ebenfalls von den Portugiesen angelegt. Den Mittelpunkt der Oberstadt bildet die *Place Mohammed V.* Die *Av. Mohammed V* führt zum gleichnamigen Platz und im Linksbogen zur *Place Ibnou Sina*, wo das Krankenhaus liegt.

■ **Töpferviertel:** Für Reisende, die sich nicht alleine in das Gebiet trauen, sei ein kleiner Laden auf dem Weg zu den drei Bogentoren Richtung Hafen empfohlen. *Damani Abderrazak*, der Inhaber, läßt sich gerne kostenlos, wenn seine Zeit es zuläßt, als Führer engagieren. Als Dank sollte man bei ihm eine Kleinigkeit kaufen. Er verkauft schöne Keramikteller in traditioneller Malerei (ca. 100 Dh) und Ausführungen im neuen „Filigranstil ohne Glasierung" (200 Dh). Aschenbecher und Vasen bekommt man schon ab 25 Dh.

Das große Töpfergebiet auf dem kleinen Hügel nördlich der Altstadtmauern beginnt am Hafentor *Trois Portes*. Über 150 Brennöfen und ca. 100 Werkstätten werden umgeben von vielen kleinen Verkaufsläden. Vorbild für die künstlerischen Safi-Muster ist die hellblaue Malerei andalusischen Ursprungs, die im 19. Jh. von einem Meister namens *Legassi* eingeführt wurde. Nebenher wird die klassische Malerei in grün fortgeführt. Der gesamte Herstellungsprozeß kann in verschiedenen Betrieben verfolgt werden: Der Ton stammt aus der Umgebung. Die großen Stücke werden mühsam mit einem Holzhammer zerkleinert und in einem Wasserbad breiig zersetzt. Als kaugummiartige Klumpen kommen sie auf eine runde Plattform, die über eine zweite mit den Füßen angetrieben wird, während er oben mit bloßen Händen oder einer Schnur als Hilfsmittel – um den Ton an den richtigen Stellen zu zerschneiden – mit großer Geschicklichkeit aus dem Klumpen den Gegenstand formt. Die Artikel kommen in Brennöfen, die mit Ginster beschickt werden und eine Temperatur von 1100 Grad errreichen. Nach dem Brennprozeß werden sie abgekühlt und in Malereibetriebe (meist Familienbetriebe) transportiert. 5–6 Personen bemalen reihum die Stücke, wobei die Kinder mit einbezogen werden. Der Vater und Chef zeichnet zuerst die wichtigsten Grundlinien auf und teilt so die zu bemalenden Räume ein. Jeder der folgenden Arbeiter hat nur einen bestimmten Raum mit gleichem Muster zu bemalen. Ein Kind setzt z.B. die farbigen Punkte entlang der Linien und Details auf, während der Meister die komplizierteren Muster besorgt. Durch diese Technik entwickelte sich eine rationelle schnelle Massenproduktion, die aber reine Handarbeit geblieben ist. Den Abschluß einer solchen Fertigung bildet das mehrmalige Glasieren des Gegenstandes, womit die Leuchtkraft der Farbe verstärkt und der Ton undurchlässig gemacht wird.

■ **Fort Kechla**: Den besten Überblick über Safi bietet das Fort Kechla, das auch einige schöne Sehenswürdigkeiten birgt. Es stammt aus dem 16. Jh. und ist heute noch mit Kanonen bestückt. Man hat diese Festung total restauriert und teilweise zugänglich gemacht. Die Aussichtsplattform gewährt einen Gesamtüberblick auf das Töpferviertel vor den drei Torbögen der Stadtmauer, den dahinterliegenden Phosphathafen und die Medina, Teile der Neustadt und das Meer. Bevor man das Fort verläßt, sollte man sich gegen ein kleines Trinkgeld das Tor zum islamischen Innenhof aufschließen lassen. In ihm befinden sich zwei helle, hohe Portale, hinter denen sich unter schön geschnitzter Holzdecke einige keramische Kostbarkeiten verbergen. Sie stammen aus dem 17. Jh. und wurden für *Sultan Ismail* in Fès, Meknès und Safi gefertigt.

Verschiedenes

■ **Krankenhaus/Arzt**, Av. Mohammed V an der Place Ibnou Sina.

■ **Syndicat d'Initiative**, Place de l'Indépendance.

■ **Post**, Place de l'Indépendance.

Weiterreise

■ **Bus:** Gute Verbindungen nach Agadir über Essaouira, nach Marrakech und in den Norden nach Casablanca über El Jadida.

■ **Zug:** 3mal tgl. Verbindungen nach Casablanca und Marrakech über Umsteigebahnhof Benguerir.

■ **Mit eigenem Fahrzeug:** Von Safi nach Essaouira führen drei Straßen zunächst auf die P8. Die P12 ist die sicherste. Auf den beiden anderen werden Touristenautos oft mit Steinen bombardiert. Die P8 führt weit von der Küste entfernt zunächst nach Ounara. An der Strecke tauchen die ersten olivenähnlichen Arganien-Bäume auf, deren Kerne zu hochwertigem Speiseöl verarbeitet werden. Ziegen bevorzugen die Frucht so sehr, daß sie bis hoch in die Wipfel klettern. Dieses Schauspiel wollen manche Hirtenkinder zu Geld machen, weswegen sie an der Straße stehen und winkend in die Baumkronen zeigen. Ca. 4 km hinter Ounara zweigt die P10 nach Essaouira ab.

Register

Bildnachweis

Mainbild/Helbig:
S. 8, 36, 44, 52, 79, 120, 124, 127, 139.
Heidi Gredig:
S. 19, 108, 151.

«Städte»

Allemann: **Rio** selbst entdecken
216 Seiten, Br., ISBN 3-85862-048-3, **22.80**

Fossati: **Venedig** selbst entdecken
216 Seiten, Br., ISBN 3-85862-036-X, **22,80**

Igramhan-Parsons: **Barcelona, Madrid** s. e.
288 Seiten, Br., ISBN 3-85862-058-0, **26,80**

Igramhan-Parsons: **London** s. e.
288 Seiten, Br., ISBN 3-85862-032-7, **24.80**

Igramhan-Parsons: **New York** s. e.
360 Seiten, Br., ISBN 3-85862-020-3, **32,80**

Igramhan-Parsons: **Paris** s. e.
288 Seiten, Br., ISBN 3-85862-039-4, **24.80**

Preuße/Born: **San Francisco, Los Angeles** s. e.
268 Seiten, Br., ISBN 3-85862-060-2, **24,80**

Sorges: **Florenz** selbst entdecken
216 Seiten, Br., ISBN 3-85862-053-X, **22.80**

«Landschaften»

Machelett: **Nordmarokko** s. e.
168 Seiten, Br., ISBN 3-85862-059-9, **16.80**

Machalett: **Tunesien** s. e.
156 Seiten, Br., ISBN 3-85862-047-5, **16.80**

Naegele: **Toskana** selbst entdecken
176 Seiten, Br., ISBN 3-85862-030-0, **16.80**

Sperlich: **Peloponnes** selbst entdecken
160 Seiten, Br., ISBN 3-85862-037-8, **14.80**

Stromer : **Nordkalifornien, Oregon**
Praktischer Routenführer
288 Seiten, Br., ISBN 3-85862-809-3, **24.80**

Tüzün: **Türkische Ägäis** selbst entdecken
192 Seiten, Br., ISBN 3-85862-041-6, **19.80**

Tüzün: **Türkische Mittelmeerküste** s. e.
176 Seiten, Br., ISBN 3-85862-042-4, **16.80**

«Stromer's» Praktische Reiseführer

Fischer/Wessel: **USA mit dem Auto**
372 Seiten, Br., ISBN 3-85862-802-6, **29.80**

Junghans: **Brasilien**
352 Seiten, Br., ISBN 3-85862-801-8, **29.80**

Matthews: **Kapverdische Inseln**
360 Seiten, Br., ISBN 3-85862-803-4, **29.80**

Puzo: **Östliche Karibik**
240 Seiten, Br., ISBN 3-85862-807-7, **27.80**

Möbius: **Andalusien**
160 Seiten, Br., ISBN 3-85862-808-5, **16.80**

Stromer: **USA-Städte**
324 Seiten, Br., ISBN 3-85862-804-2, **24.80**

Wessel: **Skiros, Skópelos, Skiathos**
Praktischer Reiseführer
240 Seiten, Br., ISBN 3-85862-811-5, **22,80**

«Inseln»

Acubal/Stromer: **Fuerteventura-Lanzarote** s. e.
160 Seiten, Br., ISBN 3-85862-021-1, **16.80**

Axelrod: **Hawaii** - Praktischer Reiseführer
240 Seiten, Br., ISBN 3-85862-810-7, **22.80**

Naegele: **Ibiza, Formentera** s. e.
168 Seiten, Br., ISBN 3-85862-025-4, **16,80**

Naegele: **Korsika** selbst entdecken
156 Seiten, Br., ISBN 3-85862-033-5, **16.80**

Naegele: **Sardinien** selbst entdecken
160 Seiten, Br., ISBN 3-85862-034-3, **14.80**

Sperlich: **Griechische Inseln-Dodekanes** s.e.
160 Seiten, Br., ISBN 3-85862-045-9, **16.80**

Sperlich/Reiser: **Kreta** s. e.
192 Seiten, Br., ISBN 3-85862-063-7, **19,80**

Sperlich/Reiser: **Griech. Ins.-Mykonos** s. e.
144 Seiten, Br., ISBN 3-85862-051-3, **16.80**

Sorges: **Sizilien** selbst entdecken
192 Seiten, Br., ISBN 3-85862-062-9, **19,80**

Stahel: **Mallorca** selbst entdecken
160 Seiten, Br., ISBN 3-85862-040-8, **16.80**

Stahel/Last: **Menorca** s. e.
96 Seiten, Br., ISBN 3-85862-054-8, **12.80**

Stromer: **Gran Canaria** selbst entdecken
160 Seiten, Br., ISBN 3-85862-027-0, **14.80**

«Globetrotter-Handbücher»

Helmy/Träris: **Ecuador, Peru, Bolivien** s. e.
480 Seiten, Br., ISBN 3-85862-044-0, **36.80**

León: **Kalifornien** selbst entdecken
320 Seiten, Br., ISBN 3-85862-031-9, **26,80**

Möbius/Ster: **Portugal** selbst entdecken
288 Seiten, Br., ISBN 3-85862-046-7, **26.80**

Möbius/Ster: **Südspanien** selbst entdecken
320 Seiten, Br., ISBN 3-85862-019-X, **26.80**

Möbius/Ster: **Thailand** selbst entdecken
368 Seiten, Br., ISBN 3-85862-038-6, **28,80**

Preuße/Born: **Florida** selbst entdecken
288 Seiten, Br., ISBN 3-85862-055-6, **26.80**

Schwager: **Indien** selbst entdecken
432 Seiten, Br., ISBN 3-85862-043-2, **29.80**

Schwager/Treichler: **Nepal** selbst entdecken
224 Seiten, Br., ISBN 3-85862-014-9, **22.80**

Treichler/Möbius: **Südostasien** s. e.
542 Seiten, Br., ISBN 3-85862-024-6, **32,80**

Regenbogen-Verlag
Stromer&Zimmermann
in jeder Buchhandlung